T0198547

Sammlung Metzler
Band 350

Uwe Steiner

Walter Benjamin

Verlag J.B. Metzler Stuttgart · Weimar

Der Autor

Uwe Steiner, geb. 1955; Studium der Germanistik und Politologie an
der Freien Universität Berlin; 1987 Promotion; 1998 Habilitation;
Professor of German an der Rice University, Houston/Texas; Publikationen zur Literatur und Philosophie des 18. und 20. Jahrhunderts.

Bibliografische Information Der Deutschen Bibliothek
Die Deutsche Bibliothek verzeichnet diese Publikation in der Deutschen Natio-
nalbibliografie; detaillierte bibliografische Daten sind im Internet über <http:
//dnb.ddb.de> abrufbar.

ISBN 978-3-476-10350-5
ISBN 978-3-476-05073-1 (eBook)
DOI 10.1007/978-3-476-05073-1

© 2004 Springer-Verlag GmbH Deutschland
Ursprünglich erschienen bei J. B. Metzlersche Verlagsbuchhandlung
und Carl Ernst Poeschel Verlag GmbH in Stuttgart 2004
www.metzlerverlag.de
info@metzlerverlag.de

Vorbemerkung

Der vorliegende Band stellt eine Einführung in die Schriften Walter Benjamins dar. Er zeichnet die Gedankenbewegung nach, die in den internen Spannungen des Werks ebenso zum Ausdruck kommt wie in den kontroversen Diskussionen, die seine Rezeption begleitet haben und noch begleiten. Er ist jedoch kein Forschungsbericht. Der Text läßt vor allem Benjamin selbst zu Wort kommen und unternimmt den Versuch, seine Schriften in den Kontext seines Werks und seiner Zeit zu stellen. In diesem primären Interesse wurde auf eine ausführliche Darstellung und Diskussion der Forschung im Text selbst weitgehend verzichtet. Statt dessen findet der Leser Hinweise auf die einschlägige Literatur am Ende eines jeden Kapitels.

Während der Verfasser auf diese Weise nur unzureichend kenntlich machen kann, wieviel er der Forschung im allgemeinen und einzelnen Studien im besonderen verdankt, möchte er die Gelegenheit ergreifen, denen zu danken, die ihm die Fertigstellung des Textes auf unterschiedliche Weise ermöglicht haben.

Sein Dank gilt chronologisch zunächst den Kollegen Jane Newman, John Smith, Alexander Gelley und Jens Rieckmann, die ihn zum Lehren und Forschen an das Department of German der *University of California* in Irvine einluden. Als Max Kade Distinguished Visiting Professor genoß er die Gastfreundschaft des Department of Germanic Studies an der *Indiana University* in Bloomington, namentlich von William Rasch, Marc Weiner, Fritz Breithaupt und Peter Boerner. Richard Gray und Sabine Wilke hatten maßgeblichen Anteil daran, daß er als Max Kade Distinguished Visiting Professor am Department of Germanics der *University of Washington* in Seattle zu Gast sein durfte. Die amerikanischen Gastprofessuren wären nicht möglich gewesen ohne die freundliche Unterstützung und die langmütige Nachsicht der beiden Direktoren des *Forschungszentrums Europäische Aufklärung* in Potsdam, Günther Lottes und Eberhardt Lämmert, sowie der dortigen Kollegin Brunhilde Wehinger, die den Gastwissenschaftler immer wieder großzügig von seinen Verpflichtungen entbanden. Gern weiß ich mich Michael W. Jennings, *Princeton University,* zu Dank verpflichtet, der mir mit Rat und Tat jederzeit zur Seite stand. Und danken möchte ich schließlich meinen Kollegen an der *Rice University* in Houston, Michael Winkler, Klaus Weissenberger, Sarah

Westphal und Christian Emden im Department of German sowie
John Zammito, Department of German und History, Steven Crowell,
Department of German und Philosophy, Harvey Yunis, Department
of German und Classics und Florian Kreutzer, DAAD-Gastprofessor
an den Departments of German und Sociology.

Mein besonderer Dank gilt dem Dekan der School of Humanities
an der *Rice University*, Gary Wihl, der die Fertigstellung des Bandes
mit der Gewährung eines Stipendiums ermöglichte.

In Ute Hechtfischer hat der Band eine geduldige und umsichtige
Lektorin gehabt.

Mehr als sich in Worte fassen läßt danke ich meiner Frau Sabine.

Inhaltsverzeichnis

I. Einleitung

1. Zeitgenosse der Moderne

»Eine Generation, die noch mit der Pferdebahn zur Schule gefahren war, stand unter freiem Himmel in einer Landschaft, in der nichts unverändert geblieben war als die Wolken, und in der Mitte, in einem Kraftfeld zerstörender Ströme und Explosionen, der winzige gebrechliche Menschenkörper« (GS II/1, 214). Walter Benjamin, der in dieser Beschreibung der Erfahrung seiner eigenen Generation Ausdruck verleiht, hat seine Kindheit auf die Zeit um 1900 datiert. Tatsächlich im Jahr 1892 geboren, wird ihm die Epochenschwelle zum privilegierten Zeitraum, in dem das Gewohnte und Hergebrachte auf das Neue und Fremde stößt. Nirgends nachdrücklicher als in der Entwicklung der Technik, die das Zitat in einem dramatischen Spannungsbogen beschwört, läßt sich diese Erfahrung veranschaulichen. Und erst als technisches Ereignis wird der Erste Weltkrieg, auf den es anspielt, dieser Generation zum Fanal.

Als der Schriftsteller und Literaturhistoriker Samuel Lublinski (1868-1910) im Jahr 1904 die *Bilanz der Moderne* zog, geriet ihm das Jahr 1890, das Jahr, in dem Bismarck seine Entlassung einreichte, zum entscheidenden Wendepunkt: »Mit ihm fiel zugleich das Hauptwerk der Regierungskunst seiner letzten Jahre, das Ausnahmegesetz gegen die Sozialdemokratie. Es war ein völliger Wendepunkt im deutschen politischen Leben, ohne Zweifel das wichtigste Ereignis seit der Reichsgründung« (Lublinski 1904/1974, 3). Mit dem Aufstieg der Sozialdemokratie gewann die Masse politische Konturen. Zum ersten Mal in der Weltgeschichte, so Lublinski, entpuppte sich eine Volksmasse von Millionen als ein Politiker, der an organisatorischer Einsicht und bewußtem Machttrieb den preußischen Konservativen gewachsen war. Zugleich mit den Massen aber habe die Technik das wahre Gesicht der Moderne geformt: »Unsre keuchenden Lokomotiven, unsre rastlos hämmernden Maschinen, unsre Technik und Naturwissenschaft« geben dem modernen Dichter den Stoff vor, dessen er sich würdig zu erweisen habe (ebd., 409).

In einem seiner ersten gedruckten Texte bekundet Benjamin seine Zeitgenossenschaft mit dieser Moderne, die sich ihm als das »Zeitalter des Sozialismus, der Frauenbewegung, des Verkehrs, des Individualismus« (GS II/1, 9) darstellt. Die *Berliner Kindheit*

um Neunzehnhundert, die man nach dem Willen ihres Verfassers
nur mit Vorbehalt eine Autobiographie nennen kann, hält knapp
zwanzig Jahre später auf ihre Weise ein Bild dieser Zeit fest. Ein
Bild aber nicht nur der Zeit, sondern mehr noch des Ortes, mit
dessen Schauplätzen sich die Erinnerung unlösbar verbunden hat. So
bezeichnet denn der von Benjamin gewählte Titel absichtsvoll einen
›Zeit-Raum‹, gilt seine Kindheitserinnerung einem Leben nicht *in*,
sondern »mit Berlin« (GS VI, 466). Einem Leben, das bis in die Zeit
der Niederschrift der *Berliner Kindheit* fortdauert, einem Leben mit
der Stadt Berlin, die zu Beginn der dreißiger Jahre eben nicht mehr
dieselbe ist. Der Blick des Kindes auf das »nüchterne und lärmende
Berlin, die Stadt der Arbeit und die Metropole des Betriebs« (GS
VI, 489), den die Erinnerungsbilder des Textes beschwören, ist von
der zweiten Hälfte des 19. Jahrhunderts aus auf die Stadt gerichtet.
In diesen Bildern aber begegnet ihm der entgegengesetzte Blick
des Erwachsenen, der in ihnen die Vorgeschichte seiner eigenen
Gegenwart erkennt.

Die *Berliner Kindheit* gehört werkgeschichtlich in eine Reihe von
bedeutenden, zum Teil umfangreichen Studien und Essays aus dem
Umkreis des *Passagen-Werkes*, die Benjamins Aufmerksamkeit, nicht
weniger als das unvollendet gebliebene opus maximum selbst, bis zu
seinem Tod im Jahr 1940 fast ausschließlich in Anspruch genommen
haben. Was diese Arbeiten, von den Thesen über *Das Kunstwerk
im Zeitalter seiner technischen Reproduzierbarkeit* über das Exposé
der *Passagen*-Arbeit bis hin zu den *Baudelaire*-Studien, thematisch
eint, ist der geschichtsphilosophische Versuch, das 19. Jahrhundert
zum a priori der Erkenntnis der Gegenwart zu machen, in ihm die
Vorgeschichte der eigenen Zeit greifbar werden zu lassen.

Das Paris, dem das Exposé programmatisch den Ehrentitel einer
»Hauptstadt des XIX. Jahrhunderts« verleiht, ist zugleich das Paris
Charles Baudelaires (1821-1867), den Benjamin im Titel eines geplanten Buches einen »Lyriker im Zeitalter des Hochkapitalismus«
nennt. Baudelaire, der den Begriff der Moderne entscheidend geprägt
hat, ist für Benjamin nicht nur der Dichter, der in seiner Dichtung
vergeblich darum gerungen hat, dem Erlebnis der modernité »das
Gewicht einer Erfahrung« zu geben (GS I/2, 653), sondern er ist
auch der Zeitgenosse der im Second Empire sich formierenden
Arbeiterbewegung, jener *Klassenkämpfe in Frankreich*, deren Geschichte und politische Theorie Karl Marx schrieb. Blanquis Tat,
heißt es gegen Ende des ersten Baudelaire-Essays, sei »die Schwester von Baudelaires Traum gewesen« (GS I/2, 604). Benjamins
Hauptstadt des 19. Jahrhunderts ist aber auch das Paris der ganz
Europa erfassenden industriellen Revolution, deren Sinnbild die

Eisenbahn ist. Die Lokomotiven waren die Vorboten eines rasch expandierenden Verkehrswesens und die ersten Nutznießer des künstlichen Baustoffs Eisens, der, kombiniert mit dem Glas, die Architektur revolutionierte, wovon neben den Bahnhofshallen im Herzen der Städte Europas die Pariser Passagen ein frühes Zeugnis ablegen. Es ist schließlich auch das Paris der Weltausstellungen, der »Wallfahrtsstätten zum Fetisch Ware« (GS V/I, 50), in deren Rahmen im Jahr 1855 der Photographie zum ersten Mal eine Sonderausstellung gewidmet wurde. Mit der Photographie beginnt für das Kunstwerk das Zeitalter seiner technischen Reproduzierbarkeit. Von der Mitte des 19. Jahrhunderts an verfolgt Benjamin die mit der Photographie einhergehende Revolutionierung nicht nur der Kunst sondern zugleich der menschlichen Wahrnehmung, die im Film ihren Höhepunkt findet. Die jüngsten Hervorbringungen der Studios von Berlin-Babelsberg, Hollywood und Moskau bilden Mitte der dreißiger Jahren des 20. Jahrhunderts den Gegenstand jener Thesen, in denen er die aktuellen Entwicklungstendenzen der Kunst prognostisch zu dechiffrieren und deren politische Implikationen zu verdeutlichen sucht.

Es fällt nicht schwer, die Querverbindungen aufzuzeigen, die die Erinnerungsbilder der *Berliner Kindheit* mit den Konvoluten des *Passagen-Werks* und den Arbeiten in seinem Umkreis verbinden.

»In meiner Kindheit war ich ein Gefangener des alten und neuen Westens. Mein Clan bewohnte diese beiden Viertel damals in einer Haltung, die gemischt war aus Verbissenheit und Selbstgefühl und die aus ihnen ein Ghetto machte, das er als ein Lehen betrachtete. In dies Quartier Besitzender blieb ich geschlossen, ohne um ein anderes zu wissen. Die Armen – für die reichen Kinder meines Alters gab es sie nur als Bettler« (GS IV/1, 287).

In der Phantasie des Bürgerkindes, dem sich die Armut, losgelöst von ihren ökonomischen und sozialen Ursachen, als eine schmachvolle Erniedrigung darstellt, bleibt dem Erniedrigten einzig die Revolte als Ausweg. Die »Ausflucht in Sabotage und Anarchismus«, auf deren Bannkreis sein erwachendes politisches Bewußtsein lange Zeit beschränkt blieb, macht Benjamin selbst im nachhinein dafür verantwortlich, daß es dem Intellektuellen, der diesem Milieu entstammte, so schwer fiel, »zur Einsicht in die Dinge zu kommen« (GS VI, 471). Kaum zufällig sieht er die politischen Einsichten Baudelaires grundsätzlich nicht über das rebellische Pathos der Revolte hinausgehen, das die Haltung der Bohème kennzeichnet. Die radikale Problematisierung der Rolle des Intellektuellen, die sich für Benjamin in den zwanziger Jahren als eine Einbahnstraße in die Politik erweist, findet sich ex negativo in der apolitischen Haltung des Bürgertums um die Jahrhundertwende vorgezeichnet, mit der dieses die Erbschaft des zu Ende gehenden Jahrhunderts antritt. Die politische Einsicht aber ist für ihn engstens mit der in den technischen Stand der Dinge verbunden, den das Erinnerungsbuch unterschwellig, aber präzise registriert.

Die *Berliner Kindheit* ist, wie eine Notiz aus der *Berliner Chronik*, der im Nachlaß erhaltenen ersten Niederschrift, festhält, in einem Zeitalter verfaßt, »wo die Eisenbahn zu veralten beginnt«. Das aber habe zur Folge, daß die Bahnhöfe »im Allgemeinen auch nicht mehr die echte ›Einfahrt‹ geben, in der die Stadt sich von ihrem Weichbild, ihren Außenvierteln wie in den Zufahrtsstraßen des Automobilisten aufrollt« (GS VI, 470).

Im Jahr 1921, gut zehn Jahre bevor Benjamin diese Beobachtung notierte, war nach langer, durch den Krieg unterbrochener Bauzeit in Berlin die ›Auto-Versuchs- und Übungsstraße‹, kurz: *Avus*, eingeweiht worden. Die knapp zehn Kilometer lange, schnurgerade und kreuzungsfreie Straße führte mit ihren zwei getrennten, ausschließlich für den Autoverkehr bestimmten Fahrbahnen von den südwestlichen Außenbezirken direkt in das westliche Zentrum der Stadt. Die Benutzung dieser ersten Autobahn der Welt stand jedem Autofahrer gegen eine geringe Gebühr Tag und Nacht frei. Erst ein knappes Jahr bevor Benjamins *Einbahnstraße* 1928 erschien, waren Einbahnstraßen und die entsprechenden Verkehrszeichen, die Sasha Stone in seiner Photomontage für den Schutzumschlag verwandte, in Deutschland offiziell eingeführt worden. Die ersten Tankstellen, die der Eingangstext des Buches im Titel zitiert, tauchten 1924 auf (Schöttker 1999, 187).

Es ist nicht überliefert, ob Benjamin Bertolt Brechts Wertschätzung für die Produkte der Firma Steyr geteilt hat (Brecht VIII, 318). Als Beifahrer des befreundeten Schriftstellers Wilhelm Speyer (1887-1952) hat er jedoch auf kürzeren und längeren Urlaubsreisen einschlägige Erfahrungen gesammelt. So berichtet er in einem Brief von der nach mehreren Anläufen erfolgreichen Fahrt über den Gotthard, die allerdings das Auto nicht ohne Schäden überstand (GB III, 477f.). Im September 1932 schließlich nutzt er die widrigen Umstände einer Autopanne während einer abermaligen Italienreise mit Speyer zur ersten Niederschrift der *Berliner Kindheit* (GB IV, 130). Im Sommer 1927, es ist dasselbe Jahr, in dem Charles Lindbergh sein Flugzeug, die Spirit of St. Louis, am 21. Mai sicher auf dem Flughafen Le Bourget bei Paris gelandet und die erste Überquerung des Atlantiks ohne Zwischenlandung zum triumphalen Abschluß gebracht hatte, kündigt Benjamin auf einer Postkarte aus Korsika an, daß er von dort mit dem Flugzeug nach Antibes »fahren« werde (GB III, 268).

Der technische Fortschritt findet in Benjamin aber nicht nur einen aufgeschlossenen Zeitgenossen, sondern auch einen theoretisch ambitionierten Beobachter. Mit den neuen Verkehrsmitteln nämlich sieht er sich einen grundlegenden Wandel der Wahrnehmung vollziehen, der in einem nicht weniger grundlegenden Wandel der technischen Medien zum Ausdruck kommt. Der Bahnhof, so setzt er seine Notiz in der *Berliner Chronik* fort, gebe gleichsam

»die Anweisung auf ein Überraschungsmanöver, aber auf ein veraltetes, das nur auf das alte [sic!] stößt und nicht anders ist es mit der Photographie, ja noch mit der Momentaufnahme. Erst dem Film eröffnen sich optische Zufahrtsstraßen in das Wesen der Stadt wie sie den Automobilisten in die neue City führen« (GS VI, 470).

Um 1900 markierte hingegen noch das Kaiserpanorama, ein später Nachfolger jenes Panoramas, das Daguerre im Jahr 1822 in Paris eröffnet hatte (GS IV/1, 240), den medientechnischen Stand der Dinge. Mit Daguerres Name ist indes mehr noch die Erfindung der Photographie verbunden, der sich das Bürgerkind Benjamin in einem Atelier regelrecht zum Opfer gebracht sieht (GS IV/1, 261). Dieses Kind konnte von der elterlichen Wohnung aus noch die Pferdebahn beobachten (GS VI, 468) und wurde mit der »ratternden Droschke« (GS IV/1, 245) zu den Bahnhöfen Berlins gefahren, den Ausgangs- und Endpunkten der Sommerreisen, die selbstverständlich Bahnreisen waren. Einer technischen Neuerung des 19. Jahrhunderts aber weiß sich Benjamin besonders eng verbunden. Das Telefon, dessen Erfindung Alexander Graham Bell sich 1876 hatte patentieren lassen, hielt in seiner Erinnerung so auf Tag und Stunde genau mit dem Kind Einzug in die Wohnungen des wohlhabenden Berliner Bürgertums, daß die *Berliner Kindheit* es als seinen »Zwillingsbruder« (GS IV/1, 242) begrüßt.

Das Bild des esoterischen Gelehrten, der sich in der Pariser Bibliothèque nationale in endloser Lektüre, unzählige Exzerpte und Notizen anhäufend, in die Kulturgeschichte des 19. Jahrhunderts vertieft, deren überlieferte Resultate heute einem bisweilen nicht weniger esoterisch-gelehrten Bestreben Gegenstand und Anknüpfungspunkt zugleich sind, ist zumindest unvollständig. Und das nicht nur, weil der Büchergelehrte bereits zu Beginn des Jahres 1927 begonnen hatte, seinen Arbeitsplatz in der Bibliothek gelegentlich mit dem vor dem Mikrophon eines Rundfunksenders zu vertauschen. Es ist bezeichnend, daß es einiger Aufmerksamkeit und Umsicht bedarf, um in den Umrissen von Benjamins thematisch weitgefächertem Werk die Spuren zu entdecken, die sein Leben in einer nicht nur politisch bewegten Zeit darin hinterlassen hat.

Daß er »ein besseres Deutsch schreibe als die meisten Schriftsteller« seiner Generation, hat Benjamin selbstbewußt auf die Beachtung der einzigen kleinen Regel zurückgeführt, »das Wort ›ich‹ nie zu gebrauchen, außer in den Briefen« (GS VI, 475). Ebenso wie autobiographische finden sich unmittelbare Bezüge auf geschichtliche Ereignisse in seinen Schriften eher selten. Die eigene Zeit bildet in ihnen nicht den Gegenstand eines historischen, sondern eines philosophischen Interesses. An den Erinnerungsbildern der *Berliner Kindheit*, in denen die Erfahrung des Kindes in und mit der Zeit der Jahrhundertwende schemenhaft Gestalt annimmt, bekundet sich dem Erwachsenen die unausweichliche Erfahrung des Veraltens. Nicht etwa die Vergangenheit und ihre historischen Zeugnisse, sondern die Erfahrung der Zeit selbst und damit die philosophische Frage nach der Bedingung der Möglichkeit von Erfahrung in einer Zeit, in der Erfahrung zum Problem geworden ist, bildet das eigentliche Thema nicht nur dieser Schrift Benjamins.

Der Begriff der Erfahrung begegnet sowohl in den frühesten als auch in den spätesten Schriften. Bereits als junger Student widmet Benjamin dem Begriff einen Aufsatz, in dem er ihn den Händen der Erwachsenen zu entwinden sucht. Sein Protest gilt der Entstellung des Begriffs zu einer Maske der Resignation und seinem Mißbrauch als ein Instrument der Desillusionierung der ›unerfahrenen‹ Jugend (GS II/1, 54-56). Wenige Jahre später rückt ein im Anschluß an Kant und in Auseinandersetzung mit dem Neukantianismus sprachphilosophisch reformulierter und metaphysisch aufgewerteter Begriff der Erfahrung in den Mittelpunkt des Bemühens, das *Programm der kommenden Philosophie* zu entwerfen. In ihrer Erkundung der Möglichkeit von Erfahrung unter den Bedingungen der Moderne knüpfen die Baudelaire-Studien in mancher Hinsicht an die philosophisch-systematische Fragestellung der frühen Schriften an, deren geschichtsphilosophische Implikationen die im Angesicht der Katastrophe des Zweiten Weltkrieges verfaßten Thesen *Über den Begriff der Geschichte* ausloten. Gegenüber dem Aufsatz von 1913 kommt jedoch dem zwanzig Jahre später verfaßten Essay eine Schlüsselstellung zu, in dessen Titel Benjamin dem Begriff der ›Erfahrung‹ provokativ den der ›Armut‹ an die Seite stellt. Mit der »ungeheuren Entfaltung der Technik«, heißt es 1933 in *Erfahrung und Armut*, sei eine ganz neue Armseligkeit über die Menschen gekommen (GS II/1, 214). Die seit dem Krieg zu konstatierende Erfahrungsarmut müsse man nun aber nicht so verstehen, als ob die Menschen sich nach neuer Erfahrung sehnten. Wenn sie sich im Gegenteil danach sehnten, von Erfahrungen freizukommen, so weil nach Benjamins Überzeugung »gänzliche

Illusionslosigkeit über das Zeitalter und dennoch ein rückhaltloses Bekenntnis zu ihm« (GS II/1, 216) die einzig angemessene Haltung kennzeichnen, ja die unabdingbare Voraussetzung darstellen, die Gegenwart zu begreifen.

In dem frühen Aufsatz habe er, so Benjamin rückblickend in einer wahrscheinlich auf 1929 zu datierenden Notiz, »alle rebellischen Kräfte der Jugend gegen das Wort ›Erfahrung‹ mobil gemacht«. Demgegenüber sei dieses Wort jetzt ein tragendes Element in vielen seiner Sachen geworden. Trotzdem sei er sich treu geblieben: »Denn mein Angriff durchstieß das Wort ohne es zu vernichten. Er drang ins Zentrum der Sache vor« (GS II/3, 902). Die Geltung dieser Selbstdeutung ließe sich mit einigem Recht auf das Gesamtwerk ausdehnen. Die vieldiskutierte, die Rezeption lange Zeit beherrschende Zweiteilung des Werkes in ein metaphysisch-theologisches Früh- und ein marxistisch orientiertes Spätwerk ist berechtigt und unberechtigt zugleich. Auffallend genug findet sie eine vielleicht weniger umstrittene, aber gleichwohl aufschlußreiche Parallele in der Anlage und der Rezeption der Schriften von Ernst Bloch (1885-1977) und Georg Lukács (1885-1971).

Bloch, den er 1919 in der Schweiz persönlich kennenlernte, blieb Benjamin bis in die Zeit des Exils freundschaftlich, jedoch nie spannungsfrei verbunden. Der Einfluß, den Lukács durch seine frühen Arbeiten, die Essaysammlung *Die Seele und die Formen* (1911) und die *Theorie des Romans* (1920), insbesondere aber durch *Geschichte und Klassenbewußtsein* (1923) auf Benjamin ausübte, ist kaum zu überschätzen. Das aber gilt nicht minder für die Schriften der französischen Surrealisten und erst recht für den Werdegang der beiden Protagonisten der Bewegung, André Breton (1896-1966) und Louis Aragon (1897-1982). *Die letzte Momentaufnahme der europäischen Intelligenz* lautet ostentativ der Untertitel des Essays über den Surrealismus, in dem Benjamin gegen Ende der zwanziger Jahre den in seinen Augen zuletzt unausweichlich von der Politik beherrschten Spielraum ausmißt, der dem bürgerlichen Intellektuellen noch verblieben ist.

Benjamin hat nicht lange genug gelebt, um in Vor- oder Nachworten von entweder revidierten Neu- oder neu edierten Originalauflagen seiner Schriften als Anwalt seiner selbst und seines Werkes aufzutreten. Dennoch gibt es auch von ihm zahlreiche Zeugnisse, in denen er zwar einerseits von einer Neuorientierung seines Denkens spricht, zugleich aber die Kontinuität tragender Konzeptionen betont. So ist in Briefen aus der Mitte der dreißiger Jahre, der Zeit der zweiten, entscheidenden Arbeitsphase am *Passagen-Werk*, von dem »Prozeß einer vollkommenen Umwälzung« die Rede, den eine aus

der weit zurückliegenden Zeit seines »unmittelbar metaphysischen,
ja theologischen Denkens stammende Gedanken- und Bildermasse
durchmachen« müsse (GB V, 88f.), von einem »Umschmelzungsprozeß«, der die »ganze, ursprünglich metaphysisch bewegte Gedankenmasse« einem neuen »Aggregatzustand« entgegenführe, in welchem sie gegen die Einreden gesichert sei, »welche die Metaphysik
provoziert« (GB V, 98).

Bei allen Differenzen im einzelnen wird man auch für Bloch und
Lukács jenen kritischen Rückblick in Anspruch nehmen können,
in dem Benjamin sich Mitte der zwanziger Jahre über seine Herkunft und seinen intellektuellen Standort Rechenschaft abzulegen
versucht:

»Ich gehöre der Generation an, die heute zwischen dreißig und vierzig
steht. Die Intelligenz dieser Generation ist wohl auf lange hinaus die letzte
gewesen, die eine durchaus unpolitische Erziehung genossen hat. Der Krieg
traf ihre am weitesten nach links vorgeschobenen Elemente im Lager eines
mehr oder weniger radikalen Pazifismus. Die Geschichte des Deutschlands
der Nachkriegszeit ist teilweise zugleich die Geschichte der revolutionären
Ausbildung dieses ursprünglich linken bürgerlichen Flügels der Intelligenz.
Man darf mit Sicherheit behaupten, daß die am kleinbürgerlichen parve-
nühaften Geiste der deutschen Sozialdemokratie gescheiterte Revolution von
1918 weit mehr zur Radikalisierung dieser Generation beigetragen hat als
der Krieg selber. Mehr und mehr wird in Deutschland – das ist an diesem
Prozeß das Besondere und Wichtige – die Fragwürdigkeit des freien Schriftstellers als solchen empfunden und man wird sich allmählich darüber klar,
daß der Schriftsteller (wie überhaupt der Intellektuelle im weiteren Sinne)
bewußt oder unbewußt, ob er's will oder nicht, im Auftrage einer Klasse
arbeitet und sein Mandat von einer Klasse erhält. Daß die wirtschaftliche
Existenzbasis des Intellektuellen immer schmäler wird, hat diese Klarstellung
in letzter Zeit beschleunigt« (GS VI, 781).

2. Leben und Werk

Ohne in ihr vorgezeichnet zu sein, ist der Weg, der von der wohlbe-
hüteten Kindheit um 1900 zu dieser Einsicht führt, gleichwohl paradigmatisch zu nennen. Walter Benjamin wurde am 15. Juli 1892 als
ältestes von drei Geschwistern geboren. Gemessen an den spärlichen
Auskünften über die Eltern, die Schwester Dora (1901-1946) und
den Bruder Georg (1895-1942) hat Benjamin der *Berliner Kindheit* zu
Recht den Titel einer Autobiographie abgesprochen. Immerhin fand
der drei Jahre jüngere Bruder als sozial engagierter Arzt schon früh
den Weg in die KPD. Seinen Lebensweg bis zu seiner Ermordung
im KZ Mauthausen hat die Ehefrau, die spätere Justizministerin der

DDR, Hilde Benjamin (1902-1989), nachgezeichnet. Die Kinder wuchsen in einem wohlhabenden, jüdisch-assimilierten Elternhaus mit Kindermädchen und französischer Gouvernante auf. Als Beruf des Vaters Emil Benjamin (1856-1926), über dessen Geschäfte die *Berliner Chronik* etwas ausführlicher berichtet (GS VI, 469f.), hat Benjamin in seinen Lebensläufen knapp: »Kaufmann« angegeben (GS VI, 216).

Nicht der Besuch des humanistischen Gymnasiums, sondern die persönliche Begegnung mit dem jugendbewegten Pädagogen und Reformator Gustav Wyneken (1875-1964) während eines zweijährigen Aufenthalts im Landerziehungsheim Haubinda in Thüringen wurde für den Schüler und Studenten der Philosophie zum einschneidenden geistigen Erlebnis. Hinter das intensive hochschulpolitische Engagement zugunsten des von Wyneken repräsentierten, idealistisch-radikalen Flügels der Jugendbewegung mußte bis Kriegsbeginn selbst das akademische Studium in den Hintergrund treten. Einschneidender womöglich noch als die Begegnung mit dem verehrten Lehrer ist der demonstrative Bruch mit ihm zu veranschlagen. Wynekens Befürwortung des Krieges, die Benjamin als Verrat an den Idealen der Jugend geißelt, gibt ihm den Anlaß für das Schreiben vom März 1915, in dem er sich »gänzlich und ohne Vorbehalt« von ihm lossagt (GB I, 263).

Den im Geiste der Jugendbewegung hochgespannten Erwartungen an die Universität vermochten schließlich weder die Institution geschweige denn ein akademischer Lehrer zu genügen. Auch wenn für den Studenten somit schon früh feststand, daß »die Hochschule [...] eben der Ort nicht [ist], zu studieren« (GB I, 242), hat der Neukantianismus, die damals an den deutschen Universitäten dominierende philosophische Schule, in seinen frühen Schriften doch deutliche Spuren hinterlassen. Im Lauf seines Studiums war er sowohl mit der erkenntnistheoretisch orientierten Marburger Schule und ihrem zuletzt in Berlin lehrenden Haupt, Hermann Cohen (1842-1918), als auch mit der werttheoretisch geprägten südwestdeutschen Richtung in Berührung gekommen, deren wichtigsten Vertreter, Heinrich Rickert (1863-1936), er in Freiburg hörte. Vom Kriegsdienst befreit, brachte Benjamin sein Studium in der neutralen Schweiz zum Abschluß. Inzwischen verheiratet und Vater eines Sohnes, wurde er 1919 in Bern mit einer Dissertation über den *Begriff der Kunstkritik in der deutschen Romantik* summa cum laude promoviert, in der, wie er in einem Lebenslauf schreibt, sein während des Studiums in den Vordergrund getretenes »Interesse am philosophischen Gehalt des dichterischen Schrifttums und der Kunstformen« (GS VI, 216) zum Ausdruck kam.

Die Aussicht auf eine akademische Laufbahn, zu der die 1925 in Frankfurt am Main eingereichte Habilitationsschrift über den *Ursprung des deutschen Trauerspiels* das Tor öffnen sollte, fand mit dem ihm von der Fakultät nahegelegten Rückzug des Habilitationsgesuchs ein abruptes Ende. Der Philosoph und Mitherausgeber der *Deutschen Vierteljahrsschrift für Literaturwissenschaft und Geistesgeschichte*, Erich Rothacker (1888-1965), dem der *Wahlverwandtschaften*-Essay zur Begutachtung vorlag (GB II, 331f.), soll das Scheitern der Habilitation Benjamins, deren Umstände inzwischen rekonstruiert und als ein akademisches Trauerspiel in die Annalen der jüngeren Geschichte der deutschen Universität eingegangen ist, mit den Worten kommentiert haben, daß man Geist nicht habilitieren könne (Scholem 1975, 147).

Als das Trauerspielbuch Anfang 1928 im neu gegründeten Rowohlt-Verlag erschien, konnte jedenfalls der Bruch, den sein Autor inzwischen mit seinen akademischen Ambitionen vollzogen hatte, kaum augenfälliger demonstriert werden, als durch die gemeinsame Publikation des Buches mit der *Einbahnstraße*, in deren Aphorismen er in Form und Gehalt den Anschluß an die intellektuelle und künstlerische Avantgarde suchte. Wenn Benjamin später mit Blick auf das Barockbuch gelegentlich vom Abschluß des germanistischen Produktionskreises innerhalb seines Œuvres spricht (GB III, 322), so ist diesem Kreis neben den beiden akademischen Studien unter den gedruckten Arbeiten jedenfalls noch der zu Beginn der zwanziger Jahre niedergeschriebene und 1924/25 erschienene kritische Essay über *Goethes Wahlverwandtschaften* zuzurechnen, der dem Trauerspielbuch an Bedeutung und Anspruch um nichts nachsteht.

Über das Selbstverständnis des Intellektuellen, der sich in den ›goldenen‹ Jahren der Weimarer Republik nunmehr intensiv publizistischen Arbeiten widmet, die zumeist im Literaturblatt der *Frankfurter Zeitung* und in der von Willy Haas (1891-1973) herausgegebenen, im Rowohlt-Verlag erscheinenden *Literarischen Welt* gedruckt werden, gibt ein Anfang 1930 verfaßter Brief Auskunft. In wenn auch bescheidenem Maße sei es ihm gelungen, so Benjamin, sich in Deutschland eine Stellung zu verschaffen. Das Ziel, als der erste Kritiker der deutschen Literatur angesehen zu werden, habe er zwar noch nicht erreicht, aber er sei ihm nahegekommen. Die Schwierigkeit bestehe darin, daß die literarische Kritik in Deutschland nicht als eine seriöse Gattung betrachtet werde, so daß man, um als Kritiker geachtet zu werden, im Grunde die Kritik als Gattung neu erschaffen müsse (GB III, 502).

Die Selbstbeschreibung, die manchen Zeitgenossen vermutlich in Erstaunen versetzt hätte, ist nicht zufällig in französischer Sprache

verfaßt. Denn nicht nur als Kritiker, sondern auch als Übersetzer
Baudelaires und Prousts, dessen Großroman er gemeinsam mit dem
ihm zeitweilig eng verbundenen Schriftsteller Franz Hessel (1880-
1941) ins Deutsche übertrug, hatte sich Benjamin inzwischen einen
bescheidenen Namen gemacht. So sehr sich der Briefschreiber in
seiner theoretischen Auffassung der Kritik noch dem germanistischen
Produktionskreis verhaftet zeigt, so sehr wird doch die Praxis des
Kritikers längst nicht mehr von ausschließlich ästhetischen Kriterien bestimmt. Der in den folgenden Jahren eher noch wachsende
Anteil, den Benjamin an den intellektuellen Debatten und der
Literaturentwicklung in Frankreich nimmt, steht nicht nur mit den
verschiedenen Konzeptionsphasen der *Passagen* in engster Verbindung,
die brieflich zum ersten Mal 1927 erwähnt werden. Die Ausweitung
des Blickes nach Frankreich trägt darüber hinaus ihren Teil zu der
politischen Radikalisierung bei, die sich in den Themen und im
Ton nicht nur der journalistischen Arbeiten bekundet.

Seine »Wendung zum politischen Denken« (GB III, 60) hat
Benjamin auf seine Begegnung mit Asja Lacis (1891-1979) zurückgeführt, der »russischen Revolutionärin aus Riga«, deren Bekanntschaft
er bereits 1924 auf Capri machte, wohin er sich zur Niederschrift
des Barockbuches zurückgezogen hatte (Kaulen 1995, 92-122). Von
dem damals gefaßten Beschluß, sich intensiver der Politik zuzuwen-
den, legen die Essays und Kritiken der folgenden Jahre Zeugnis ab.

Zugleich führt die seit den frühen zwanziger Jahren fortschrei-
tende Zerrüttung seiner Ehe zu einschneidenden Veränderungen
auch in Benjamins Privatleben. Seine häufigen und ausgedehnten
Reisen, die wiederholten Aufenthalte in Paris und der im *Moskauer Tagebuch* und einem Essay beschriebene Besuch in Moskau um
die Jahreswende 1926/27, sind dafür äußere Anzeichen. Als Anfang
1930 die Ehe mit Dora Benjamin (1890-1964) geschieden wird,
sieht Benjamin sich »an der Schwelle der Vierzig ohne Besitz und
Stellung, Wohnung und Vermögen« (GB III, 530). Diese ernüch-
ternde Zustandsbeschreibung bleibt in den Jahren bis zum Exil
gültig. Wenn es gelegentlich in einem Brief heißt, er komme sich
zum ersten Mal in seinem Leben »erwachsen vor«, dann haben
daran nach eigenem, paradoxem Eingeständnis die materiellen
Schwierigkeiten einen ebenso großen Anteil wie die endlich erlang-
te eigene Wohnung (GB IV, 61). Von einer Stabilisierung der Lebensverhältnisse kann indes keine Rede sein. Vielmehr trägt sich
Benjamin in diesen Jahren wiederholt mit Suizidplänen.

Vom Schicksal seiner Schriften sprechend, zieht er im Sommer
1932, kurz nach seinem vierzigsten Geburtstag, brieflich eine bittere
Bilanz seines Lebens:

»So sind zwar viele, oder manche, meiner Arbeiten Siege im Kleinen gewesen, aber ihnen entsprechen die Niederlagen im Großen. Ich will nicht von den Plänen reden, die unausgeführt, unangerührt bleiben mußten, aber doch an dieser Stelle jedenfalls die vier Bücher aufzählen, die die eigentliche Trümmer- oder Katastrophenstätte bezeichnen, von der ich keine Grenze absehen kann, wenn ich das Auge über meine nächsten Jahre schweifen lasse. Es sind die ›Pariser Passagen‹, die ›Gesammelten Essays zur Literatur‹, die ›Briefe‹ und ein höchst bedeutsames Buch über das Haschisch.« (GB IV, 112f.).

Im französischen Exil, in das Benjamin im März 1933 vor der Verfolgung durch die Nationalsozialisten floh, sollte ihn die Arbeit an dem zuerst genannten Projekt, dem *Passagen-Werk*, am intensivsten beschäftigen. Auch wenn der Essayband, über den er im April 1930 einen Verlagsvertrag mit Rowohlt abgeschlossen hatte, nicht zustande kam, so waren doch die meisten der dafür vorgesehenen Aufsätze entweder bereits vorhanden oder wurden in den nächsten Jahren geschrieben.

Was die ›Briefe‹ anbelangt, so hatte Benjamin, ohne daß sein Name dabei genannt worden war, zwischen April 1931 und Mai 1932 in der *Frankfurter Zeitung* in unregelmäßigen Abständen eine Folge von unbekannten Briefen berühmter Zeitgenossen aus der Zeit zwischen 1783 und 1883 erscheinen lassen, die er jeweils mit einem kurzen einleitenden Kommentar versah. Vier Jahre nachdem die Zeitung den letzten Brief gedruckt hatte, gelang es ihm, hinter einem Pseudonym verborgen, die Sammlung mit einem knappen Vorwort versehen unter dem unverfänglichen Titel *Deutsche Menschen* in einem Schweizer Verlag herauszugeben, der auch den Vertrieb des Buches in Deutschland gewährleistete.

Von dem ›höchst bedeutsamen Buch über das Haschisch‹ schließlich, haben sich neben dem 1932 veröffentlichten Essay *Haschisch in Marseille* (GS IV/1, 409-16) eine Reihe von Aufzeichnungen und Protokolle zu Versuchen mit unterschiedlichen Drogen im Nachlaß erhalten, die Benjamin seit 1927, zum Teil gemeinsam mit Ernst Bloch und in Anwesenheit der befreundeten Ärzte Ernst Joël und Fritz Fränkel, unternommen hatte.

Benjamin hat die meiste Zeit seines Exils unter extrem schwierigen materiellen Umständen und in größter Ungewißheit über seine nächste und fernere Zukunft verbracht. Zwar wird Paris, wohin er sich zunächst wendet und wo er die Bibliothèque nationale zur unabdingbaren Grundlage seiner Arbeit macht, zu seinem Hauptwohnsitz im Exil. Nicht zuletzt aber um die recht hohen Lebenshaltungskosten in der französischen Hauptstadt bestreiten zu können, muß er sie zeitweise verlassen. So hält er sich außerhalb der Saison wiederholt in San Remo auf, wo seine geschiedene Frau eine Pension betreibt, und nimmt bis Kriegsausbruch mehrfach das Angebot Brechts an, die Sommermonate gemeinsam mit ihm in dessen dänischem Exil in Skovsbostrand bei Svendborg zu verbringen.

Neben spärlichen Honoraren, die bei immer seltener werdenden Publikationen kleinerer und größerer Arbeiten anfallen, wird das Institut für Sozialforschung, zu dem er noch vor dem Exil in Verbindung getreten war, zur wichtigsten, wenn nicht einzigen Einnahmequelle. Von nun an erscheinen die wichtigsten Arbeiten Benjamins, nicht selten Auftragsarbeiten des Instituts, die in Theodor W. Adorno einen ebenso energischen Befürworter wie entschiedenen Kritiker finden, in der 1932 gegründeten *Zeitschrift für Sozialforschung.*

Hält man sich die Umstände vor Augen, unter denen die Thesen über *Das Kunstwerk im Zeitalter seiner technischen Reproduzierbarkeit,* die beiden Fassungen des Baudelaire-Essays, der Aufsatz über den sozialdemokratischen Kunst- und Sittenhistoriker Eduard Fuchs und schließlich die Edition des Jochmann-Aufsatzes in Angriff genommen und zu Papier gebracht werden, nicht zu vergessen die unabhängig vom Institut entstandenen großen Essays über Kafka und den Erzähler Nikolai Lesskow und zu schweigen von der kontinuierlichen, zähen Arbeit an den *Passagen,* dann kann man sich des Eindrucks nicht erwehren, daß die unbeirrt fortgesetzte schriftstellerische Produktion im nicht nur materiellen Sinn für Benjamin geradezu zur Garantin des Überlebens wurde. Den widrigsten äußeren Umständen und einer mit Blick auf den Spanischen Bürgerkrieg, die Moskauer Schauprozesse und die immer drohender sich abzeichnende Kriegsgefahr zunehmend undurchschaubaren, kaum zu Hoffnung Anlaß gebenden politischen Entwicklung abgetrotzt, verwandelt sich das Werk vom Mittel zum Zweck des Lebens.

Zum Inbegriff dieses Werks aber wird, spätestens seit der Abfassung des Exposés von 1935 und der Gewährung eines Stipendiums durch das inzwischen in New York City ansässige Institut, dessen ordentlicher Mitarbeiter er seit 1937 ist, das *Passagen-Werk.* Noch die Thesen *Über den Begriff der Geschichte,* Benjamins letzte Arbeit, gehören in seinen engeren Kontext. Sie wurden vermutlich Anfang 1940 in Paris niedergeschrieben, wohin er nach seiner Internierung bei Kriegsausbruch für kurze Zeit zurückkehren konnte.

Als sich das militärische Debakel Frankreichs abzeichnet, flieht Benjamin vor den deutschen Truppen und einer drohenden Auslieferung nach Deutschland, das ihm am 25. März 1939 die Staatsbürgerschaft aberkannt hatte, in den unbesetzten Teil Frankreichs. Durch Vermittlung Max Horkheimers seit August 1940 im Besitz

eines Einreisevisums in die U.S.A., jedoch ohne ein Ausreisevisum
aus Frankreich, scheitert der Versuch, über die Pyrenäen nach Spanien und von dort über Portugal aus Europa zu entkommen, bereits
an der spanischen Grenze. In der vermutlich irrigen Annahme, die
Schikanen der spanischen Grenzpolizei zielten auf eine Ausweisung
und führten somit unweigerlich zur Übergabe an die deutschen
Behörden in Frankreich, setzt Walter Benjamin im Grenzort Port
Bou am 26. September 1940 seinem Leben ein Ende.

3. Wegbegleiter, Einflüsse

Mehr noch vielleicht als die Stationen des Lebensweges spiegeln sich
die internen Spannungen und die Vielgestaltigkeit seines Werkes in
dem höchst heterogenen Kreis von Personen, mit denen Benjamin
Umgang pflegte. Die uneinheitliche Rezeption des Werks insgesamt
und die konkurrierenden Interpretationen einzelner Schriften sind
wiederholt auf entsprechend kontroverse Einflüsse, die in ihnen
zum Ausdruck kommen, zurückgeführt worden. Daß es nicht
bloß Geheimniskrämerei war, die, einem Bericht Adornos zufolge,
Benjamin veranlaßte, seine Freunde voneinander fernzuhalten,
fand Jürgen Habermas in einem seinerseits kontroverse Reaktionen
hervorrufenden Aufsatz zu Beginn der siebziger Jahre unmittelbar
evident. Denn nur als eine surrealistische Szene mochte er sich
vorstellen, »Scholem, Adorno und Brecht zum friedlichen Sym-
posion am runden Tisch, unter dem Breton und Aragon hocken,
während Wyneken an der Tür steht, versammelt zu sehen, sagen wir
zu einem Disput über den ›Geist der Utopie‹ oder gar den ›Geist
als Widersacher der Seele‹« (Habermas 1972, 338). Der Eindruck
einer thematisch und theoretisch gleichermaßen spannungsvollen
Disparatheit bleibt auch dann bestehen, wenn man den Einfluß
einzelner Personen auf die unterschiedlichen, von Benjamin selbst
gelegentlich unterschiedenen ›Produktionskreise‹ beschränkt. Denn
sein Werk prägt sich ja nicht nur in der Heterogenität dieser Produktionskreise, sondern, zum Zeitpunkt seiner Entstehung, häufig
genug in deren Gleichzeitigkeit aus.
    Immerhin wird man im Umkreis der frühesten Schriften Gustav
Wyneken eine Sonderstellung einräumen können, die negativ noch
in der Unversöhnlichkeit der Lossagung von ihm zum Ausdruck
kommt und in der verletzenden Rigorosität, mit der Benjamin die
Verbindung zu vielen Freunden und Weggefährten dieser Jahre
kappte. Dennoch hat er seinen geistigen Anfängen nicht nur in
der poetischen Trauerarbeit des Sonettenkranzes (GS VII/1, 27-52)

die Treue gewahrt, mit dem er seines Freundes, des Dichters Fritz Heinle (1894-1914), gedachte, der sich am 8. August 1914 gemeinsam mit seiner Freundin Rika Seligson (1891-1914) aus Protest gegen den Krieg das Leben nahm. Der Kulturhistoriker Peter Gay hat die geistige Signatur der Zeit am Vorabend des Krieges, deren Bedeutung auch für die formativen Jahre der Weimarer Republik er nicht gering veranschlagt, in einem höchst anregenden Essay sehr überzeugend anhand der Verehrung nachgezeichnet, die man für den ›Dichter‹ aufbrachte (Gay 1970, 46-69). Die Namen, in denen diese kultische Züge annehmende Verehrung repräsentative Gestalt gewann: Stefan George und Rainer Maria Rilke sowie Heinrich von Kleist und vor allem Friedrich Hölderlin, genossen, ergänzt noch um den Schweizer Epiker Carl Spitteler (1846-1924), auch in Wickersdorf höchste Verehrung (Wyneken 1922, 111-114). Sie stecken zugleich den geistigen Horizont ab, in dem der junge Benjamin sich in dieser Zeit bewegt und aus dem er sich mit seinen ersten Arbeiten zu lösen beginnt.

Der streitbare Benjamin-Interpret, Kabbala-Forscher und überzeugte Zionist Gershom Scholem (1897-1982), dessen Bekanntschaft Benjamin im Juli 1915 machte, blieb diese ebenso wie andere Seiten des Freundes eher verborgen und unzugänglich. Statt dessen hat Benjamin in Scholem einen ebenso entschiedenen wie beredten Fürsprecher einer metaphysisch-theologischen Interpretation seiner Schriften gefunden, die sie einer genuin jüdischen Tradition und Geisteswelt eng verbunden sieht. Scholems Verdienste um die Edition, Kommentierung und Interpretation von Benjamins Schriften sowie die Kenntnis der werkgeschichtlichen und biographischen Zusammenhänge sind überragend. Sein Erinnerungsbuch ist nicht nur das bewegende Denkmal einer Freundschaft, sondern auch als Quelle ersten Ranges für die Forschung nach wie vor unverzichtbar. Scholem hat jedoch Deutschland bereits im September 1923 verlassen, um nach Palästina zu emigrieren. Wenn Benjamin über ihn gelegentlich sagt, daß er »lebendiges Judentum [...] in durchaus keiner andern Gestalt kennen gelernt« habe als in ihm und daß die Frage, wie er zum Judentum stehe, zugleich die Frage sei, wie er zu den Kräften sich verhalte, die Scholem in ihm berührt habe (GB III, 520), dann scheint er damit zugleich einen geistigen Bereich zu bezeichnen, dem er sich zwar nahe, aber doch nur begrenzt zugehörig fühlte, dem zwar sein aufgeschlossenes Interesse galt, in dem er sich aber letztlich nicht zuständig wußte.

Die unverhohlene Antipathie, mit der Scholem noch während des gemeinsamen Aufenthaltes in Bern Ernst Bloch und dessen *Geist der Utopie* (1918) begegnete, wohingegen Benjamin sowohl dem Buch

als auch seinem Autor nach eigenem Eingeständnis entscheidende,
nicht zuletzt politische Anregungen verdankte, ist symptomatisch.
Hier zeichnet sich bereits die Kontroverse um Benjamins Wende
zum politischen Denken ab, die gegen Ende der zwanziger Jahre
vor allem von Scholem mit zum Teil verletzender Schärfe brieflich
ausgetragen wird. Gleichwohl hat Benjamin in einem 1932 aufge-
setzten Testament nicht gezögert, Scholem seinen handschriftlichen
Nachlaß anzuvertrauen. Auf diese Weise hat er die kaum zu über-
schätzende, in den Jahren des Exils noch wachsende Bedeutung jenes
Privatarchivs in Jerusalem sanktioniert, das, allen Belastungen dieser
Freundschaft zum Trotz, im stillschweigenden Einvernehmen nicht
nur die Briefe, sondern auch die verstreut gedruckten und erst recht
die ungedruckten Schriften des Freundes zuverlässig sammelte und
damit den Keim ihrer postumen Wirkung bewahrte.

Wenn Benjamin während der Schlußphase der Arbeit an der
Habilitationsschrift im Februar 1925 in einem Brief betont, daß
darin genug sei, wovon es ihm höchst wichtig sei, Scholems Echo zu
vernehmen, so spielt er auf jene Partien der Studie an, in denen er unmittelbar an seine eigenen frühen philosophischen und insbesondere
sprachphilosophischen Arbeiten anknüpft. Streng genommen aber,
heißt es in demselben Brief, habe das Barockbuch mit dem kürzlich
verstorbenen Florens Christian Rang (1864-1924) seinen »eigentlichen Leser« verloren (GB III, 16). Es spricht darüber hinaus einiges
dafür, den Verwaltungsjuristen, ehemaligen protestantischen Pfarrer
und Privatgelehrten Rang, dessen Bekanntschaft Benjamin 1920 in
Berlin machte, mit dem germanistischen Produktionskreis zu assozii-
ren. In dem maßgeblich von Nietzsche geprägten, als Denker ebenso
eigenwilligen wie umfassend gebildeten Rang, der sich mit der griechischen Tragödie, Goethes *Divan*-Lyrik und den Sonetten Shakespeares
beschäftigte, fand Benjamin einen nicht nur für zentrale Themen
des Barockbuches wichtigen Gesprächspartner und Gewährsmann.

In einem im Nachlaß erhaltenen Brief an Benjamin zeigt sich,
daß seine Dissertation in Rang den Leser gefunden hatte, den
seine Habilitationsschrift sich in ihm erhoffte. Rang starb jedoch,
bevor das Trauerspielbuch fertig wurde. Benjamin würdigt den im
Oktober 1924 Verstorbenen als einen Mann, dem er das zu danken
vermochte und danken mußte,

»was ich von deutscher Bildung Wesentlichstes in mich aufgenommen habe.
Denn nicht nur, daß in diesem Bereiche die Hauptgegenstände unserer
beharrlichen Betrachtung fast sämtlich dieselben waren – das Leben, das
in diesen großen Gegenständen lebt habe ich ganz allein in ihm lebendig
gesehen, ausbrechend mit desto mehr vulkanischer Gewaltsamkeit, als es
unter der Kruste des übrigen Deutschland erstarrt lag« (GB II, 500).

Als er im Spätsommer 1920 das überraschende Angebot des Heidelberger Verlegers Richard Weißbach erhielt, eine Zeitschrift in eigener Verantwortung zu konzipieren und herauszugeben, waren für das erste Heft neben dem eigenen Beitrag über die *Aufgabe des Übersetzers* unter anderem Stücke aus dem Nachlaß Heinles sowie Beiträge von Scholem und Rang vorgesehen. Aus brieflichen Äußerungen wird allerdings deutlich, daß der Herausgeber den Arbeiten Rangs keineswegs unkritisch, sondern bisweilen sogar äußerst reserviert gegenüberstand. Von der Zeitschrift, die Benjamin nach einer Zeichnung Paul Klees *Angelus Novus* benannt hatte, ist weder die bereits gesetzte *Ankündigung* noch ein einziges Heft je erschienen. Mit dem Scheitern des *Angelus Novus* hatte zudem auch der Essay über *Goethes Wahlverwandtschaften* den ihm ursprünglichen zugedachten Erscheinungsort verloren. Auf Initiative und durch die Vermittlung Rangs war Benjamin inzwischen jedoch mit Hugo von Hofmannsthal (1874-1929) in Verbindung getreten, der sich glücklich schätzte, den Aufsatz in seinen *Neuen Deutschen Beiträgen* zu drucken. Rang hat weder den Goethe-Essay noch das Trauerspielbuch im Druck gesehen. Aber letztlich hat Benjamin es ihm zu verdanken, daß in derselben Zeitschrift auch der Vorabdruck eines Abschnitts aus dem Barockbuch erschien, das demnach in Hofmannsthal »den ersten, den verstehendsten, im schönsten Sinne geneigtesten Leser« (GB III, 307) fand.

Mit Rangs politisch-philosophischer Denkschrift *Deutsche Bauhütte* (1924), zu der er eine dort im Anhang gedruckte *Zuschrift* (GS IV/2, 791-2) verfaßte, wurde Benjamin aber auch einmal mehr mit der Politik konfrontiert. Nicht zuletzt dieser Kontext dürfte gemeint sein, wenn er knapp ein Jahr später, im Herbst 1924, auf Capri von den »aktualen und politischen Momenten« in seinem Denken spricht, die er nunmehr, unter dem Eindruck einer kommunistischen politischen Praxis, »nicht mehr wie bisher altfränkisch zu maskieren«, sondern »versuchsweise, extrem« zu entwickeln beabsichtige (GB II, 511). Für dieses Extrem stand neben der lettischen Bolschewistin und Theaterregisseurin Asja Lacis die gleichzeitige Lektüre von Lukács' Aufsatzsammlung *Geschichte und Klassenbewußtsein* (1923) ein. Die marxistische Orientierung des Spätwerks aber ist zunächst vor allem mit dem Namen Bertolt Brechts (1898-1956) verbunden, den Benjamin durch Vermittlung von Asja Lacis im Mai 1929 kennenlernte. Benjamin hat die Bedeutung Brechts, zu dem er bald freundschaftliche Beziehungen unterhielt, für seine Arbeiten und für seine intellektuelle Entwicklung stets und mit Nachdruck betont. Neben seinen Kommentaren zu Werken Brechts wird dies zusätzlich durch Pläne zu gemeinsamen

Arbeiten bezeugt, die jedoch entweder unausgeführt blieben oder, wie das um die Jahreswende 1930/31 verfolgte Zeitschriftenprojekt *Krisis und Kritik*, schließlich scheiterten.

Nicht nur gegenüber Scholem, der den Einfluß Brechts auf die Produktion von Benjamin in den dreißiger Jahren für »unheilvoll, in manchem auch für katastrophal« hielt (Scholem 1983, 26) hatte sich Benjamin für seine auch im Exil fortgesetzte Anteilnahme an den Arbeiten Brechts zu verteidigen. So entscheidend der Umgang mit Brecht und seinem Kreis, insbesondere die Bekanntschaft mit dem marxistischen Theoretiker Karl Korsch (1886-1961), zweifelsohne dazu beigetragen hat, den Studien Benjamins gegen Ende der zwanziger Jahre einen unübersehbar marxistischen Akzent zu geben, so wenig ist sein Einfluß auf die Tendenzen und Themen, die die späten Schriften gegenüber den frühen auszeichnen, zu überschätzen. Und das nicht nur, weil Brecht vielen, wenn nicht den meisten Arbeiten Benjamins mit Vorbehalten oder ablehnend gegenüberstand und Benjamin sich seinerseits nicht nur gelegentlich über »die immanente Schwierigkeit jeder Kollaboration mit Brecht« (GB III, 541) Rechenschaft abgelegt hat.

Noch in der Zeit der Arbeit am Trauerspielbuch war Benjamin in Frankfurt mit dem Personenkreis in Berührung gekommen, der aus dem Hintergrund seiner Arbeiten während des Exils nicht wegzudenken ist. Siegfried Kracauer (1889-1966), der das beträchtliche Kunststück fertigbrachte, das Trauerspielbuch gemeinsam mit der *Einbahnstraße* zu rezensieren (Kracauer 1928/1977, 249-255), hatte als Redakteur der *Frankfurter Zeitung* einen nicht unerheblichen Anteil am Gelingen der journalistischen Neuorientierung nach dem Scheitern der akademischen Pläne. Darüber dürfte der Produktionskreis der *Einbahnstraße* aber auch Kracauers eigenen Arbeiten einiges zu verdanken haben. Benjamin hat über sie gesagt, daß sie »den Untergang der kleinbürgerlichen Klasse in einer sehr merkwürdigen ›liebevollen‹ Beschreibung ihrer Hinterlassenschaft« (GB III, 146) festhielten und damit indirekt auf die Nähe dieser Arbeiten zu seinen eigenen hingewiesen.

Neben Kracauer muß für diesen Produktionskreis, der zugleich die erste Arbeitsphase an den *Passagen* einschließt, Franz Hessel erwähnt werden, der als Lektor des Rowohlt Verlages die beiden Bücher Benjamins unter Vertrag nahm. In die Mitte dieses Produktionskreises aber rückt Hessel durch die während eines Aufenthaltes in Paris gemeinsam unternommene Übersetzung von Prousts *Recherche*. Zwar ist die erfolgversprechend begonnene Übersetzung nie zu Ende geführt worden. Aber unter der kundigen Führung des passionierten Flaneurs Hessel haben sich Benjamin zuerst die Geheimnisse der

Stadt erschlossen. Damals entstand auch der Plan zu einem Essay über die Pariser Passagen, der Keimzelle des *Passagen-Werks*.

Demgegenüber findet die zweite und entscheidende Arbeitsphase an dem Projekt, das Benjamin schließlich ins Exil und dort bis zu seinem Tode begleiten wird, in Theodor Wiesengrund Adorno (1903-1969) den wichtigsten Gesprächspartner, Anreger und Kritiker. Den elf Jahre jüngeren Adorno, der als Privatdozent noch 1928 an der Universität Frankfurt über das Trauerspielbuch Seminar hielt (GB IV, 113), hatte Benjamin ebenso wie Kracauer 1923 kennengelernt. Durch die Vermittlung Adornos hatte Benjamin bereits 1932 mit Max Horkheimer (1895-1973), dem seit Oktober 1930 amtierenden Direktor des Frankfurter Instituts für Sozialforschung, einen Beitrag für die *Zeitschrift für Sozialforschung* verabredet und auf diese Weise, wie sich herausstellen sollte, sein materielles Überleben im Exil sichergestellt. Zugleich trat ihm in der Person Adornos in den brieflich ausgetragenen Debatten der dreißiger Jahre um seine Arbeiten eine theoretisch höchst anspruchsvolle Form des historischen Materialismus entgegen. Adorno sah im Einfluß Brechts auf das *Passagen-Werk* nicht nur eine akute Bedrohung des zu wahrenden metaphysischen, sondern erst recht des mit diesem wie auch immer spannungsvoll zu vermittelnden historisch-materialistischen Anteils.

Wie Scholem setzte auch Adorno die höchsten Erwartungen in die Arbeiten Benjamins, an denen er so leidenschaftlichen Anteil nahm. Nirgends kommt das nachdrücklicher zum Ausdruck als in dem Brief, in dem er Benjamins Entschluß, das opus maximum endlich in Angriff zu nehmen, enthusiastisch als die froheste Botschaft begrüßt, die er von ihm seit vielen Jahren vernommen habe. Wenn er ihm versichert, daß er in dieser Arbeit »wahrhaft das uns aufgegebene Stück prima philosophia« sehe, deren Ausführung er Benjamin durchaus zutraue, dann meint er ihn zugleich vor einer falschen Rücksicht »auf die Einwände jenes Brechtischen Atheismus« warnen zu müssen, »den als inverse Theologie uns vielleicht einmal zu retten ansteht aber keinesfalls zu rezipieren« (BwA, 73f.).

In einem 1934 geschriebenen Brief an Gretel Adorno (1902-1993), auf dessen Bedeutung bereits kurz nach seiner ersten Publikation Burkhardt Linder aufmerksam machte (Lindner 1978, 7), hat Benjamin auf ebenso eindringliche wie eindrucksvolle Weise um Verständnis für seine Situation und sein Werk geworben. Er könne angesichts der in seinem Leben immer wiederkehrenden Konstellation, daß seine Beziehungen zu bestimmten Personen den mehr oder minder heftigen Protest der ihm Nahestehenden hervorriefen,

»wenig mehr tun, als das Vertrauen meiner Freunde dafür erbitten, daß diese Bindungen, deren Gefahren auf der Hand liegen, ihre Fruchtbarkeit zu erkennen geben werden. Gerade Dir ist es ja keineswegs undeutlich, daß mein Leben so gut wie mein Denken sich in extremen Positionen bewegt. Die Weite, die es dergestalt behauptet, die Freiheit, Dinge und Gedanken, die als unvereinbar gelten, neben einander zu bewegen, erhält ihr Gesicht erst durch die Gefahr. Eine Gefahr, die im allgemeinen auch meinen Freunden nur in Gestalt jener ›gefährlichen‹ Beziehungen augenfällig erscheint« (GB IV, 440f.).

Den Lesern seiner Schriften hat er damit eine Leseanweisung hinterlassen, die sie darauf vorbereitet, noch im Mißlingen die Umrisse der Anforderungen zu entziffern, denen er gerecht zu werden versuchte.

Literatur: Adorno 1970, 11-29; Benjamin, H. 1977; Brodersen 1990; Fittko 1985, 129-144; Fuld 1979; Kaulen 1995, 92-122; Lacis 1976; Puttnies/ Smith 1991; Reijen 2001; Scheurmann 1992; Scholem 1975; Scholem 1983; Tiedemann/Gödde/Lonitz 1990; Witte 1985.

II. Frühe Schriften 1914 – 1918

1. Apotheose des Geistes: jugendbewegte Anfänge

Es ist häufig allzu naheliegend und allemal verführerisch, bereits in den frühesten Schriften alles Spätere vorgezeichnet zu finden. Die Passage, mit der Benjamin seinen 1915 zuerst gedruckten Aufsatz, *Das Leben der Studenten*, einleitet, gibt dazu mehr als nur einen Anlaß. Auf zwei Vorträge zurückgehend, die er im Mai und Juni 1914 als neu gewählter Präsident der Berliner Freien Studentenschaft hielt, stellt der Text neben dem zwei Jahre früher entstandenen *Dialog über die Religiosität der Gegenwart* den vielleicht konzentriertesten Ausdruck seiner Gedankenentwicklung in jener Zeit dar. Weitausgreifend rückt der Anfang zwanzigjährige Student der Philosophie an den Universitäten Freiburg und Berlin seinen Versuch einer geistigen Standortbestimmung des Studentenlebens zwischen Universität und Staat, Studium und Beruf, in den Horizont einer metaphysischen Geschichtsauffassung, in deren Zentrum das Verständnis der Gegenwart steht.

Die Gegenwart, so Benjamin, werde einer Sicht der Geschichte sich entziehen, die ihr im Vertrauen auf die Unendlichkeit der Zeit mit dem Gedanken des Fortschritts näher trete. Dagegen geht seine eigene Betrachtung von einem utopischen Endzustand der Geschichte aus, dessen Elemente sich in jeder Gegenwart in wie auch immer unvollkommener Gestalt ausprägen, ihr immanent seien: »Den immanenten Zustand der Vollkommenheit rein zum absoluten zu gestalten, ihn sichtbar und herrschend in der Gegenwart zu machen«, das sei »die geschichtliche Aufgabe« (GS II/1, 75). Das aber bedeute, diesen Zustand nicht in seinen geschichtlichen Einzelheiten, sondern in seiner metaphysischen Struktur zu erfassen. Nicht anders als das messianische Reich oder die Idee der Französischen Revolution, gelte es die historische Bedeutung der Universität und der Studenten aufzufassen, nämlich »die Form ihres Daseins in der Gegenwart, [...] als Gleichnis, als Abbild eines höchsten, metaphysischen, Standes der Geschichte« zu beschreiben. Dieser Anspruch könne freilich zureichend nur im Rahmen eines philosophischen Systems erfüllt werden. »Solange mancherlei Bedingungen hierzu versagt sind, bleibt nur das Künftige aus seiner verbildeten Form im Gegenwärtigen erkennend zu befreien. Dem

allein«, so Benjamins programmatisches Zwischenresümee, »dient
die Kritik« (GS II/1, 75).

Leicht lassen sich von hier aus die Verbindungslinien zur Fort-
schrittskritik der späten Thesen *Über den Begriff der Geschichte* ziehen
und unmittelbarer noch zum *Programm der kommenden Philosophie*, in
dem Benjamin wenig später die in dem frühen Text nur angedeutete
Auseinandersetzung mit dem philosophischen System aufgreifen
wird. Im Zeichen des Kritikbegriffs, der in den frühen Schriften
titelgebend noch einmal in der 1921 gedruckten *Kritik der Gewalt*
begegnet, sucht er aber nicht nur den Anschluß an die Philosophie.
Vielmehr läßt sich das Selbstverständnis des Literaturkritikers noch
in seinen spätesten Arbeiten auf die frühromantische Adaption und
kunsttheoretische Umformung des Kritizismus zurückführen, mit
der er sich in seiner Dissertation beschäftigt hatte. Dennoch ist es
ratsam, zum Verständnis der frühen Schriften nicht allzu vorschnell
auf die späteren vorzugreifen, sondern sie innerhalb ihres spezifischen
Entstehungskontextes zu behandeln.

Als zeitweise führendes Mitglied der Freien Studentenschaft
bewegte sich Benjamin im Umkreis der Jugendbewegung, deren
ebenso vehemente wie diffuse Zivilisationskritik in Nietzsche, insbesondere in dessen *Zarathustra*, einen vielbeschworenen Vorläufer
fand. Wenn er vor der Abfassung seiner Rede neben Nietzsches
Gedanken über die Zukunft unserer Bildungsanstalten auch Fichtes
Denkschrift zur Gründung der Berliner Universität konsultierte
(GB I, 226), folgte er überdies ganz den Bahnen, die sein Mentor
Gustav Wyneken in seinen zahlreichen Schriften zur Schulreform
vorgezeichnet hatte. Zwischen dem Vortrag der Rede Anfang 1914
und ihrer Drucklegung in überarbeiteter Form im Jahre 1915 bzw.
1916 aber liegen Welten.

Der Kriegsausbruch und mehr noch der gegen ihn protestie-
rende Suizid zweier enger Freunde hatte Benjamins intellektuelles
Selbstverständnis nicht grundlegend verändert, sondern es vielmehr
radikalisiert. So wenig dieses Selbstverständnis den Einfluß der von
Wyneken geprägten Fraktion der Jugendbewegung verleugnete, so
sehr war Benjamin doch um Eigenständigkeit bemüht. Bereits die
ersten Studienerfahrungen und die organisatorische Arbeit in der
Freien Studentenschaft hatten seine Überzeugung gefestigt, daß die
»Begründung einer neuen Hochschule aus sich selbst, dem Geiste«,
das Gebot der Stunde sei. Wenn er vor diesem Hintergrund einer
»nur noch innerlich und intensiv, nicht im geringsten mehr politisch
begründeten Jugendgemeinschaft« das Wort redet, so nimmt er die·
damit sich abzeichnende Distanz zu Wyneken bewußt in Kauf (GB I,
230f.). Nach Kriegsausbruch und unter dem Eindruck des Freitodes

der Freunde findet diese Haltung in einem Brief Ausdruck, in dem
Benjamin von der »Abkehr zum Geist« spricht, die die gegenwärtige
Hochschule noch zu vergiften drohe. Ihm sei bewußt geworden,
schreibt er im Oktober 1914, »daß Radikalismus zu sehr Geste war,
daß ein härterer, reinerer, unsichtbarer uns unentrinnbar werden
soll« (GB I, 257).

Seinen Brief an Wyneken vom 9.3.1915, in dem er sich »gänzlich
und ohne Vorbehalt« (GB I, 263) von diesem lossagt, muß man
als Konsequenz aus dieser Einsicht werten. Daß Wyneken sich zum
Krieg bekannt hatte, gibt Benjamin den äußeren Anlaß. Nicht
jedoch um den Krieg geht es ihm, sondern um den Verrat an der
»Idee« und an der Jugend, den der zuvor verehrte Lehrer in den
Augen seines Schülers sich mit seinem Engagement hat zu Schulden
kommen lassen. Wyneken habe ihn »als erster in das Leben des
Geistes« geführt (GB I, 263). Die Jugend, zu der sich Benjamin in
diesem Brief wie in zahllosen anderen Schriften dieser Zeit bekennt,
meint eben nicht ein Lebensalter, sondern eine Lebenshaltung. In
schwankender Terminologie ist Jugend das ›Erlebnis‹ oder die ›Erfahrung‹ der absoluten Verbindlichkeit dessen, was Benjamin die
Idee oder den reinen Geist nennt. Die spätere Anstrengung, der
Philosophie im metakritischen Rückgang auf Kants Kritiken einen
umfassenden Begriff der Erfahrung zurückzugewinnen, hat in diesen
frühen Versuchen einer zugleich intellektuellen und existentiellen
Selbstverständigung eine unverkennbare Wurzel. Die Idee der
Jugend, »dies ständige vibrierende Gefühl für die Abstraktheit des
reinen Geistes« (GB I, 175), gilt es gegen Wynken zu verteidigen.
Ihr Vermächtnis, nämlich: mit der Idee zu leben, möchte Benjamin
seinem Lehrer »entwinden«, wie es im Schlußsatz des Briefes (GB
I, 264) im Gestus radikaler Entschiedenheit heißt.

Was den frühen Schriften Benjamins ihr angestrengtes, bisweilen
anstrengendes Pathos verleiht, ist maßgeblich eben jener Gestus der
Unbedingtheit, dem jede Konkretion als Verrat, wenn nicht an der
Idee, so doch an ihrer Unbedingtheit und Reinheit sich darstellt.
Daß dieses Pathos bisweilen religiöse Obertöne streift, liegt nicht
nur in der Natur der Sache, sondern durchaus in der Absicht des
Verfassers. Die *Religiosität der Gegenwart* bildet denn auch das
keineswegs zufällige Thema eines 1912 verfaßten Dialogs, in dem
die Bedingung der Möglichkeit einer neuen Religion zur Debatte
steht. Naheliegende Erwartungen jedoch, daß Benjamin sich als
Parteigänger etwa einer maßgeblich mit dem Namen des jüdischen
Religionsphilosophen Martin Bubers (1878-1965) verbundenen
jüdischen Erneuerung oder aber des Zionismus erweisen würde,
werden enttäuscht.

Ein Briefwechsel mit dem jungen Zionisten Ludwig Strauß
(1892-1953) gab ihm noch vor dem Krieg Gelegenheit, sich in Abgrenzung gegen den Zionismus über die Gründe seines Engagements
für Wyneken Rechenschaft abzulegen (Smith 1991, 318-334). Er
habe sein entscheidendes geistiges Erlebnis bereits gehabt, bevor ihm
das Judentum wichtig oder problematisch geworden sei. Vor diesem
Hintergrund habe er sein Judentum gefunden, habe er, was ihm »in
Ideen und Menschen das höchste war, als jüdisch entdeckt« (GB I,
71). Diese Erfahrung, heißt es in einem anderen Schreiben, brachte
ihn zu der Einsicht, daß die Juden in der Schar der Geistigen eine
Elite darstellen. Denn das Judentum sei ihm »in keiner Hinsicht
Selbstzweck, sondern ein vornehmster Träger und Repräsentant
des Geistigen« (GB I, 75). Für einen »Kultur-Zionismus« (GB I,
72) oder einen esoterischen »Zionismus des Geistes« (GB I, 82), zu
dem er sich somit bekennt, findet er Vorbildliches bei einem durch
die Brille Wynekens rezipierten Hegel ebenso wie in Bubers damals
vielgelesenen *Drei Reden über das Judentum* (1911), aber auch bei
Goethe und selbstredend in Nietzsches *Zarathustra*.

Für einen politischen Zionismus, für den Strauß ihn gewinnen
möchte, ist in diesem Gedankenhaushalt kein Platz. Politik, so eine
noch für Benjamins spätere politische Philosophie aufschlußreiche
Formulierung, sei »eine Folge geistiger Gesinnung, die nicht mehr
am Geiste vollzogen wird« (GB I, 81). Angesichts des unbeding-
ten Primats des Geistigen hat Politik eine nachgeordnete, relative
Bedeutung. Wenn er seinen politischen Standort »irgendwo in der
Linken« sieht, so liegt dem keine eigentlich politische Überzeugung
zugrunde. Näher begründet ist die unbekümmerte Option für den
»linken Liberalismus« oder einen »sozialdemokratischen Flügel«
(GB I, 83) mit der hier am ehesten zu erwartenden Unterstützung
für Wynekens Schulreformpläne. Der in der Jugendbewegung
verbreitete »gefühlsmäßigen Sozialismus« (Gay 1970, 79) war
politisch ignorant und erwies sich später als gefährlich ambivalent.
Das vage Gemeinschaftserlebnis, auf dem er beruhte, vermittelte die
Lagerfeuerromantik des Wandervogels ebenso wie auf ihre Weise die
Wickersdorfer Schulgemeinschaft. In Benjamins Frühschriften erhält
die Ideologie der Gemeinschaft ihre spezifischen Konturen in der
Folge eines ethisch begründeten individualistischen Vorbehalts.

Bereits im Briefwechsel mit Ludwig Strauß bezeichnet er die
Gemeinsamkeit zwischen seiner von Wyneken bestimmten geistigen Einstellung und dem Judentum durch eine »streng dualistische
Lebensauffassung« (GB I, 71). Damit ist zugleich die Position
bezeichnet, die im *Dialog über die Religiosität der Gegenwart* ganz
unzweideutig Benjamins eigene Überzeugung wiedergibt. Der Dia-

logpartner erweist sich demgegenüber als Anhänger des Monismus,
einer auf die Lehren Gustav Theodor Fechners (1802-1887) sich
berufenden, pantheistischen Weltanschauung, die um die Jahrhundertwende einen nicht zu unterschätzenden Einfluß auf das
geistige Leben im wilhelminischen Deutschland ausübte. Dieser
dezidiert modernen Weltsicht, die Religion und Metaphysik durch
Wissenschaft und technischen Fortschritt ersetzt und im Glauben
an die Perfektibilität der Welt eine Art Ersatzreligion findet, setzt
der Dialog die »Ehrlichkeit des Dualismus« (GS II/1, 32) entgegen.
Unter Religion versteht Benjamin den »Inbegriff aller Pflichten als
[...] göttlicher Gebote« (Kant, VIII, 628) und verbleibt mit dieser
Definition, wie Kant, auf den er sich beruft, durchaus in den Grenzen
»philosophischer Moral«. Die sittliche Gemeinschaft, der er auch
in anderen Frühschriften durchweg religiöse Attribute verleiht, hat
die individuelle Erfahrung sittlicher Autonomie, den »Dualismus
von Pflicht und Person« (GS II/1, 32), wie es im *Dialog* gelegentlich heißt, zur unabdingbaren Voraussetzung. Religion entstehe
letztlich im eigenen Inneren, das sich aus Not ein Ziel setze, und
erschöpfe sich eben nicht im Vertrauen auf die Evolution oder in
der Entwicklung eines pantheistischen Lebensgefühls.

Auf den ersten Blick überraschend und sicher nicht ohne Sinn für
das Provokative des Gedankens bezeichnet Benjamin die Caféhausli-
teraten, auf die er auch im *Leben der Studenten* zu sprechen kommt,
als die Träger eines religiösen, über die Gegenwart hinausweisenden
Geistes. Mit dem Literaten, einer Erscheinungsform der Moderne,
gerät der Begriff der Kultur in das Blickfeld des *Dialogs über die
Religiosität der Gegenwart*. Zu Märtyrern der neuen Religion, die
zugleich im emphatischen Sinne als Kultur zu begreifen ist, werden
die Literaten, weil sie die »Werte ins Leben, in die Konvention um-
setzen wollen« (GS II/1, 29), weil sie die Formen der Kultur ernst
nehmen und etwa der Kunst, in der sie bestenfalls dilettieren, um
so unbedingter ihr Leben weihen. Indem sie in der Unbedingtheit
ihrer Kunstliebe zu gesellschaftlichen Außenseitern werden, führen
sie gerade im Widerspruch gegen die Gesellschaft deren religiöse
Bedürftigkeit vor Augen, demonstrieren sie, wie fern die Gegenwart
von einer Kultur ist, in der der Dualismus letztlich überwunden
wäre. In Tolstoi, Nietzsche und Strindberg habe diese Religion und
der in ihr verheißene neue Mensch, mit dem die Zeit schwanger
gehe, bereits ihre Propheten gehabt (GS II/1, 34).

Wie kein anderer hatte der Philosoph und Soziologe Georg
Simmel (1858-1918) die Kultur, ihren Begriff und ihre Erschei-
nungsformen, zum Gegenstand philosophischer Reflexion gemacht.
1911 erschien sein Essay über *Die Tragödie der Kultur*, in der er

die Kultur als den Spielraum eines Konflikts beschreibt, der sich
zwischen der Seele und den ursprünglich von ihr selbst geschaffenen
Gebilden des objektiven Geistes abspielt. Die Tragödie nimmt da
ihren Lauf, wo die objektiven Erzeugnisse der Seele sich mehr und
mehr zu einem selbständigen Kosmos abschließen, sich zu einer
Wertsphäre mit eigener Logik und Entwicklung ausdifferenzieren.
Von der allgemeinen Tendenz der Moderne, die einzelnen Bereiche
der Gesellschaft als Folge fortschreitender Arbeitsteilung voneinander zu isolieren, macht auch die Kultur keine Ausnahme. In
Anlehnung an Marx spricht Simmel von der Fetischisierung ihrer
Produkte, die zu einer Entfremdung der Seele von ihren eigenen
Erzeugnissen führe. Was wir Kultur nennen, der Weg des Subjekts
über die objektiven Gebilde zu sich selbst, seine Bildung, verlaufe
sich »in einer Sackgasse oder in einer Entleertheit von innerstem
und eigenstem Leben« (Simmel 1911/1983, 204).

Der Neukantianer Heinrich Rickert, bei dem Benjamin in Heidelberg studierte, hatte es unternommen, die auf der Geltung von
Werturteilen basierenden Kulturwissenschaften erkenntnistheoretisch
von den Naturwissenschaften zu unterscheiden. In Max Webers
(1864-1920) berühmter Rede von der ›Entzauberung der Welt‹ durch
die moderne Wissenschaft und den konsequenten Rationalismus
der Lebensführung hat der Kulturbegriff des Neukantianismus
ebenso seine Spuren hinterlassen wie Nietzsches Programm einer
›Umwertung aller Werte‹. So wenig die Kulturwissenschaften ohne
Werturteile auskommen, so wenig liege es in ihrer Macht und
Kompetenz, die Parteinahme für einzelne Werte zu begründen, die
sich ihnen vielmehr immer als Entscheidung gegen andere, gleichermaßen legitime Werte darstelle. So können sie nicht umhin, den
prinzipiell unlösbaren Kampf der Wertordnungen zu akzeptieren.
Auf der Spitze der Moderne diagnostiziert Weber einen Rückfall in
den Polytheismus: »Die alten vielen Götter, entzaubert und daher
in Gestalt unpersönlicher Mächte, entsteigen ihren Gräbern, streben nach Gewalt über unser Leben und beginnen untereinander
wieder ihren ewigen Kampf.« In seiner nach dem Krieg gehaltenen
Rede über die *Wissenschaft als Beruf* sind diese Zeilen explizit an
die Adresse der jungen Generation gerichtet, der es am schwersten
falle, einem Alltag, wie ihn das ›stahlharte Gehäuse‹ der rationali-
stisch-technokratischen Moderne ihn biete, gewachsen zu sein. Alles
Jagen nach dem ›Erlebnis‹ bezeuge Schwäche. Denn Schwäche sei
es, »dem Schicksal der Zeit nicht in sein ernstes Antlitz blicken zu
können« (Weber 1919/1980, 605).

Georg Lukács' Essaysammlung *Die Seele und die Formen*, die
1911 im Druck erschien, gibt sich bereits in ihrem Titel als eine

Reinszenierung jener Tragödie der Kultur zu erkennen, die Simmel
so eindringlich diagnostiziert hatte. Lukács war ebenso wie Ernst
Bloch ein Schüler Simmels, bei dem auch Benjamin noch hörte, als
er in den Wintersemestern 1912/13 bzw. 1913/14 sein in Freiburg
begonnenes Philosophiestudium an der Friedrich-Wilhelms-Uni-
versität in Berlin fortsetzte (GS VI, 215). Man geht nicht fehl, die
Essays des Bandes zu unterschiedlichen Autoren sowie zu Fragen
der Ethik und Ästhetik als ebenso viele Erkundungen zu lesen, die
Entfremdung und Vereinzelung der modernen Kultur im Namen
einer neuen ›Totalität‹ zu durchbrechen. In der angestrebten geschlossenen Form, sei es des Kunstwerks, sei es der Gemeinschaft,
wäre die Zerrissenheit der Moderne überwunden. Noch Lukács'
unter dem Eindruck des Krieges geschriebene und 1916 zuerst
veröffentlichte *Theorie des Romans* bewegt sich in diesem geistigen
Gravitationsfeld. Wenn das neue Buch die hochgespannten Hoffnungen seines Autors auf Tolstoi und mehr noch auf Dostojewski
projiziert, schlägt es aus einer in unbestimmter Zeitkritik verharren-
den intellektuellen Mode den Funken einer utopischen Vision von
eindringlicher Kohärenz. Nicht zufällig also taucht Tolstoi als einer
der Propheten der neuen Kultur in Benjamins *Dialog* auf, und 1917
wird er eine seiner frühesten literarischen Kritiken Dostojewskis
Roman *Der Idiot* widmen.

So wenig wie der knapp zehn Jahre ältere Lukács ist der junge
Benjamin bereit, mit der Weberschen Diagnose der modernen Kultur
zugleich auch dessen stoische Konsequenz zu akzeptieren. Im *Leben
der Studenten* entwirft er das Bild einer sich vorbehaltlos der Idee
unterwerfenden, sich mit ihr durchdringenden Gemeinschaft, das
er einem Verständnis des Studiums als Vorbereitung auf den Beruf
ultimativ entgegensetzt: »Wo die beherrschende Idee des Studentenlebens Amt und Beruf ist, kann sie nicht Wissenschaft sein« (GS
II/1, 81). Mit gleicher Folgerichtigkeit verlangt die im Geist der
Wissenschaft – und das heißt für Benjamin selbstverständlich: der
Philosophie – gestiftete Gemeinschaft der Lernenden und Lehrenden,
die Frauen mit einzubeziehen. Denn wie das Studentenleben kein
bloßes Durchgangsstadium auf dem Weg in den Beruf ist, so wenig
darf es als Zwischenstadium erotischer Freizügigkeit im Vorfeld
der bürgerlichen Ehe mißverstanden werden. In der Gestalt einer
unabweisbaren Forderung gebiete die Idee der auf die Freundschaft
der Schaffenden gegründeten Lebensform über jeden einzelnen.
Wer ihr folge, der werde, heißt es im Schlußsatz des Essays, den
Blick auf die geschichtsphilosophische Reflexion der Eingangspas-
sage zurücklenkend, »das Künftige aus seiner verbildeten Form im
Gegenwärtigen erkennend befreien« (GS II/1, 87).

Die relativ lange Zeit, die bis zum Abdruck der Rede im ersten
der von Kurt Hiller (1885-1972) herausgegebenen *Ziel*-Jahrbücher
verging, brachte es mit sich, daß der Aufsatz dort Anfang 1916
gemeinsam mit einem Essay Wynekens publiziert wurde, dem Benjamin ein knappes Jahr zuvor die Gefolgschaft aufgekündigt hatte.
Für Wyneken hat der Krieg mit dem vorweggenommenen Sieg der
Einigung des ganzen Volkes, unter Einschluß gar der Proletarierpar-
tei, begonnen. Auf diese Weise präjudiziere der Ausnahmezustand
des Krieges den kommenden Frieden, für den die Orientierung
an »der Idee, an dem, was unbedingt sein soll« (Wyneken 1916,
123), verbindlich werden müsse. Aufgabe *Schöpferischer Erziehung*,
so der Titel von Wynekens Aufsatz, sei die Heranbildung eines
Geschlechts der unbedingt Wollenden, das unbedingt geltenden
Werten gegenüber auch zu unbedingtem Dienst bereit sei. Die
Grundfrage des neuen Zeitalters, die sich ihm in der Alternative
›Kultur oder Sozialismus‹ präsentiert, beantwortet Wyneken mit
dem Bekenntnis seines Glaubens an die Notwendigkeit einer neuen
Kultur. Auf Wickersdorf anspielend, beschwört er die Schule als
den Ort, an dem der Gedanke einer auf der lebendigen Gemeinschaft der Jugend und ihrer Führer beruhenden Jugendkultur für
die Gesellschaft wegweisende Wirklichkeit geworden sei. Die hier
verwirklichte Herrschaft des Geistes, seine Theokratie, kenne keine
Hierarchie außer der geistigen Leistung und Berufung.

Die bisweilen frappierende Nähe zu Benjamins Aufsatz in demselben Heft wird man, Wynekens Tribut an den Krieg zum Trotz,
schwerlich leugnen können. Um so dringlicher dürfte Benjamin die
Notwendigkeit empfunden haben, die Grundlagen seiner Distanzierung einer kritischen Revision zu unterziehen. Ebenso wie die Lossage
von Wyneken und der kurze Zeit später herbeigeführte abrupte Bruch
mit den meisten Weggenossen aus der Zeit der Jugendbewegung
vollzieht sich dies durchaus innerhalb der Gedankenbahnen, die
in den frühen Schriften mehr vorgezeichnet denn ausgezogen sind.
Von der Einsicht, die er später in der *Berliner Chronik* notiert, »daß
niemand Schule und Elternhaus verbessern <kann>, der den Staat
nicht zertrümmert, welcher die schlechten braucht« (GS VI, 479),
ist Benjamin 1916 noch weit entfernt. Vorerst steckt maßgeblich
Nietzsche den Horizont seiner Gedanken ab. Dieser hatte in der
zweiten der *Unzeitgemässen Betrachtungen: Vom Nutzen und Nachtheil
der Historie für das Leben* sich mit dem dramatischen Appell eben
an die Jugend gewandt, deren Mission es sei, eine neue Kultur herbeizuführen, in der der lähmende Historismus und der nivellierende
Materialismus der Gegenwart überwunden wären (Nietzsche, I,
324-334). »Ihr sollt nicht in eine Metaphysik flüchten, sondern sollt

euch der *werdenden Kultur* thätig opfern!« – nicht bei Benjamin,
sondern in einem Nachlaßfragment Nietzsches aus dem Umkreis
seiner frühen kulturkritischen Schriften (Nietzsche, VII, 467) ist
diese Aufforderung zu lesen. Und auch mit seiner Aufforderung
im *Leben der Studenten*, das Künftige aus seiner verbildeten Form
im Gegenwärtigen erkennend zu befreien, erweist Benjamin sich
als Schüler Nietzsches. Zur »Fernstenliebe« hatte *Zarathustra* seine
Jünger aufgerufen und sie gemahnt: »Die Zukunft und das Fernste
sei dir Ursache deines Heute: in deinem Freunde sollst Du den
Übermenschen als deine Ursache lieben« (Nietzsche, IV, 78).

Literatur: Deuber-Mankowsky 1999, 282-379; Laermann 1985, 360-381;
Smith 1991, 318-334; Wizisla 1987, 616-623.

2. Das Leben des Kunstwerks

Im Laufe seines Studiums, heißt es rückblickend in einem Curriculum
Vitae Benjamins, sei »das Interesse am philosophischen Gehalt des
dichterischen Schrifttums« allmählich in den Vordergrund getreten
und habe zuletzt im Gegenstand seiner Dissertation Ausdruck gefunden (GS VI, 216). Noch im Vorfeld der Dissertation über den
Begriff der Kunstkritik in der deutschen Romantik legen zwei Arbeiten
von dieser Interessenausrichtung Zeugnis ab. Während die große,
im ersten Kriegswinter niedergeschriebene ästhetische Kommentar
zweier Gedichte Friedrich Hölderlins zu Lebzeiten unveröffentlicht
blieb, hat Benjamin die 1921 in den *Argonauten* erschienene, jedoch
schon 1917 abgefaßte Kritik von Dostojewskis *Der Idiot* später als
eine seiner »allerersten gedruckten Arbeiten« (GB IV, 445) bezeichnet. Beide Arbeiten sind zugleich Dokumente des Versuchs, das
Vermächtnis der Jugendbewegung über den rigoros vollzogenen
Bruch aller persönlichen Verbindungen hinaus zu bewahren. Sowohl
in der Wahl ihrer Gegenstände als auch in einigen biographischen
Anspielungen scheinen sie diesem Umkreis noch völlig verhaftet.
Sie belegen aber weniger Benjamins Verharren in diesem intellektuellen Umfeld als vielmehr sein Bestreben, für jene Denkhaltung,
die in seinem Engagement für die Jugendbewegung einen ersten
und bald als unangemessen erkannten Ausdruck gefunden hatte, in
der Auseinandersetzung mit prominenten Gegenständen der Kultur
eine adäquatere Form zu finden.
 So gipfelt die Interpretation des *Idioten* in der These, der Roman
sei Ausdruck der großen Klage Dostojewskis über das »Scheitern
der Bewegung der Jugend« (GS II/1, 240). Wie der Autor in seinen

politischen Schriften die Erneuerung Rußlands aus den Kräften des
Volkstums erhoffe, so erkenne er in seinem Roman im Kind das
einzige Heil für die jungen Menschen und ihr Land. Die Jugend sei
ein anderes Wort für jene Unsterblichkeit, als deren Symbol Benjamin
in seiner Auslegung des Romans die Einsamkeit des Protagonisten
begreift, dessen Leben in der Folge seiner Epilepsie-Erkrankung von
Beginn an todgeweiht erscheint.

Mögen auch die autobiographischen Momente dieser Interpretation nicht von der Hand zu weisen sein, bedeutender und
folgenreicher sind die methodologischen Überlegungen, auf die
Benjamin sie gründet. Sie haben ihre erste zentrale Prämisse in der
rigiden Ablehnung einer jeden Deutung, die sich ihren Weg zum
Verständnis des Romans über eine Psychologie der Romanpersonen
zu bahnen sucht. Demgegenüber erweise sich das Recht der Kritik,
an das Kunstwerk heranzutreten, erst darin, »daß sie den ihm eigenen Bogen« respektiere und ihn zu betreten sich hüte. Kritik, der
Terminus, in dessen Zeichen Benjamin schon seine Rede über das
Leben der Studenten gerückt hatte, erhält nun als kunsttheoretischer
Begriff nähere Konturen. Wie jedes Kunstwerk beruhe auch Dostojewskis Roman auf einer Idee. In Anlehnung an Novalis wird die
Idee des Kunstwerks zu einem wichtigen Moment innerhalb einer
sich hier in Umrissen abzeichnenden Theorie der Kunstkritik. In
einem Fragment hatte Novalis von der »*Nothwendigkeit* aller Kunstwerke« gesprochen; jedes Kunstwerk habe »ein Ideal a priori«, »eine
Nothwendigkeit bey sich *da* zu sein«. Hierdurch, so das Fragment
weiter, werde »eine ächte Kritik d[er] Maler möglich« (Novalis, II,
421). Diese Notwendigkeit und nichts anderes hat nach Benjamins
Überzeugung die Kritik aufzuzeigen (GS II/1, 238).

Auf die Novalis-Stelle hatte er sich schon in seinem wenige Jahre
früher entstandenen Hölderlin-Aufsatz berufen. Auch dort steht das
Zitat im Zentrum einer methodologischen Überlegung, die Benjamin
seinem breit angelegten Vergleich zweier Gedichte, genauer: zweier
Fassungen einer Ode Hölderlins, programmatisch voranstellt. Der
Aufsatz sei nicht als ein philologischer Kommentar mißzuverstehen,
wie man ihn gemeinhin klassischen Werken zukommen lasse. Auch
handele es sich nicht um eine ästhetische Untersuchung, der es um
die Einsicht in die Gesetzmäßigkeit literarischer Gattungen zu tun
sei. Vielmehr möchte Benjamin seine Arbeit als einen »ästhetischen
Kommentar zweier lyrischer Dichtungen« verstanden wissen, in dem
es um die Erschließung jenes eigentümlichen Bezirks gehe, »der die
Wahrheit der Dichtung« enthalte (GS II/1, 105). Der Terminus
›Kritik‹ ist in den Vorüberlegungen nicht zu finden. Wohl aber ist
deren Aufgabe umschrieben, wenn es dort mit Blick auf den fol-

genden Vergleich der beiden Gedichte heißt, es werde sich zeigen
»daß über lyrische Dichtung das Urteil, wenn nicht zu beweisen,
so doch zu begründen ist« (GS II/1, 108).

An dieser frühen Arbeit sind, mehr noch vielleicht als im Falle
der Kritik des Dostojewski-Romans, Gegenstand und theoretische
Reflexion gleichermaßen bemerkenswert. Wie Benjamin einige
Zeit nach der Fertigstellung seiner Hölderlin-Arbeit in einem Brief
vom Februar 1917 schreibt, sei ihr äußerlicher Anlaß die Stellung
ihres Themas durch Norbert von Hellingrath (1888-1916) in
dessen Dissertation über die Pindar-Übersetzungen gewesen. Die
Absicht, ihm die Arbeit zum Lesen zu geben, sei durch dessen Tod
nun hinfällig geworden (GB I, 355). Hellingrath war im Dezember
1916 vor Verdun gefallen. Sechs Jahre zuvor war seine akademisch
umstrittene Dissertation *Pindarübertragungen von Hölderlin* erschienen, in der Benjamin den Hinweis auf »jene Umarbeitungen und
Bearbeitung älterer Oden« fand, an denen »das Wachsen des reinen
lyrischen Könnens« zu verfolgen sei. »Man vergleiche nur Blödigkeit
mit der ersten Fassung von Dichtermut, wie da jede Änderung der
Stelle erst volles Dasein gibt« (Hellingrath 1919/1936, 65). Dieser
Aufforderung ist Benjamin in seinem Aufsatz gefolgt.

Der Name Hellingraths ist mit Benjamins Hölderlin-Aufsatz
ebenso untrennbar verbunden, wie er für die Hölderlin-Rezeption
zu Beginn des Jahrhunderts richtungsweisend war (Kaulen 1994,
563ff.). Und das nicht nur wegen der von ihm initiierten und bis zu
seinem frühen Tod betreuten, auf lange Zeit mustergültigen histo-
risch-kritischen Werkausgabe. Noch bevor die entsprechenden Bände
vorlagen, hatte er in kleineren Editionen und schließlich in seiner
Dissertation jene grundlegende Wende in der Wirkungsgeschichte
Hölderlins eingeleitet, für die die Aufwertung des Spätwerks symptomatisch war. Man hatte den weitgehend unbekannten Dichter
bisher als eine Nebenfigur im Umkreis der Romantik wahrgenom-
men. Gemessen am Maßstab des deutschen Klassizismus galt er
als ein Gescheiterter. Hellingraths Dissertation hatte sich gegen
die vorherrschenden Werturteile der Literaturgeschichtsschreibung
ebenso durchzusetzen wie gegen das Bedenken einiger Mitglieder
der Fakultät, die der Auffassung waren, daß die »Dichtungen eines
Verrückten« kein Thema für eine wissenschaftliche Arbeit seien
und daß man um den Verstand dessen besorgt sein müsse, der sie
dennoch unternehme (Von der Leyen 1958/60, 4).

Die für das Hölderlinverständnis bahnbrechende Abkehr vom
Maßstab des Klassizismus geht bei Hellingrath einher mit der Zuwendung zur konkreten Sprachgestalt der Dichtungen. Sowohl für
deren Eigentümlichkeit als auch für das in ihnen zum Ausdruck

gelangende Dichtungsverständnis seien die Übersetzungen Hölderlins
aus dem Griechischen zu berücksichtigen. Nicht jedoch durch die
Abstraktion einer Regel oder Vorschrift, sondern durch die Übernahme der »inneren Form griechischer Dichtung« habe Hölderlins späte
Lyrik ihr spezifisches Gepräge erhalten (Hellingrath 1919/1936, 48).
Die griechische Rhetorik kennt die stilistische Unterscheidung einer
›harten‹ und einer ›glatten‹ Fügung der sprachlichen Elemente. Im
Rückgriff auf diese Unterscheidung stellt Hellingrath der Reimpo-
esie, die Goethe zu höchster Vollendung gebracht habe, die ›herbe
Dichtart‹ als gleichberechtigte Möglichkeit lyrischen Ausdrucks an
die Seite. Letztere finde in Hölderlins späten Dichtungen paradig-
matischen Ausdruck (Hellingrath 1919/1936, 22). Noch Adornos
Deutung des philosophischen Gehalts Hölderlinscher Lyrik geht
ganz im Sinne dieser Unterscheidung von der reihenden Technik
oder Parataxis als deren charakteristischem Merkmal aus. Wenn
sich seine Deutung auf Benjamin beruft, so zugleich indirekt auf
die durch dessen Aufsatz vermittelte grundlegende Einsicht und
Vorarbeit Hellingraths (Adorno, XI, 475).
    Die gegenklassische Wendung, die Hellingraths Hölderlin-
Verständnis vollzog, folgte einer zu Beginn des Jahrhunderts vorherrschenden Tendenz, die Antike nicht mehr primär unter dem
Vorzeichen der Klassik, sondern der Archaik sich zu vergegenwärtigen.
Diese Umwertung war Nietzsche doppelt verpflichtet. Dieser hatte in
der *Geburt der Tragödie* nicht nur dem antiklassizistischen Verständnis
der Antike den Boden bereitet, sondern in seinen kulturkritischen
Schriften an prominenter Stelle überdies »das Andenken des herrlichen Hölderlin« als Gegenbild zur philiströsen Gegenwartskultur
beschworen (Nietzsche, I, 172). Die Parallelität der Biographien
des Dichters des *Hyperion* und des Autors des *Zarathustra* tat ein
übriges, um Hellingraths Arbeiten zunächst vor allem in der außer-
akademischen Öffentlichkeit beträchtliche Resonanz zu verschaffen.
Maßgeblich durch Hellingrath, der dem Kreis um Stefan George
nahestand, fand dieser Zugang zu Hölderlin. In Hölderlins Werk
und Leben konnte der Kreis seine kultische Auffassung des Dichters
paradigmatisch bestätigt finden. In ihr verband sich Nietzsches
Aristokratie des Geistes mit einem spezifisch modernen Kunstver-
ständnis, das an der Sprachkunst des französischen Symbolismus
geschult war und höchste Ansprüche an die sprachliche Sensibilität
und formale Virtuosität des Dichters stellte. Auf diese Weise, nämlich als Wegbereiter der Moderne, trat Hölderlin im George-Kreis
an die Seite Baudelaires und Mallarmés. So ist es denn kein Zufall,
daß Benjamin in demselben Kriegswinter 1914/15, in dem er sich
an die Niederschrift seines durch Hellingrath initiierten Aufsatzes

über Hölderlin machte, mit seinen Übersetzungen aus Baudelaires
Fleurs du mal begann, die ihn lange Jahre beschäftigen sollten.

Mit der Konzentration auf die formale Struktur und dem Nachweis der zunehmend bewußten, reflektierten Verwendung der
künstlerischen und sprachlichen Mittel legt Benjamin seinem
Vergleich der beiden Gedichte Hölderlins Kriterien zugrunde, die
seine Vertrautheit mit der Besonderheit moderner Lyrik erkennen
lassen. Im theoretischen Zentrum seiner Ausführungen steht der
Begriff des »Gedichteten«, ein *tertium comparationis*, das ihm die
Möglichkeit einer Beurteilung der Dichtung eröffnet. Der Begriff
bezeichnet »die Intensität der Verbundenheit der anschaulichen
und der geistigen Elemente«, um deren Nachweis es dem Vergleich
letztlich allein zu tun sei (GS II/1, 108). Als eine für jede Dichtung a priori vorauszusetzende Sphäre ist das Gedichtete letztlich
mit jenem eigentümlichen Bezirk identisch, der die Wahrheit der
Dichtung enthält, »die gerade die ernsten Künstler von ihren
Schöpfungen so dringend behaupten«. In ihrer für das einzelne
Gedicht zu unterstellenden besonderen Gestalt nennt der Aufsatz
diese Sphäre die »innere Form« oder, mit Goethe, den »Gehalt«
des Gedichts (GS II/1, 105). Sie bezeichnet die konkrete Aufgabe,
welcher der Dichter in seiner schöpferischen Arbeit gerecht zu werden versucht. Demgegenüber bezeichnet das Gedichtete die Form
nicht des einzelnen, sondern die des Kunstwerks im allgemeinen,
mit Novalis gesagt: seine Notwendigkeit.

In diesem begrifflichen Spannungsfeld zwischen der potentiellen
Organisation der Elemente in der idealen Sphäre des Gedichteten
und ihrer aktualen Ausformung im Gedicht eröffnet sich dem
ästhetischen Kommentar ein kritischer Spielraum. Für Benjamins
Auffassung der Kritik nicht nur in diesem frühen Aufsatz ist die
Prämisse bezeichnend, die das Gedichtete als »Erzeugnis und Gegenstand der Untersuchung zugleich« (GS II/1, 105) definiert. Auf diese
Weise nämlich wird die Kritik auf strikte Immanenz verpflichtet.
Sie ist weniger eine Beurteilung als vielmehr eine Beschreibung
des Kunstwerks, unabhängig von vorgegebenen ästhetischen und
erst recht außerästhetischen, etwa moralischen oder psychologisch-
biographischen Kriterien.

Von dem »eigentümlichen Gefühl von Notwendigkeit, mit der das
Kunstwerk uns trifft«, nehmen auch Georg Simmels Überlegungen
über *Gesetzmäßigkeit im Kunstwerk* in einem posthum publizierten
Aufsatz ihren Ausgang. Gedanken seiner im Wintersemester 1913/14
gehaltenen Vorlesung über die Philosophie der Kunst aufgreifend,
leitet auch Simmel diese »ideale Notwendigkeit« aus einem Problem
ab, welches das Kunstwerk sich selbst stelle und das folglich auch

nur ihm selbst zu entnehmen sei. Auch für ihn ist das Kunstwerk demnach als eine Idee zu denken, eine ideale Einheit, der das wirkliche Kunstwerk in der Vielheit seiner Faktoren entgegenstehe. Jede Normierung außerkünstlerischer: literarischer, ethischer religiöser Art sei auszuscheiden und einer Beurteilung nur das individuelle Gesetz des Werks zugrunde zu legen. Simmels Überlegungen zielen indes nicht auf eine Theorie der Kunstkritik. Vielmehr stellt sich ihm das Kunstwerk als eine »ethische Analogie« dar. Rein formal, nämlich in seiner radikal individuellen Gesetzmäßigkeit, dient es ihm als Anschauungsbeispiel für die fällige Korrektur des Grundirrtums, der in fast allen Morallehren, zuhöchst aber der Kantischen, begegne, nämlich der besonderen menschlichen Existenz die Allgemeinheit des Gesetzes entgegenzustellen (Simmel, XIII, 382-394).

Im Hölderlin-Aufsatz verzichtet Benjamin darauf, seine Theorie der immanenten Kunstkritik in einen philosophischen Kontext einzuordnen. Seine abschließende Begründung der Überlegenheit der späteren über die erste Fassung der Ode beruft sich auf die Kategorie des Erhabenen. Statt aber in der Explikation dieser Sichtweise den Vorgaben der Kantischen Ästhetik zu folgen, umschreibt die Argumentation eine Gedankenfigur, deren Ursprung im Dualismus von Benjamins eigenen früheren Schriften zu suchen ist. Die unbedingte Ausrichtung des Denkens auf die Idee sucht deren Geltung noch in der Form ihrer Negation durch das Gegebene die Treue zu wahren. So wird das Kunstwerk zu einem Medium der Darstellung der Idee. In seiner immanenten Struktur durch die Idee determiniert, stellt das Werk sie in der Gestalt bestimmter Negation dar, die ihrerseits in der Kritik als seine Notwendigkeit erfaßt und beschrieben wird. Im Vergleich mit Hellingrath ist auffallend, wie Benjamin etwa in seiner Adaption des Begriffs der ›inneren Form‹ den Anschluß an die Tradition der ästhetischen Diskussion der deutschen Klassik und Frühromantik sucht. Diese Konstellation wird er in dem zentralen Schlußkapitel seiner Dissertation etliche Jahre später aufgreifen, um sie im Horizont einer aktuellen Theorie der Kunstkritik zu diskutieren.

Literatur: Alt 1987, 531-562; Groddeck 1976, 17-21; Hanssen 2002, 139-162; Honold 2000, 53-106; Primavesi 1998; Speth 1991, 8-90; Steiner 1989, 91-167.

3. Philosophische Standortbestimmung

In dem bereits erwähnten, Ende der zwanziger Jahre geschriebenen Lebenslauf, in dem Benjamin mit Blick auf das Thema seiner Dissertation die Verlagerung seiner Interessen auf das Gebiet der Ästhetik konstatiert, ist zuvor davon die Rede, daß er sich in seiner Studienzeit »im besonderen und in immer wiederholter Lektüre [...] mit Platon und Kant, daran anschließend mit der Philosophie der Marburger Schule« (GS VI, 216) beschäftigt habe. Zusammenhängende oder gar systematische Äußerungen zu philosophischen Themen sind im Werk Benjamins eher selten. Die bedeutendste Ausnahme stellt jene Schrift *Über das Programm der kommenden Philosophie* dar, die im Jahr der Übersiedlung in die Schweiz im November 1917 in Bern niedergeschrieben wurde. Erwachsen aus Diskussionen mit Gershom Scholem, den Benjamin im Juli 1915 in Berlin kennengelernt hatte und mit dem ihn bald ein enge, von einem intensiven Gedankenaustausch begleitete Freundschaft verband, diente die Schrift primär der Selbstverständigung und der Klärung des eigenen philosophischen Standorts. Der Gedanke an eine Veröffentlichung lag Benjamin fern. Statt dessen wurde eine von Dora Benjamin angefertigte Abschrift der Arbeit feierlich Scholem überreicht, als er im Mai 1918 in Bern eintraf, um dort bis Juli 1919 ebenfalls sein Studium fortzusetzen. Über die Zeit in Bern, die gemeinsamen Seminarbesuche und Diskussionen sowie über seinen Umgang mit dem Ehepaar Benjamin und ihrem im April 1918 geborenen Sohn Stefan, hat er in seinem Erinnerungsbuch (Scholem 1975, 69-110) ausführlich berichtet.

In einem Brief an Scholem vom 22.10.1917 umreißt Benjamin die Prämissen des programmatischen Aufsatzes. Ohne nähere Beweise in der Hand zu haben, sei er doch des festen Glaubens,

»daß es sich im Sinne der Philosophie und damit der Lehre, zu der diese gehört, wenn sie sie nicht etwa sogar ausmacht, nie und nimmer um eine Erschütterung, einen Sturz des Kantischen Systems handeln kann sondern vielmehr um seine granitne Festlegung und universale Ausbildung. [...] Einzig im Sinne Kants und Platos und wie ich glaube im Wege der Revision und Fortbildung Kants kann die Philosophie zur Lehre oder mindestens ihr einverleibt werden« (GB I, 389).

Scheint in diesen Sätzen der Begriff der Lehre die Verbindung zu jüdisch-religiösen Zusammenhängen herzustellen, wie sie für Scholem in dieser Zeit zunehmend bestimmend wurden, so ist in zentralen Überlegungen des Briefes doch zugleich auch der zeitgenössische akademische Kontext unmittelbar greifbar.

Nicht nur dem Marburger Neukantianismus hatte der Philosoph
und Philosophiehistoriker Wilhelm Windelband (1848-1915) die
Devise ins Stammbuch geschrieben, daß ›Kant verstehen, über ihn
hinausgehen‹ heiße. In den Arbeiten der erkenntnistheoretisch
orientierten Marburger Schule und namentlich in denen ihres
prominentesten Vertreters, Hermann Cohen, hatte dies zu einem
dezidiert idealistischen, den Kritizismus in die Nähe Platons rük-
kenden Kant-Verständnis geführt. Wenn eine neuere Darstellung
bemängelt, daß die Entscheidung nicht immer leicht falle, ob durch
Cohen und seine Schule Platon mehr kantianisiert oder Kant mehr
platonisiert wurde (Köhnke 1986, 293), so scheint gerade dieser
Umstand Benjamins Interesse geweckt zu haben. So deutlich Benjamins philosophische Programmschrift somit die Schulphilosophie
im Blick hat, so wenig erschöpft sie sich in deren Vorgaben. Als
Indiz dafür mag die in Bern gemeinsam mit Scholem unternommene Lektüre von Cohens für die Marburger Schule grundlegender
Schrift über *Kants Theorie der Erfahrung* (3. Aufl. 1918) gelten,
die bald enttäuscht abgebrochen wurde (Scholem 1975, 78). Aber
auch in der Programmschrift selbst sind die Grenzen gegen den
Neukantianismus deutlich gezogen.

In seiner Rezension der Arbeit eines Vertreters des jüngeren
Neukantianismus, Richard Hönigswalds Studie über *Philosophie und
Sprache*, hat Benjamin im Jahr 1939 das philosophisch-akademische
Umfeld skizziert, in dem seine frühen Überlegungen situiert sind,
und dabei zugleich deren spezifisches Anliegen implizit berührt.
Kant sei es darum gegangen, im Interesse einer Einschränkung
der Ansprüche des metaphysischen Dogmatismus die Theorie der
Erkenntnis auf den Grundlagen der exakten Wissenschaften zu
errichten. Der Neukantianismus habe den »Aufmarschplan des
Kantischen Denkens« beibehalten, ohne zu bedenken, daß »der
Gegner längst in ganz anderer Richtung zu suchen war«. Bei Kant
bildeten die entstehenden Naturwissenschaften einen integralen Teil
eines Weltbildes, »dessen geschichtlicher Aufriß seinen Fluchtpunkt
im Reich der Freiheit und des ewigen Friedens« (GS III, 564) besessen habe. Dieser emanzipatorische Zug sei mit der positivistischen
Verwandlung der exakten Wissenschaften verlorengegangen. Im
Weltbild von Helmholtz, von Du Bois-Reymond oder von Haeckel
sei die Natur nicht mehr Material der Pflicht, sondern Instrument
eines auf technischem Fortschritt und globalem Handel basierenden
Herrschaftsanspruchs.

Tatsächlich hatte der ältere Neukantianismus, als dessen wichtig-
ster Vertreter Hermann Helmholtz (1821-1894) gilt, eine Annäherung
zwischen der Philosophie und den mit der technisch-industriellen

Entwicklung verbundenen, übermächtigen Naturwissenschaften herbeigeführt und mit seiner physiologischen Interpretation des Kritizismus zugleich die Basis für die Rehabilitation der Philosophie als Erkenntnistheorie gelegt. Zwar wurde der physiologische Ansatz, den Helmholtz in seiner Schrift *Über das Sehen des Menschen* (1855) entwickelte und Friedrich Albert Lange (1828-1875) in seiner einflußreichen *Geschichte des Materialismus* (1866) vertrat, bald verabschiedet. Dennoch blieb die Auffassung der Philosophie als ›Erkenntnistheorie‹, wie das von Eduard Zeller mit Blick auf Kant 1862 geprägte, wirkungsmächtige Stichwort lautete, für alle Spielarten des Neukantianismus verbindlich. Damit verbunden war das Verständnis der transzendentalen Methode als einer für Philosophie und Naturwissenschaften gleichermaßen gültigen Untersuchungsmethode (Schnädelbach 1994, 135). Hermann Cohen, der Schüler und Nachfolger Langes auf dem Marburger Lehrstuhl, lehnte zwar die physiologische Begründung der Erkenntnistheorie nachdrücklich ab, vertrat aber eine Auffassung des Kantischen Begriffs der Erfahrung, in der dieser letztlich mit mathematisch-naturwissenschaftlicher Erkenntnis zusammenfiel.

Wenn für Benjamin die Schwäche des Neukantianismus aus seiner ihm selbst unbewußten Komplizität mit dem Positivismus resultierte, so meint er dessen Versagen insbesondere am Systemgedanken ablesen zu können. Kant habe seinem System in der *Kritik der Urteilskraft* einen Schlußstein gesetzt, in dem er der Phantasie und der Geschichte einen zentralen Stellenwert einräumte und somit den planenden Zug des Systemgedankens zum Ausdruck brachte. Demgegenüber habe der Systemgedanke im Neukantianismus, zumal bei Cohen, nur noch interpretativen Charakter. Diese Entwicklung, die in Benjamins Augen die Bereitschaft spiegelt, »sich mit dem Bestehenden einzurichten« (GS III, 565), bilde die Basis für das Interesse des altersschwachen Kritizismus an Sprache und Geschichte. Dafür dient der Rezension Hönigswalds Studie als ein gleichermaßen verfehltes und abschreckendes Beispiel.

Mit dem Hinweis auf Sprache und Geschichte nennt die Rezension die beiden Stichworte, die den Denkhorizont der mehr als zwanzig Jahre früher konzipierten Programmschrift markieren. Wenn es Benjamin dort gleich zu Beginn als die zentrale Aufgabe der kommenden Philosophie bezeichnet, »die tiefsten Ahnungen die sie aus der Zeit und dem Vorgefühle einer großen Zukunft schöpft durch die Beziehung auf das Kantische System zu Erkenntnis werden zu lassen« (GS II/1, 157), so klingt in dieser Formulierung nicht zufällig die zwischen Gegenwart und Zukunft eine metaphysische-Vermittlung suchende Geschichtsauffassung an, die er im *Leben der*

Studenten skizziert hatte. Hatte er damals die Aufgabe, das Künftige
erkennend aus dem Gegenwärtigen zu befreien, unter dem Vorbehalt
fehlender systematischer Begründung der Kritik überantwortet, so
geht es ihm jetzt um das Problem der systematischen Fundierung
eben dieses Erkenntnisinteresses. Damit ist nicht unbedingt gesagt,
daß die kommende Philosophie selbst die Gestalt eines Systems
haben werde. Wohl aber, daß sie als eine »wahrhaft zeit- und ewig-
keitsbewußte Philosophie« (GS II/1, 158) einer Sicherung ihres
Erkenntnisanspruchs bedürfe, für die nach seiner Überzeugung die
Rechtfertigung der Erkenntnis, wie sie nächst Platon in jüngster Zeit
einzig Kant anstrebte, verbindliche Maßstäbe gesetzt habe.

Dem unmittelbaren Anschluß an Kant stehen nun aber zwei
bedeutende Hemmnisse entgegen. Zum einen liege der Erkenntnis,
um deren Gewißheit und Wahrheit es Kant gegangen sei, eine defi-
zitäre historische Erfahrung zugrunde. So sei zwar seine Frage nach
der Gewißheit der Erkenntnis bleibend; jedoch sei die Dignität der
Erfahrung, die jener Erkenntnis zugrunde liegt, vergänglich. Zum
zweiten habe Kants Erkenntnisbegriff das Gebiet der Metaphysik
nicht erschließen können, weil es, zum Teil als Folge des defizitären Erfahrungsbegriffs, »primitive Elemente einer unfruchtbaren
Metaphysik« in sich trage, die jede andere ausschließe (GS II/1,
160). Im Interesse einer höheren, metaphysischen Erfahrung gelte
es daher, die »Auffassung der Erkenntnis als Beziehung zwischen
irgendwelchen Subjekten und Objekten« sowie die Beziehung von
Erfahrung und Erkenntnis auf »menschlich empirisches Bewußtsein«
zu überwinden (GS II/1, 161).

Auch Benjamins Auseinandersetzung mit Kant kann man unter
die mehr oder weniger schöpferischen Mißverständnisse einreihen,
als die sich die Fortsetzung und Entfaltung des Kritizismus seit
dem deutschen Idealismus der Philosophiegeschichtsschreibung
darstellt. Immerhin wurde das sogenannte *Älteste Systemprogramm
des deutschen Idealismus* von Franz Rosenzweig (1886-1929), der
in Schelling seinen Autor vermutete, ein Jahr vor der Niederschrift
des *Programms der kommenden Philosophie* erstmals veröffentlicht.
Es gibt jedoch keinen Hinweis, daß Benjamin den Text damals oder
später überhaupt zur Kenntnis genommen hat.

Statt dessen sucht sein Entwurf zunächst ausdrücklich die Nähe
Kants, um im gleichen Atemzug das ursprünglich metaphysische
Interesse des kritischen Unternehmens geltend zu machen. Schließlich hatte Kant vor allem in den *Prolegomena*, auf die Benjamin
sich wiederholt berufen und deren Titel er für sein eigenes Vorhaben
reklamiert (GS II/1, 160), die Kritik der reinen Vernunft als eine
unabdingbare Voraussetzung für eine künftige Metaphysik bezeich-

net. Deren Neugeburt sah er um so unausbleiblicher bevorstehen, als sich »die Nachfrage nach ihr doch auch niemals verlieren kann, weil das Interesse der allgemeinen Menschenvernunft mit ihr gar zu innigst verflochten ist« (Kant, V, 115). Die *Kritik der reinen Vernunft* stellt sich in diesem metaphysischen Interesse als ein »Traktat von der Methode, nicht ein System der Wissenschaft selbst« dar, deren ganzen Umfang sie aber gleichwohl verzeichnet (Kant, III, 28). Eben deshalb aber erweist sich ihr negativer Nutzen zugleich als ein positiver. So sei zwar das greifbare Resultat der ersten Kritik »freilich die Einschränkung aller nur möglichen speculativen Erkenntnis der Vernunft auf bloße Gegenstände der Erfahrung«. Zwar können wir die Dinge nur *erkennen*, insofern sie sich als Objekte der sinnlichen Anschauung, also als Erscheinungen präsentieren; gleichwohl eröffnet sich uns damit aber die Möglichkeit, sie als Dinge an sich zu *denken* (Kant, III, 30f.). Die Kritik des vermeintlichen Wissens von Dingen, das über die Erfahrung hinausgeht, und also die Restriktion der Erkenntnis auf mögliche Erfahrung, wird so zur Voraussetzung für eine Erweiterung der reinen Vernunft in praktischem Interesse.

Während Kant sein Unternehmen in den Worten resümiert, daß er »das Wissen aufheben [mußte], um zum Glauben Platz zu bekommen« (Kant, III, 33), geht es Benjamin umgekehrt darum, gemäß der von Kant aufgestellten Beziehung zwischen Erkenntnis und Erfahrung, durch deren Erweiterung Raum für einen erkenntnistheoretisch gesicherten metaphysischen Begriff der Erfahrung zu gewinnen, der ausdrücklich auch »religiöse Erfahrung« einschließen würde (GS II/1, 164).

Den Weg zu dieser höheren Art Erfahrung sieht Benjamin durch die Überwindung der ihr bei Kant entgegenstehenden historischen Bedingtheiten und systematischen Restriktionen vorgezeichnet. Geschichtlich sei Kants Orientierung der Erfahrung an den Wissenschaften und besonders an der mathematischen Physik eine Folge der »religiösen und historischen Blindheit der Aufklärung«. Von der Überzeugung, daß die Weltanschauung der Aufklärung »eine der niedrigst stehenden Erfahrungen oder Anschauungen der Welt« (GS II/1, 159) war, geht noch Benjamins Interpretation von Goethes *Wahlverwandtschaften* aus. Der Zeit, in der sowohl Kant als auch Goethe die Vorbedingungen ihrer Werke vorfanden, heißt es in dem späteren Essay, sei der Gedanke fremd gewesen, »daß die wesentlichsten Inhalte des Daseins in der Dingwelt sich auszuprägen, ja ohne solche Ausprägung sich nicht zu erfüllen vermögen« (GS I/1, 126). Erst die produktive Überwindung dieser Beschränkung bereitet jener Entwicklung den Boden, die Benjamins kritisches Interesse an Goethe begründet.

In der Programmschrift hält er es Mendelssohn und Garve als Zeitgenossen Kants zugute, der metaphysischen Seite der Erfahrung gerecht geworden zu sein (GS II/1, 159). Nicht jedoch im einfachen Rückgriff auf vorkritische Positionen, gegen die sich Kant in den *Prolegomena* und in der kleinen Schrift *Was heißt: Sich im Denken orientieren?* zur Wehr gesetzt hatte, soll der erweiterte Begriff der Erfahrung gewonnen werden, sondern in Fortsetzung des von Kant Begonnenen. Denn schließlich habe dieser »die Möglichkeit der Metaphysik [...] nirgends bestritten« (GS II/1, 160).

Auf den ersten Blick noch schwerer nachvollziehbar ist Benjamins zweiter, systematischer Einwand, seine Forderung nach einer Überwindung der als mythologisch zurückgewiesenen »Auffassung der Erkenntnis als Beziehung zwischen irgendwelchen Subjekten und Objekten« (GS II/1, 161). Dementsprechend stellt er der kommenden Erkenntnistheorie die Aufgabe, eine »Sphäre totaler Neutralität in Bezug auf die Begriffe Subjekt und Objekt zu finden«. Aus dieser »Sphäre der reinen Erkenntnis« sei die gesuchte, auch die Religion umfassende Erfahrung zu entfalten, dergestalt, daß dann diese Erfahrung auf der reinen Erkenntnis beruhe, »als deren Inbegriff allein die Philosophie Gott denken kann und muß« (GS II/1, 163). Für die von ihm gewünschte Entwicklung sieht Benjamin im Neukantianismus bestätigende Anzeichen. Dort habe man die Notwendigkeit einer Revision der Erkenntnistheorie Kants klar eingesehen. Allerdings habe dies zu einer »Reduktion aller Erfahrung auf die wissenschaftliche, [geführt] die in dieser Ausschließlichkeit bei Kant nicht gemeint ist« (GS II/1, 164).

Erst gegen Ende seines Entwurfs deutet Benjamin die entscheidende Voraussetzung an, unter der die kommende Philosophie in Abkehr von den vorliegenden Ansätzen die an sie gerichteten höchsten metaphysischen Erwartungen würde erfüllen können: »Die große Umbildung und Korrektur die an dem einseitig mathematisch-mechanisch orientierten Erkenntnisbegriff vorzunehmen ist, kann nur durch eine Beziehung der Erkenntnis auf die Sprache wie sie schon zu Kants Lebzeiten Hamann versucht hat gewonnen werden«. In der Sprache ist also jene Sphäre der reinen Erkenntnis zu suchen. Erst ein in der Reflexion auf das sprachliche Wesen der Erkenntnis gewonnener Begriff der Philosophie werde einen korrespondierenden Erfahrungsbegriff ermöglichen, der auch das Gebiet der Religion umfasse. Somit läßt sich die Forderung der kommenden Philosophie abschließend in die Worte fassen: »Auf Grund des Kantischen Systems einen Erkenntnisbegriff zu schaffen dem der Begriff einer Erfahrung korrespondiert von der die Erkenntnis Lehre ist« (GS II/1, 168). In einer Aufzeichnung aus der Zeit der Ausarbeitung der

Programmschrift heißt es prägnanter noch: »Philosophie ist absolute Erfahrung deduziert im systematisch symbolischen Zusammenhang als Sprache« (GS VI, 37).

Mit der Betonung der Bedeutung der Sprache für die metaphysische Erneuerung der Philosophie ebenso wie mit der Berufung auf Johann Georg Hamann knüpft die Programmschrift unmittelbar an die knapp ein Jahr zuvor fertiggestellte Aufzeichnung *Über Sprache überhaupt und über die Sprache des Menschen* an. In seiner *Metakritik über den Purismus der Vernunft*, die zu Lebzeiten unveröffentlicht blieb, aber hatte Hamann gegen Kant nicht nur darauf insistiert, daß die Sprache »das einzige erste und letzte Organon und Kriterion der Vernunft« sei, sondern auch gegen dessen Bestreben Einspruch erhoben, »die Vernunft von aller Überlieferung, Tradition und Glauben daran unabhängig zu machen« (Hamann, SW III, 284). Beide Einwände scheint Benjamin in seinem Gedanken, daß die kommende Philosophie zur Lehre umgebildet werden oder ihr einverleibt werden könne, fruchtbar gemacht zu haben.

Sowohl Benjamins Begriff der Lehre als auch Hamanns Verständnis von Sprache und Tradition sind ohne religiöse Bezüge nicht zu denken. Das Entscheidende und allen drei Begriffen Gemeinsame aber besteht darin, daß sie den Blick von den metaphysischen Gehalten weg auf die Form ihrer Darstellung und historischen Vermittlung richten. In seinem Brief vom 22.10.1917, in dem er den Zusammenhang von Philosophie und Lehre reflektiert, spricht Benjamin mit einer von ihm selbst der Unklarheit bezichtigten Wendung von einer »Typik des Denkens der Lehre«. Wer nicht in Kant das Denken der Lehre selbst ringen fühle, »und wer daher nicht mit äußerster Ehrfurcht ihn mit seinem Buchstaben als ein tradendum, zu Überlieferndes«, erfasse, der wisse von Philosophie gar nichts (GB I, 389). Auf diese Weise aber ist der Prozeß der Überlieferung und Auslegung, sei es der Kantischen Philosophie, sei es der Philosophie im allgemeinen, letztlich von der Lehre nicht mehr zu unterscheiden. Einmal mehr in deutlicher Anlehnung an die Vision der Universität, wie er sie im *Leben der Studenten* skizziert, nähert Benjamin den Begriff der Lehre dem der Tradition an. Die Tradition, heißt es in einem Brief, sei »das Medium in dem sich *kontinuierlich* der Lernende in den Lehrenden« verwandele. »In der Tradition sind alle Erziehende und zu Erziehende und alles ist Erziehung. Symbolisiert und zusammengefaßt werden diese Verhältnisse in der Entwicklung der Lehre« (GB I, 382). Sowohl in der Sprachauffassung, die seinem philosophischen Programmentwurf zugrunde liegt, als auch in seiner Interpretation der Romantik, in der er an seine Beschäftigung mit Kant im Zusammenhang einer Theorie der

Kunstkritik anknüpfen wird, rücken die Begriffe des Medialen und der Tradition ins Zentrum von Benjamins Überlegungen.

Literatur: Adorno 1970, 11-29 und 75-80; Deuber-Mankowsky 1999, 13-105; Holz 2000, 445-479; Jennings 1987 82-120; Reijen 1998, 55-69; Schwarz Wentzer 1998, 52-92; Steiner 2000, 479-523; Tiedemann 1965, 15-70; Weber, Th. 2000, 230-259; Wiesenthal 1973.

4. Die Magie der Sprache

Benjamin selbst hat sich in späteren Arbeiten wiederholt auf seine sprachtheoretischen Überlegungen bezogen und auf diese Weise deren Stellenwert nicht nur für seine frühen Schriften betont. Ihren konzentriertesten Ausdruck haben diese Überlegungen in der Aufzeichnung *Über Sprache überhaupt und über die Sprache des Menschen* gefunden, die gegen Ende des Jahres 1916 in München entstand, wo Benjamin vor seiner Übersiedlung nach Bern studierte. Sie war ebensowenig wie die philosophische Programmschrift zur Veröffentlichung bestimmt und kursierte zu seinen Lebzeiten nur in wenigen Abschriften.

Auch wenn man die herausragende Bedeutung der frühen Sprach-theorie im Werk Benjamins einräumt, ist deren Tragweite für seine Arbeiten im einzelnen nicht ohne weiteres einsichtig. Zwar finden sich über seine Schriften verstreut immer wieder sprachphilosophische Reflexionen. Sofern sie einen systematischen Zusammenhang ahnen lassen, hat Benjamin ihn seinen Lesern in der frühen Aufzeichnung verborgen und keine Anstalten gemacht, ihn im Rahmen einer ausgearbeiteten Philosophie der Sprache eigens zu explizieren. Es muß dahingestellt bleiben, ob der Plan einer Habilitationsschrift zum Thema ›Wort und Begriff‹ bzw. ›Sprache und Logos‹, mit dem er sich zu Beginn der zwanziger Jahre trug, dieses Desiderat erfüllt oder sich ihm auch nur gestellt hätte. Der Plan gelangte über Vorstudien (GS VI, 19-26) nicht hinaus und wurde bald zugunsten einer Habilitation für das Fach Ästhetik aufgegeben.

Bleiben die Schriften, in denen Benjamin implizit auf die frühe Arbeit zurückgreift oder explizit an sie anknüpft. Thematisch liegt dies für den Aufsatz über *Die Aufgabe des Übersetzers* besonders nahe, der 1921 entstand und zwei Jahre später als Einleitung zu den Baudelaire-Übersetzungen im Druck erschien. Das gilt nicht minder für die Behandlung von Sprachtheorien des Barock in der 1925 in Frankfurt eingereichten Habilitationsschrift über den *Ursprung des deutschen Trauerspiels*. Explizit aber hat Benjamin die erkenntnistheoretischen Überlegungen, die er dem Trauerspielbuch in Gestalt der »Erkenntniskritischen Vorrede« voranstellte, mit seiner frühen Aufzeichnung in Verbindung gebracht, indem er die Einleitung als »eine Art zweites, ich weiß nicht, ob besseres, Stadium der frühen Spracharbeit« (GB III, 14) bezeichnete. Schließlich ist die sprachtheoretische Reflexion zu erwähnen, die Benjamin 1933 in zwei Fassungen, teils in Berlin, teils im Exil auf Ibiza, unter den Titeln *Lehre vom Ähnlichen* und *Über das mimetische Vermögen* zu Papier brachte, für deren Ausarbeitung er sich von Scholem den früheren Aufsatz erbat, da ihm sein eigenes Exemplar unerreichbar sei (GB IV, 214).

Ihre eigentliche Bedeutung aber erhält die Sprachphilosophie in Benjamins Schriften nicht so sehr als deren Thema, sondern als deren Grundlage. In diesem Sinne kann man noch die Bemerkung verstehen, mit der Benjamin gegenüber einem Kritiker seines politischen Engagements Mitte der zwanziger Jahre darauf bestand, daß es von seinem sehr besonderen sprachphilosophischen Standpunkt aus zur Betrachtungsweise des dialektischen Materialismus »eine – wenn auch noch so gespannte und problematische – Vermittlung« gebe (GB IV, 18). Eine nähere Erläuterung dieses Standpunkts findet sich in einem Brief an Hugo von Hofmannsthal aus dem Jahr 1924, in dem er sich zu der ihn in seinen literarischen Versuchen leitenden philosophischen Überzeugung bekennt, »daß jede Wahrheit ihr Haus, ihren angestammten Palast, in der Sprache« habe. Der so gegründeten Wahrheit gegenüber erweise sich die Anschauung vom Zeichencharakter der Sprache, die der Terminologie der Einzelwissenschaften ihre verantwortungslose Willkür aufpräge, als subaltern. Benjamin zufolge ist Sprache nicht ein durch Konvention gestiftetes Zeichensystem, sondern eine Ordnung. Die Einsicht in diese Ordnung erlaube es der Philosophie, durch die begriffliche Oberfläche hindurch zu den »Formen des in ihr verschlossenen sprachlichen Lebens« vorzudringen (GB II, 409).

Auf welche Weise diese Auffassung der Sprache mit seinem Selbstverständnis als Autor verbunden ist, hat Benjamin im Jahr der Niederschrift des Aufsatzes *Über Sprache überhaupt und über die Sprache des Menschen* in einem Brief an Martin Buber vom 17.7.1916 dargelegt, in dem er seine Ablehnung der ihm angetragenen Mitarbeit an der von Buber herausgegebenen Monatsschrift *Der Jude* begründet. Mit Buber war Benjamin persönlich bekannt, seit er ihn als Präsident der Berliner Freien Studentenschaft im Juni 1914 zu einem Diskussionsabend nach Berlin eingeladen hatte. Nach anfänglich positiver Aufnahme von Bubers Schriften überwiegen bald kritisch ablehnende Äußerungen (GB I, 231).

Wie im Falle seiner Lossagung von Wyneken im Jahr zuvor kommt
Benjamin zu Beginn seines Schreibens an Buber auf dessen affir-
mative Stellung zum Krieg zu sprechen. Sein Brief berührt diesen
Hintergrund indes nicht als den Grund seiner Absage. Vielmehr
habe der Krieg ihm seine ablehnende Haltung zu »allem politisch
wirksamen Schrifttum« endlich und entscheidend eröffnet. Insofern
dieser Art Schrifttum eine bestimmte Auffassung vom Wesen der
Sprache zugrunde liegt, bildet sie die Folie, von der Benjamin seine
eigene Ansicht abhebt.

Das Charakteristische der verbreiteten und für das politische
Schrifttum maßgeblichen Überzeugung komme darin zum Aus-
druck, daß sie die Sprache in ihrer Beziehung zur Tat einzig als
Mittel in Betracht ziehe. Für sie sei »die Sprache nur ein Mittel
der mehr oder weniger suggestiven *Verbreitung* der Motive die im
Innern der Seele den Handelnden bestimmen« (GB I, 325). Dieser
»expansiven Tendenz des Wort-an-Wort-Reihens«, in der sich die
Tat wie das Resultat eines Rechenprozesses am Ende ergibt, setzt
Benjamin eine »intensive Richtung der Worte in den Kern des
innersten Verstummens« entgegen. Nur wo diese Sphäre des Wort-
losen sich erschließe, könne der »magische Funke zwischen Wort
und bewegender Tat überspringen« (GB I, 327). Begründet ist diese
Überzeugung in einer dezidiert nicht-instrumentellen Auffassung der
Sprache. Wirksam erweise sich Sprache niemals dadurch, daß sie als
Mittel zu einem außer ihr liegenden Zweck diene, sondern einzig,
indem sie »un-*mittel*-bar« wirke. Dieses von Benjamin »magisch«
genannte Sprachverständnis scheint ihm mit der »eigentlich sachlichen der nüchternen Schreibweise« zusammenzufallen und zugleich
»die Beziehung zwischen Erkenntnis und Tat eben innerhalb der
sprachlichen Magie anzudeuten« (GB I, 326).

Genau besehen, erweist sich Benjamins Brief an Buber als Versuch, ein Dilemma sprachphilosophisch zu überwinden, auf das
ihn die Darlegung der Kantischen Ethik in einem Aufsatz über
den *Moralunterricht* aus dem Jahre 1913 geführt hatte. Dort hatte
er den sittlichen Willen im Sinne Kants als »motivfrei« definiert.
Mit diesem nicht zufällig in dem Brief aufgegriffenen Terminus
beschreibt er die Einsicht, daß wir in »keiner einzelnen empirischen
Beeinflussung die Gewähr [haben], wirklich den sittlichen Willen als
solchen zu treffen« (GS II/1, 49). Einer Freundin, Carla Seligson,
erläutert er diesen Gedanken dahingehend, daß kein Mensch da, wo
er frei sei, von unserem Willen beeinflußt werden könne noch dürfe.
Jede gute Tat sei nur das Symbol der Freiheit dessen, der sie wirkte:
»Taten, Reden, Zeitschriften ändern keines Menschen Willen, nur
sein Verhalten, seine Einsicht u.s.f. (Das ist aber im Sittlichen ganz

gleichgiltig)« (GB I, 164). Scheint demnach moralische Erziehung
prinzipiell zum Scheitern verurteilt, so bietet dem Schüler Wynekens
das Erlebnis der Gemeinschaft die Gewähr einer »Gestaltwerdung
des Sittlichen«, die als ein religiöser Prozeß jeder näheren Analyse
widerstrebe (GS II/1, 50).

Es spricht einiges für die Annahme, daß die Theorie der Sprachmagie nunmehr jene Systemstelle im Denken Benjamins ausfüllt,
die die Gemeinschaft in seinen früheren Überlegungen besetzt hielt.
Auf diese Weise bezeugt der Sprachaufsatz nicht zuletzt auch jenen
Transformationsprozeß, dem Benjamin sein Denken auf der Suche
nach neuen Ausdrucksformen und verbindlicheren Formulierungen
in den Jahren nach dem Bruch mit der Jugendbewegung unterwirft.
So bezieht er sich in seinem Brief an Buber explizit auf seinen Aufsatz über das *Leben der Studenten*, der ganz im Sinne des Gesagten
gehalten, nur im *Ziel*-Jahrbuch am falschen Ort erschienen sei (GB I,
327). Benjamin beschließt seine Ablehnung der Mitarbeit am *Juden*
mit dem Hinweis auf das romantische *Athenäum*, das seinem Ideal
einer sachlichen Schreibart nahe gekommen sei. Dieses Bekenntnis wird er in der Ankündigung seiner eigenen Zeitschrift *Angelus
Novus* einige Jahre später erneuern (GS II/1, 241). Demgegenüber
hat Scholem Bubers Zeitschrift in einem Beitrag für das März-Heft
1917 ohne Vorbehalte und mit Benjamins Billigung als Forum
für die Propagierung seiner Idee einer Erneuerung der jüdischen
Jugendbewegung aus dem Geiste der hebräischen Sprache genutzt
(Scholem 1917, 822-825).

Ernst Schoen (1894-1960), ein enger Freund aus Schulzeiten,
der ihm Jahre später als Programmleiter des Südwestdeutschen
Rundfunks Aufträge für Radioarbeiten vermitteln wird, ist der
Adressat eines Briefes, in dem Benjamin am 28.2.1918 mit Blick
auf den Sprachaufsatz eine Bilanz seiner gedanklichen Entwicklung
zieht. Er sei an einen Punkt gelangt, der ihn jetzt zum ersten Mal
zur Einheit dessen, was er denke, vordringen lasse. Lange zurück-
liegende gemeinsame Diskussionen sind ihm dabei ebenso präsent
wie sein »eigenes verzweifeltes Nachdenken über die Grundlagen
des kategorischen Imperativs«. Ohne zu einer Lösung gelangt zu
sein, sei die Denkweise, die ihn damals beschäftigte, für ihn in einen
größeren Zusammenhang getreten, und er habe sie weiter auszubilden
gesucht. Diese Denkweise charakterisiert er in einer Paraphrase des
zentralen Gedankens des Aufsatzes *Über Sprache überhaupt und über
die Sprache des Menschen* mit den Worten, daß für ihn alle »Fragen
nach dem Wesen von Erkenntnis, Recht, Kunst« mit der »Frage
nach dem Ursprung aller menschlichen Geistesäußerung aus dem
Wesen der Sprache« (GB I, 436f.) zusammenhängen.

Benjamins Sprachaufsatz von 1916 setzt einen umfassenden
Sprachbegriff voraus, auf den bereits der Titel der Abhandlung
hinweist, wenn dort die Sprache des Menschen als ein Teilgebiet
der Sprache überhaupt eingeführt wird. Wie in dem Brief an Buber
wird Sprache als Medium definiert und dementsprechend ihre
»*Unmittel*barkeit« oder »Magie« zum Grundproblem der Sprachtheorie erklärt (GS II/1,142). Als Medium, in dem sich das geistige
Wesen aller Dinge der belebten und der unbelebten Natur mitteilt,
erfüllt Sprache die Forderung der philosophischen Programmschrift
nach einem auch metaphysische Erfahrung ermöglichenden Erfahrungsbegriff.

Die nähere Struktur dieser Erfahrung ergibt sich aus der Prämisse,
daß zwar jedes geistige Wesen sich sprachlich mitteile, nicht aber
jedes geistige Wesen restlos sprachlich sei. Demnach zerfällt das
Medium Sprache in eine Vielzahl von Sprachen, die sich lediglich
graduell, nach Maßgabe der Intensität der Durchdringung von gei-
stigem und sprachlichem Wesen voneinander unterscheiden. Diese
Überlegung führt Benjamin auf den Begriff der Offenbarung, den
die Sprachphilosophie mit der Religionsphilosophie teile, ohne ihn
jedoch von ihr sich vorgeben zu lassen. Unter sprachphilosophischem
Gesichtspunkt bezeichnet ›Offenbarung‹ den denkbar intensivsten
Grad der Durchdringung von Geist und Sprache, die intensivste
Medialität von Sprache überhaupt. Während die menschliche Sprache auf diesem höchsten Inbegriff des Sprachgeistes beruhe, beruht
die Kunst auf einer vergleichsweise unvollkommenen Sprache.
Der von ihr »in seiner vollendeten Schönheit« bezeugte »dingliche
Sprachgeist« (GS II/1,147) wäre auf dem entgegengesetzten Ende
der von Benjamin entworfenen Skala anzusiedeln.

Wie die Sprachphilosophie im engeren Sinne seit Mitte des
18. Jahrhunderts betrachtet Benjamin Sprache nicht als ein Mittel
der Kommunikation, sondern als eine konstitutive Bedingung des
Denkens. Damit knüpft er an eine Tradition an, für die er sich im
Sprachaufsatz ebenso wie in der philosophischen Programmschrift
explizit auf Hamann, implizit und ohne daß sich das Ausmaß seiner
Kenntnisse im einzelnen belegen ließe, auf die deutsche·Romantik
und Wilhelm von Humboldt bezieht (Menninghaus 1980, 22ff.).
Der Begriff der Offenbarung, den Benjamin in seine Überlegungen
einführt, ist dem Primat der so verstandenen Sprache unterworfen.
In einem Brief an Jacobi, in dem er gegen den Aberglauben an die
mathematische Form in der Philosophie bei Spinoza und bei Kant
wendet, hatte Hamann betont, daß bei ihm weder von Physik
noch von Theologie die Rede sei, »sondern Sprache, die *Mutter* der
Vernunft und Offenbarung, ihr A und Ω«. Auch für Benjamin, der

dieses Zitat anführt, gilt Hamanns weniger theologische als vielmehr erkenntniskritische Einsicht, daß schließlich durch die Sprache »alle Dinge gemacht« sind (Hamann, Bw VI, 106).

Benjamin hatte seine Sprachauffassung zu Beginn der Abhandlung als eine »Methode« bezeichnet, die überall neue Fragestellungen erschließe (GS II/1, 140). Der Explikation der Grundlagen dieser Auffassung läßt er einen zweiten Teil folgen, in dem er sich auf die im Buch Genesis der Bibel erzählte Schöpfungsgeschichte als auf einen Text bezieht, der mit seinen eigenen Überlegungen prinzipiell darin übereinstimme, daß in ihr »die Sprache als eine letzte, nur in ihrer Entfaltung zu betrachtende, unerklärliche und mystische Wirklichkeit vorausgesetzt« werde. Weder verfolge er Bibelinterpretation als Zweck noch auch werde die Bibel als offenbarte Wahrheit dem Nachdenken zugrunde gelegt (GS II/1, 147).

Hatte ihn die Darlegung der medialen Struktur der Sprache auf den Begriff der Offenbarung geführt, so geht es jetzt darum, von diesem idealen Inbegriff der Sprache ausgehend, ihre faktische Komplexität zu verstehen. Der Unterscheidung einer schöpferischen göttlichen Sprache von einer ihr gegenüber defizitären, auf die Funktion der Erkenntnis reduzierten Sprache des Menschen, die Benjamin im biblischen Schöpfungsbericht vorfindet, liegt seine Beschreibung der Sprache als eines Mediums unterschiedlicher Dichte im ersten Teil des Aufsatzes zugrunde. Die Sprache des Menschen ist schöpferisch allein in der Erkenntnis des von Gott Geschaffenen. Benjamin rekonstruiert die Prozedur der adamitischen Namensgebung als eine »Übersetzung der Sprache der Dinge in die des Menschen« (GS II/1, 150). Demnach begreift er diesen Vorgang als einen Erkenntnisakt. In ihm vollzieht sich Erkenntnis im Medium einer Erfahrung, die genuin sprachlich ist. Auf diese Weise, nämlich nach Maßgabe der Koinzidenz von Sprachphilosophie und Erkenntniskritik, rückt der Begriff der Übersetzung, den Benjamin in der »tiefsten Schicht der Sprachtheorie« begründet wissen möchte (GS II/1, 151), ins Zentrum seiner Überlegungen.

Für sein Verständnis der adamitischen Namensgebung als Erkenntnisakt beruft sich Benjamin ein weiteres Mal auf Hamann (GS II/1, 151). Dessen kleine Schrift *Des Ritters von Rosencreuz letzte Willensmeynung über den göttlichen und menschlichen Ursprung der Sprachen* beschreibt das Verhältnis von göttlicher und menschlicher Sprache in einer für den Sprachaufsatz grundlegenden Weise. Hamann nämlich geht von einer »*communicatio* göttlicher und menschlicher *idomatum*« aus, die »ein Grundgesetz und der Hauptschlüssel aller unserer Erkenntnis und der sichtbaren Haushaltung« sei. So sei Gott der Ursprung aller Wirkungen im Großen und Kleinen.

Folglich sei alles göttlich, und die Frage vom Ursprung des Übels
laufe am Ende auf ein Wortspiel und Schulgeschwätz hinaus. »Alles
Göttliche aber ist auch menschlich; weil der Mensch weder wirken
noch leiden kann, als nach der Analogie seiner Natur«. Weil die
Werkzeuge der Sprache ein Geschenk der Natur seien, sei »allerdings
der Ursprung der menschlichen Sprache göttlich«. Wenn aber ein
höheres Wesen »durch unsre Zunge wirken will; so müssen solche
Wirkungen [...] sich der menschlichen Natur analogisch äußern,
und in dieser Beziehung kann der Ursprung der Sprache und noch
weniger ihr Fortgang anders als menschlich seyn und scheinen«
(Hamann, SW III, 27).

Aus der Diskrepanz zwischen göttlicher und menschlicher Sprache leitet Benjamin nicht nur den Übersetzungsbegriff her, sondern
auch die Vielheit menschlicher Sprachen. Die Sprache der Dinge
könne in die Sprache der Erkenntnis nur in der Übersetzung ein-
gehen – »soviel Übersetzungen, soviel Sprachen, sobald nämlich der
Mensch einmal aus dem paradiesischen Zustand, der nur eine Sprache
kannte, gefallen ist«. Unter sprachtheoretischem Gesichtspunkt ist
der biblische Bericht vom Sündenfall kein Gegenstand moraltheo-
logischer Überlegungen. Vielmehr illustriert er, wie Sprache sich in
ihrer Entwicklung weiterhin differenziert, in ihrer Mannigfaltigkeit
»sich differenzieren muß« (GS II/1, 152). Auch wenn Benjamin die
menschlichen Sprachen nach dem Sündenfall als ein parodistisches
Zerrbild der göttlichen beschreibt, ist für ihr Verständnis nicht der
theologische Skandal des Sündenfalls entscheidend. Vielmehr gilt
es nach wie vor die mediale Struktur von Sprache zu erfassen, die
ihrer zunehmenden Differenziertheit und Komplexität zum Trotz
im Grunde unverändert geblieben ist.

Zwar ist die Instrumentalisierung seit dem »Sündenfall des Sprachgeistes« zum vorherrschenden Merkmal der menschlichen Sprachen
geworden. Dennoch erschöpft sie nicht deren Wesen. Während die
Sprachen »an einem Teile jedenfalls zum *bloßen* Zeichen« wurden,
lebt andererseits die Unmittelbarkeit in ihnen fort – wenn auch, wie
Benjamin betont, »nicht mehr unverletzt« (GS II/1, 153).

In direkter Fortführung der frühen Sprachtheorie verdeutlicht die
Lehre vom Ähnlichen den Grundgedanken, wenn dort das Semiotische
oder Mitteilende der Sprache als der »Fundus« begriffen wird, an dem
die mimetische oder magische Seite der Sprache »in Erscheinung treten kann« (GS II/1, 208). Der Sündenfall des Sprachgeistes bedeutet
weniger einen Verlust der wahren Sprache als vielmehr einen Wandel
ihres Darstellungsmodus: Statt von einer »offenbarten Wesenseinheit«, ist von »Wesensvielheiten« auszugehen, in denen das Wesen
in der Empirie zur Darstellung und Entfaltung kommt (GS VI, 24).

In dieser Überlegung zeichnet sich eine Denkfigur ab, die in ihrer grundlegenden Bedeutung für Benjamins Denken schwerlich überschätzt werden kann. Sie prägt den medialen Begriff der Sprache ebenso wie seinen Begriff der Erfahrung. Gegen die Einschränkung der Erfahrung, die Kant vorgenommen hatte, insistiert Benjamin darauf, daß »die wesentlichsten Inhalte des Daseins in der Dingwelt sich auszuprägen, ja ohne solche Ausprägung sich nicht zu erfüllen vermögen« (GS I/1, 126). Benjamins von Scholem kolportierte Bemerkung, derzufolge eine Philosophie, die nicht die Möglichkeit der Weissagung aus dem Kaffeesatz einbeziehe, keine wahre sein könne (Scholem 1975, 77), drückt zugespitzt denselben Grundgedanken aus. Dasselbe gilt für die programmatische Formel, mit der Benjamin im Essay über *Goethes Wahlverwandtschaften* die kunstphilosophische Probe auf seine erkenntniskritisch-sprachphilosophische Einsicht macht: »Der Wahrheitsgehalt erweist sich als solcher des Sachgehalts« (GS I/1, 128).

In der 1921 entstandenen Vorrede zu Benjamins Übertragung der *Tableaux parisiens* haben Benjamins sprachtheoretische Reflexionen ihren ersten öffentlichen Niederschlag gefunden. In der *Aufgabe des Übersetzers* geht es allerdings nicht so sehr um Sprache überhaupt, sondern um konkrete Sprachformen im historischen Kontext. Dennoch setzt der Essay die mediale oder: magische Auffassung der Sprache ebenso voraus wie den in dieser Auffassung fundierten universalen Übersetzungsbegriff. »Nirgends erweist sich einem Kunstwerk oder einer Kunstform gegenüber die Rücksicht auf den Aufnehmenden für deren Erkenntnis fruchtbar« (GS IV/1, 9). Entsprechend dient die Übersetzung eines Kunstwerks weder der Wiedergabe seines Sinns noch dem Leser, der die Sprache des Originals nicht versteht. Vielmehr erprobt sie dessen »Übersetzbarkeit«.

Mit Benjamin ist die Übersetzung als eine Gestalt des völlig unmetaphorisch gemeinten »Fortlebens« (GS IV/1, 11) des Originals zu verstehen. Ebenso wie die lebendige Sprache einem historischen Wandel unterliegt, der in späteren Zeiten etwa im archaischen Klang bestimmter Wendungen zutage tritt, so haben auch die Kunstwerke ein natürliches Leben, von dem ihr Ruhm zeugt, dem die Kritik zugehört und das in der Übersetzung zur spätesten Entfaltung gelangt. Wie die Bedeutung großer Dichtungen sich zunächst im historischen Wandel der Sprache des Originals bewährt, so überschreiten sie in der Übersetzung den Kreis der eigenen Sprache, um zum »Ausdruck des innersten Verhältnisses der Sprachen zueinander« (GS IV/1, 12) zu werden. In der Hypothese einer Konvergenz aller Sprachen, durch die ihr Verhältnis zueinander a priori bestimmt ist, findet Benjamins Theorie der Übersetzung ihren Fluchtpunkt. Des

näheren beruht die »überhistorische Verwandtschaft der Sprachen
darin, daß in ihrer jeder als ganzer jeweils eines und zwar dasselbe
gemeint ist, das dennoch keiner einzelnen von ihnen, sondern nur
der Allheit ihrer einander ergänzenden Intentionen erreichbar ist:
die reine Sprache« (GS IV/1, 13).

In der Ausrichtung auf die eine wahre Sprache als Integral der
vielen berührt sich die Aufgabe des Übersetzers mit der des Philosophen. Wenn Benjamin in der »Ahnung und Beschreibung« (GS
IV/1, 16) der wahren Sprache die einzige Vollkommenheit sieht,
die sich der Philosoph erhoffen darf, so wird seine Aufgabe damit
als eine propädeutisch-kritische umschrieben. Mit den erkenntniskritischen Implikationen des universalen Übersetzungsbegriffs
übernimmt der Essay auch die grundlegende Denkfigur, die die
mitteilende Dimension der Sprache als den Fundus begreift, an dem
ihre mimetische oder magische Seite mehr oder weniger verborgen
zur Darstellung gelangt. Auf diese Weise erweist sich der stete
Wandel der Sprachen als der eigentümliche Darstellungsmodus der
reinen Sprache. Während die Sprachen »bis ans messianische Ende
ihrer Geschichte wachsen«, falle es der Übersetzung zu, »am ewigen
Fortleben der Werke und am unendlichen Aufleben der Sprachen
[...] immer von neuem die Probe auf jenes heilige Wachstum der
Sprachen zu machen: wie weit ihr Verborgenes von der Offenbarung
entfernt sei, wie gegenwärtig es im Wissen um diese Entfernung
werden mag« (GS IV/1, 14).

Die Nähe dieser Sätze zu den späten Thesen *Über den Begriff
der Geschichte* ist ebenso unübersehbar wie die Gefahr, daß sie
»dem enthusiastischen Mißverständnis Tor und Tür öffnen« (GB
VI, 436), das Benjamin jedenfalls für die Thesen voraussah. Aber
ebenso wenig wie sich aus seiner sprachtheoretischen Interpretation
der Genesis eine theologisch inspirierte Sicht der Geschichte als
Verfallsprozeß ableiten läßt, begründet die Rede vom Wachstum der
Sprachen eine Spekulation über ein heilsgeschichtliches Ende der
Geschichte. Nicht anders als der Begriff der Offenbarung dient auch
der des messianischen Wachstums dem Verständnis einer Struktur:
der Struktur der Sprache wie der der Geschichte. Die metaphysische
Struktur der Geschichte zu erfassen aber hatte Benjamin sich bereits
im *Leben der Studenten* im Interesse einer Erkenntnis der Gegenwart
zur Aufgabe gesetzt.

Literatur: Benjamin, A. 2002, 139-162; Bröcker 1933; Bröcker 2000,
740-773; De Man 1986, 73-105; Fenves 1996, 75-93; Hart Nibbrig
2001; Jennings 1987, 82-120; Kaulen 1987, 7-90; Menke 1991; Menninghaus 1980, 9-77; Regehly 1993; Reijen 1988, 142-165; Rüffer
1989, 283-295; Schwarz Wentzer 1998, 99-206; Weigel 1997, 80-109.

III. Kunstkritik und Politik 1919 – 1925

1. Die Aktualität der romantischen Kunstphilosophie

Obwohl seine »philosophische Gedankenentwicklung [...] in einem Zentrum angelangt« sei, sah sich Benjamin, wie er in einem Brief Anfang 1918 schrieb, zunächst gezwungen, »sie in dem gegenwärtigen Stadium zu belassen«, um sich nach Erledigung der Promotion »mit voller Freiheit [...] vollkommen ihr zu widmen« (GB I, 441). Im Interesse der akademischen Pflichtübung hatte sich der vom Militärdienst befreite Student zur Übersiedlung in die Schweiz entschlossen, wo er sich im Oktober 1917 an der Universität Bern immatrikulierte. Auf Bern fiel die Wahl, nachdem Sondierungen an den Universitäten Zürich und Basel ergebnislos verlaufen waren. Die von rein pragmatischen Erwägungen motivierte Suche galt nicht einem akademischen Lehrer im emphatischen Sinne, sondern einem Doktorvater, der die angestrebte Promotion weniger anregen als ihr vielmehr nicht im Wege stehen sollte. Benjamin fand ihn schließlich in dem Berner Ordinarius für Philosophie, Richard Herbertz (1878-1959). Dem von Benjamin selbst gepflegten Eindruck größtmöglicher Distanz zum akademischen Betrieb zum Trotz fand der Doktorand, wie jüngst aufgefundene Dokumente belegen, in seinen zwei Berner Studienjahren manche Anregung und darüber hinaus Unterstützung bei dem Versuch, eine akademische Laufbahn einzuschlagen, dem erst die 1925 gescheiterte Habilitation endgültig ein Ende setzte (Steiner 2001, 463-490).

Zudem erwiesen sich bei der Suche nach einem Dissertationsthema die in vermeintlicher Distanz zum akademischen Betrieb verfolgten eigentlichen Interessen als zumindest partiell richtungsweisend. So steht der zunächst verfolgte Plan, über Kant und die Geschichte zu arbeiten (GB I, 390), der in Bern entstandenen philosophischen Programmschrift unübersehbar nahe. Auch nachdem sich dieser Plan nach dem enttäuschenden Studium der Primärtexte zerschlug (GB I, 400), blieb die Auseinandersetzung mit Kant für das definitive Thema bestimmend. In einem Brief hat Benjamin die Fragestellung seiner Dissertation umrissen:

»Seit der Romantik erst gelangt die Anschauung zur Herrschaft daß ein Kuns*twerk* an und für sich, ohne seine Beziehung auf Theorie oder Moral in der Betrachtung erfaßt und ihm durch den Betrachtenden Genüge geschehen könne. Die relative Autonomie des Kunst*werkes* gegenüber der Kunst oder vielmehr seine *lediglich* transzendentale Abhängigkeit von der Kunst ist die Bedingung der romantischen Kunstkritik geworden. Die Aufgabe wäre, Kants Ästhetik als wesentliche Voraussetzung der romantischen Kunstkritik in diesem Sinne zu erweisen« (GB I, 441).

Mit ihrer dezidiert philosophischen Akzentuierung berührt sich Benjamins Studie über den *Begriff der Kunstkritik in der deutschen Romantik* nur am Rande mit der germanistischen Forschung, die sich vor und nach dem Krieg verstärkt der Romantik zuwandte. Der Literaturhistoriker Rudolf Haym (1821-1901) hatte den historischen Forschung mit seiner 1870 erschienenen Studie *Die romantische Schule* den Weg gebahnt. Unter dem Einfluß Wilhelm Diltheys, der die Wurzeln seiner im Zeichen des Erlebnisbegriffs stehenden Hermeneutik bis auf die Romantik zurückverfolgte, trat die Romantik gleichberechtigt an die Seite der Klassik. In Diltheys 1905 erschienener Aufsatzsammlung *Das Erlebnis und die Dichtung* wurde diese Umakzentuierung nicht nur durch die beiden großen, dem programmatischen Aufsatz über *Goethe und die dichterische Phantasie* folgenden Studien über Novalis und Hölderlin sinnfällig. Mit der Zentralstellung Hardenbergs war zudem eine Aufwertung der Frühromantik verbunden. Diese Gewichtung bestimmte auch noch Ricarda Huchs *Blüthezeit der Romantik* (1899), die Benjamin im Literaturverzeichnis anführt. Sie fand in den Fragmenten der Frühromantiker ein ästhetisches und kulturkritisches Bewußtsein vorgezeichnet, dem sich ihr die ›neuromantische‹ Literatur der Jahrhundertwende im Kontext der beginnenden Nietzsche-Rezeption als wahlverwandt erwies (Bohrer 1989, 276-283). Als Benjamins Dissertation 1920 im Druck erschien, war die Romantik endgültig ins Zentrum der germanistischen Forschung gerückt. Im Zuge einer nach dem Krieg dezidiert nationale Töne anschlagenden Germanistik war es nun jedoch die auf Kosten der Klassik aufgewertete und entschieden gegen die Aufklärung profilierte späte Romantik, die das Forschungsinteresse dominierte (Peter 1980, 8).

Kaum eine Arbeit vergißt, die Bedeutung Fichtes für die Theoriebildung der Frühromantik zu betonen, von der auch Benjamins Darstellung ihren Ausgang nimmt. Im Unterschied zu seiner Rekonstruktion aber folgen nicht nur die literaturwissenschaftlichen Arbeiten dem bereits bei Haym anzutreffenden Topos, demzufolge Friedrich Schlegel den Subjektivismus Fichtes auf die Spitze getrieben habe. Davon macht auch die für Benjamins Fichte-Verständnis wichtige *Geschichte der neueren Philosophie* (1919) von Wilhelm Windelband keine Ausnahme. Den Befund Windelbands, der den

Fichteschen Begriff der produktiven Einbildungskraft in seiner Umdeutung durch Friedrich Schlegel in die »Willkür des genialen Individuums« sich verwandeln sah (Windelband 1919, II, 280), bestätigt noch Anna Tumarkin (1875-1951) in ihrer Studie über *Die romantische Weltanschauung*, die im selben Jahr wie Benjamins Dissertation erschien. Benjamin hatte in Bern ihre Vorlesungen ebenso wie die des Neugermanisten Harry Maync (1874-1947) besucht. Der vorherrschenden, zumeist vagen Ansicht von der durchgängigen Abhängigkeit der frühromantischen Theoreme von Fichte trat Benjamin mit einer Rekonstruktion der philosophischen Grundlagen auf einem bisher unerreichten begrifflichen Niveau entgegen. Sie führte ihn dazu, die frühromantische Theorie der Kunstkritik in einer von Fichte abweichenden Auffassung des Reflexionsbegriffs zu fundieren, die seiner Studie die bleibende Aufmerksamkeit der neueren Romantikforschung sichert und darüber hinaus ihrer Anschlußfähigkeit an postmoderne Literaturtheorien Vorschub leistet (Menninghaus 1987, 230-254).

Dennoch ist vorschnellen Aktualisierungen mit Vorsicht zu begegnen. Dem akademischen Anlaß zum Trotz sind die Anknüpfungspunkte nicht zu übersehen, die von der Dissertation auf spätere Arbeiten Benjamins vor- und auf frühere zurückweisen. Noch vor der Konzeption des Dissertationsthemas steht für Benjamin fest, daß »Religion und Geschichte« das Zentrum der Frühromantik seien. Wohl in Anlehnung an den Begriff der Tradition, den bereits die studentischen Arbeiten mit einem religiös überhöhten Ideal der Gemeinschaft assoziieren, beschreibt er die Romantik als

»die letzte Bewegung die noch einmal die Tradition hinüberrettete, nezessitierte und also zunächst, verfallend, auf die *katholische Tradition* verfallen mußte. Ihr in dieser Zeit und Sphäre verfrühter Versuch galt der eleusinisch orgiastischen Eröffnung aller geheimen Quellen der Tradition, die unentweiht in die ganze Menschheit überströmen sollte« (GB I, 363).

Ohne daß sich direkte Bezüge nachweisen lassen, ist die Nähe dieses Gedankens zu Georg Lukács' Deutung der romantischen Lebensphilosophie in seinem Novalis-Essay in der Essaysammlung *Die Seele und die Formen* (1911) dennoch frappierend. Auch für Lukács stellt sich die Frühromantik als ein Versuch dar, eine neue, harmonische, alles umfassende Kultur zu schaffen, die religiöse Züge trägt und die er als Sehnsucht nach der großen Synthese beschreibt, die scheiternd schließlich allein in der Kunst auf Kosten des Lebens Wirklichkeit wurde.

Im Text der Dissertation hat das Religion und Geschichte ins Zentrum rückende Verständnis der Romantik in dem in Fußno-

ten versteckten, aber dennoch nachdrücklichen Verweis auf den
romantischen Messianismus (GS I/1, 12) seinen Niederschlag
gefunden. In einem rückblickenden Brief hält Benjamin es seiner
Studie ausdrücklich zugute, einen Hinweis auf die »wahre Natur
der Romantik [...], den Messianismus«, gegeben zu haben (GB II,
23). Die in der Untersuchung selbst nicht ausdrücklich thematisierte
romantische Geschichtsmetaphysik (GS I/1, 62) bildet zugleich den
geheimen Referenzpunkt von Benjamins Deutung der Adaption des
Reflexionsbegriffs und seine Umformung durch das frühromantische
Kunst- und Naturverständnis.

Vor diesem Hintergrund nämlich ist der Begriff des »Reflexionsmediums« zu verstehen, den Benjamin strukturell als eine »erfüllte
Unendlichkeit des Zusammenhangs« (GS I/1, 26) definiert und zu
einem Verständnis von Unendlichkeit in Verbindung setzt, dem sich
der Fortschritt im Begriff der ›progressiven Universalpoesie‹ ebenso
wie in der Geschichte als ein »unendlicher Erfüllungs-, kein bloßer
Werdeprozeß« (GS I/1, 92) darstellt. Mit den Frühromantikern ist
die Kunst von ihren philosophischen Prämissen in Fichtes *Wissenschaftslehre* her als ein Reflexionsmedium zu begreifen. Unter
Zugrundelegung dieses Begriffs gelingt es Benjamin, die zentralen
Begriffe der romantischen Kunstauffassung mit großer Prägnanz
und Geschlossenheit zu explizieren. Im Begriff des Reflexionsmediums finden die frühromantische Begründung der Autonomie
des Kunstwerks und die Theorie der Kunstkritik ihre gemeinsame
theoretische Prämisse. So läßt sich das Werk als ein Zentrum der
Reflexion begreifen, das in der Kritik seine notwendige Ergänzung,
ein Mittel zu seiner Vollendung im Medium der Kunst findet.

In dezidiertem Gegensatz zum herrschenden Vorwurf subjekti-
vistischer Willkür an die Adresse der Romantiker gelangt Benjamin
auf diese Weise zu einem objektiven Verständnis der romantischen
Kunstphilosophie. Sie ergibt sich ihm nicht zuletzt aufgrund der
Nähe, in der sich die Romantiker mit ihrer Begründung der Kunstkritik zum Kantischen Kritizismus gewußt haben. Wie es Kant
gleichermaßen um die Überwindung des erkenntniskritischen Dogmatismus wie des Skeptizismus in der Erkenntnistheorie gegangen
sei, so seien die Romantiker bestrebt gewesen, in Sachen Kunstkritik
sowohl gegen den Regelbegriff des Rationalismus als auch gegen die
Genieästhetik des Sturm und Drang Position zu beziehen. Friedrich
Schlegel sicherte »von der Objekt- oder Gebilde-Seite her diejenige
Autonomie im Gebiete der Kunst, welche Kant der Urteilskraft in
ihrer Kritik verliehen hatte« (GS I/1, 72). Wenn Benjamin darin das
bleibende Verdienst der Romantik erkennt, so beeilt er sich zugleich,
die gegenwärtige Praxis der Kritik von dieser Einsicht auszuschließen

und sie wegen ihrer Subjektivität und Orientierungslosigkeit (GS I/1, 80, 71) zu rügen.

Nicht in der Kritik, wohl aber in der zeitgenössischen Literatur erblickte Benjamin ein Unterpfand für die Aktualität der Frühromantik und zugleich eine Bestätigung seiner Rekonstruktion ihrer kunstphilosophischen Grundlagen. Wenn die frühromantische Kunsttheorie in folgerichtiger Konsequenz ihrer reflexiven Auffassung der Kunst deren höchste Gestalt in der Prosa erblickte und die Idee der Nüchternheit und des technischen Kalküls tradierte Vorstellungen von Inspiration und Schönheit in den Hintergrund drängten, dann sei dies im Geiste der Kunstentwicklung nicht in Vergessenheit geraten. Benjamin verweist auf die französische Romantik und die deutsche Neuromantik (GS I/1, 101) und resümiert: »Wollte man die Kunsttheorie eines so eminent bewußten Meisters wie Flaubert, die der Parnassiens oder diejenige des Georgeschen Kreises auf ihre Grundsätze bringen, man würde die hier dargelegten unter ihnen finden« (GS I/1, 107).

Darüber hinaus liegt es nahe, seine eigene Beschäftigung mit Baudelaire mit in diesem Sinne romantischen Grundsätzen in Verbindung zu bringen. Im Geist der frühromantischen Kunstauffassung hatte er in der Dissertation Kritik und Übersetzung einander angenähert (GS I/1, 70). Entsprechend ging für ihn selbst die theoretische Beschäftigung mit der Kritik mit der Praxis des Übersetzens einher. Im Wintersemester 1917/18, in dem er sich in Bern als Hörer in der Vorlesung des Romanisten Gonzague de Reynold (1880-1970) über »Charles Baudelaire, le critique et le poète« eingeschrieben hatte, erwarb er für seine Bibliothek neben einigen Bänden Baudelaire auch Stefan Georges 1901 zuerst im Druck erschienene Nachdichtungen der *Fleurs du mal* (GB I, 423) und unmittelbar nach dem Rigorosum wandte er sich seinen eigenen, vermutlich noch im ersten Kriegswinter in Berlin begonnenen Baudelaire-Übersetzungen wieder zu (GB II, 33). Daß Benjamin sich gleichwohl nicht zum Fürsprecher einer ungebrochenen Geltung romantischer Grundsätze machte, verdeutlicht nicht nur die an seine höchst eigenen sprachtheoretischen Prämissen anknüpfende Übersetzungstheorie der Vorrede zu den Baudelaire-Übersetzungen. Auch in der Dissertation selbst finden sich entsprechende Vorbehalte.

Den »Kardinalgrundsatz der kritischen Betätigung seit der Romantik, die Beurteilung der Werke an ihren immanenten Kriterien«, den er dort herausarbeitet, hatte sich Benjamin bereits in seinen früheren kritischen Arbeiten zu eigen gemacht. Für diese und für künftige Arbeiten ebenso wie für den Versuch, einen eigenständigen Begriff der Kritik zu formulieren, ist nun aber die ergänzende Ein-

sicht entscheidend, daß die Überzeugung von der Notwendigkeit
und Immanenz der Kritik in den Theorien der Romantiker eine
Begründung erfahren habe, »welche gewiß in ihrer reinen Gestalt
keinen heutigen Denker völlig befriedigen« (GS I/1, 72) könne.
Nicht in den Theorien der Romantiker allein, sondern im »Stand
der deutschen Kunstphilosophie um 1800, wie er in den Theorien
Goethes und der Frühromantiker sich darstellt«, sieht er im abschlie-
ßenden Kapitel seiner Studie die philosophischen Prämissen der
Kritik in einer Weise beschrieben, die er »noch heute [...] legitim«
(GS I/1, 117) nennt.

Mit Nachdruck hat er in der Arbeit selbst (GS I/1, 11), in der
Selbstanzeige der Dissertation in den *Kant-Studien* (GS I/2, 707)
und schließlich in Briefen auf die Bedeutung des Schlußkapitels
»Die frühromantische Kunsttheorie und Goethe« hingewiesen,
das er als ein »esoterisches Nachwort« für jene Leser geschrieben
habe, denen er die Dissertation »als *meine* Arbeit mitzuteilen hätte«
(GB II, 26). Das Studium der Kunsttheorie und mehr noch der
naturwissenschaftlichen Schriften Goethes hatte ihn bereits während
der Vorarbeiten intensiv beschäftigt (GB I, 468, 488). Meist übersehen, hat Benjamin seiner Dissertation zudem ein Goethe-Motto
vorangestellt, das den Analytiker mahnt, sein Augenmerk darauf zu
richten, »ob er denn wirklich mit einer geheimnisvollen Synthese
zu tun habe, oder ob das, womit er sich beschäftigt, nur eine Ag-
gregation sei, ein Nebeneinander, [...] oder wie das alles modifiziert
werden könnte« (GS I/1, 10). Offenbar ist seine eigene Studie weit
von einer Synthese entfernt. Vielmehr liegt die herausragende Bedeutung des abschließenden Kapitels darin, in der Entgegensetzung
der Kunsttheorien Goethes und der Frühromantiker den Ausblick
auf das reine Problem der Kunstkritik zu eröffnen: das »Problem
der Kritisierbarkeit des Kunstwerks« (GS I/1, 110).

Während die Dissertation in ihrem Hauptteil die theoretischen
Voraussetzungen für die romantische Überzeugung von der prin-
zipiellen Kritisierbarkeit einsichtig zu machen sucht, bleibt die
entsprechende Begründung der Gegenposition Goethes äußerst
knapp. Sie gipfelt in der Frage nach dem adäquaten Verständnis
des Verhältnisses der reinen Inhalte oder, in Goethes Terminologie:
der Urphänomene, zu den einzelnen Werken. Das vergleichbare
Problem, das sich ihr ausschließlich von seiten der Form stellte,
hatte die romantische Kunstphilosophie mittels der Theorie des
Reflexionsmediums gelöst. Bereits in einer Fußnote zu Beginn des
Abschlußkapitels hatte Benjamin eine eingehendere Behandlung
der Goetheschen Kunsttheorie an anderer Stelle (GS I/1, 110) in
Aussicht gestellt. Wie die Fußnote bezeugt auch die intensive Über-

arbeitung der fraglichen Textpassage (GS I/1, 113), die Benjamin für
eine von ihm gewünschte Neuauflage seiner Dissertation vornahm,
daß er die Erörterung des Problems der Kunstkritik, wie es ihm der
Stand der deutschen Kunstphilosophie um 1800 hinterlassen hatte,
fortzuführen gedachte. Nicht nur mit der Wiederaufnahme der
Erörterung der Frage nach dem Status der Urphänomene erweist
sich der Essay über *Goethes Wahlverwandtschaften* als Benjamins
Versuch, dem Begriff der Kunstkritik in der Auseinandersetzung
mit Goethe eine wahrhaft aktuelle Gestalt zu geben.

Literatur: Bohrer 1989, 25-37; Hanssen/Benjamin, A. 2002; Jennings
1987, 121-211; Kambas 1979, 187-221; Menninghaus 1987; Steiner
1989, 17-46.

2. Exemplarische Kritik: *Goethes Wahlverwandtschaften*

Die Vorarbeiten für die Dissertation waren im Herbst 1918 abgeschlossen. Nur knappe fünf Monate später lag der Text vor, und am
27. Juni 1919 bestand Benjamin das Rigorosum mit der Gesamtnote
»summa cum laude«. Die Aussichten auf eine Habilitation in Bern,
die ihm sein Doktorvater Richard Herbertz überraschend eröffnete,
konfrontierten ihn vor allem mit finanziellen Problemen, zumal sich
die Vermögensverhältnisse Emil Benjamins sich inflationsbedingt
schwierig gestalteten. Die Weigerung des Vaters, die akademischen
Pläne seines Sohnes auf unabsehbare Zeit zu finanzieren, führten
bald nach dessen Rückkehr nach Berlin im Frühjahr 1920 zum »voll-
ständigen Zerwürfnis« (GB II, 87) mit den Eltern und zum Auszug
der jungen Familie aus der elterlichen Villa im Grunewald.

Über die genauen Umstände der Arbeit an dem großen Essay
über Goethes *Wahlverwandtschaften* ist wenig bekannt. Die Niederschrift, über die ein Brief verrät, daß sie »*sehr* langsam« vorrücke
(GB II, 224), dürfte sich vom Herbst 1921 bis zum Sommer 1922
hingezogen haben. Die Textzeugnisse dokumentieren eine äußerst
intensive Bemühung um sprachliche Prägnanz und formale Stilisierung. Die nicht minder strenge gedankliche Disposition des Essays
veranschaulichen die im Manuskript noch beibehaltenen Absatz-
überschriften (GS I/3, 835-7), die Benjamin wohl im Interesse des
zu wahrenden Gesamteindrucks hermetischer Geschlossenheit im
Druck wegfallen ließ.

Zwei biographische Daten sind für die Entstehungsumstände
von Belang. Im Frühjahr 1921 geriet die Ehe Benjamins in eine
schließlich zerstörerische Krise. Das Zerwürfnis der Eheleute wurde

durch eine Personenkonstellation heraufbeschworen, die derjenigen
in Goethes Roman entsprach. Der Umstand, daß Benjamin seinen
Aufsatz im Manuskript Jula Cohn zueignete, bezeugt diesen privaten
Kontext. Wenn hier ein Motiv für die Wahl des Themas zu vermuten
ist, so gehen Anspruch und Gehalt des Essays doch weit darüber
hinaus. Durch die Vermittlung Jula Cohns (1894-1981), einer dem
George-Kreis nahestehenden Freundin aus der Zeit des Engagements
in der Jugendbewegung, hatte Benjamin den Lyriker Ernst Blass
(1867-1938) kennengelernt. Blass war Herausgeber der bei dem
Heidelberger Verleger Richard Weißbach (1882-1950) erscheinenden
Zeitschrift *Die Argonauten*, in der neben der Dostojewskij-Kritik
auch die Studie über *Schicksal und Charakter* erschien. Während
eines Aufenthaltes in Heidelberg, wo Benjamin Jula Cohn besuchte
und die Aussichten einer Habilitation an der dortigen Universität
sondierte, trat er in näheren Kontakt mit Weißbach, mit dem er
zunächst erfolgreich den Druck seiner Baudelaire-Übersetzungen
vereinbarte. Darüber hinaus bot ihm Weißbach im Einvernehmen
mit Blass zunächst die Übernahme der Redaktion der *Argonauten*,
nach Benjamins Ablehnung dann die Herausgabe einer eigenen
Zeitschrift an. Der ebenso stolze wie ambitionierte Herausgeber
benannte seine Zeitschrift nach einer Zeichnung Paul Klees, die sich
seit kurzem in seinem Besitz befand, *Angelus Novus*. Die Zeitschrift,
in der auch die Kritik der *Wahlverwandtschaften* erscheinen sollte
(GB II, 218f.), kam jedoch über das Planungsstadium nie hinaus.
     In der erhaltenen *Ankündigung der Zeitschrift: Angelus Novus*
setzt es Benjamin sich zum Ziel, »dem kritischen Wort seine Gewalt
zurückzugewinnen« (GS II/1, 242) und gibt einen ersten Aufschluß über das Verständnis von Kritik, dem er in der Zeitschrift
in Theorie und Praxis öffentlich Geltung verschaffen wollte. Zwar
beschwört die *Ankündigung* ausdrücklich das Vorbild des romantischen *Athenäums*. Vorbildlich aber erscheint das *Athenäum* vor
allem in seinem Anspruch, den Geist der Epoche zu bekunden,
ohne dem Publikumsgeschmack oder dem Sog des Aktuellen nach-
zugeben. Einmal mehr in Anlehnung an Formulierungen aus der
Rede über *Das Leben der Studenten* spitzt Benjamin diesen Anspruch
auf »wahre Aktualität« zu: Der Zeitschrift müsse »die universale
Geltung geistiger Lebensäußerungen an die Frage gebunden sein,
ob sie auf einen Ort in werdenden religiösen Ordnungen Anspruch
zu erheben vermögen« (GS II/1, 244).
     Die überragende Rolle, die Benjamins Ankündigung der Kritik
zuweist, ist nicht zuletzt in der Einsicht begründet, daß solche Ordnungen derzeit nicht absehbar seien. Die kritische Aufgabe besteht
darin, in den Werken der Kunst das Wirken des Zukünftigen zum

Vorschein zu bringen, ohne es an die Gegenwart zu verraten. Es dürfte
kein Zufall sein, daß in Benjamins Text in diesem Zusammenhang
vom Suchen die Rede ist. Als »Suchende« nämlich hatte Nietzsche
in der ersten *Unzeitgemäßen Betrachtung* die Anwälte wahrer Kultur
im Unterschied zu den Bildungsphilistern bezeichnet (Nietzsche,
I, 167) und damit ein Stichwort geliefert, das nicht zuletzt auch
Hugo von Hofmannsthal an prominenter Stelle, in seiner 1927
in München gehaltenen Rede *Das Schrifttum als geistigen Raum
der Nation* aufgreifen sollte (Hofmannsthal, X, 29f.). Neben der
Empfehlung Rangs hat sicherlich auch eine von Hofmannsthal vor
diesem Hintergrund nicht ganz zu Unrecht empfundene geistige
Nähe dazu geführt, daß der *Wahlverwandtschaften*-Essay schließlich
in den *Neuen Deutschen Beiträgen* gedruckt wurde.

Für die *Ankündigung* hat der in der Dissertation aufgewiesene
Zusammenhang von Romantik und Moderne nicht an Geltung
verloren. Allerdings rückt Benjamin das Wirken Stefan Georges nun
bereits in eine historische Perspektive. Erst recht seinen Epigonen
spricht er jedwede Bedeutung ab, es sei denn die, wie er maliziös
formuliert, »aufdringlich eines großen Meisters Grenzen dargetan
zu haben« (GS II/1, 243). Die Ursprünge des Kritikbegriffs, dem
der *Angelus Novus* einen dominierenden Stellenwert einräumt, sollte
man ebenfalls weniger auf die Frühromantik als vielmehr auf Benjamins Dissertation zurückverfolgen. Wenn er in der *Ankündigung*
fordert, in der positiven Kritik, »mehr auch als es den Romantikern
gelang, die Beschränkung auf das einzelne Kunstwerk zu üben« und
in der »Versenkung« in die Werke, deren Wahrheit zu erkennen (GS
II/1, 242), so rekapituliert er die Argumente seiner früheren Arbeit.
Zugleich deuten sich in dieser Akzentverschiebung gegenüber der
romantischen Auffassung bedeutsame Prämissen seiner Kritik der
Wahlverwandtschaften an.

Benjamin hat seinen Essay als eine »exemplarische Kritik« (GB
II, 208) verstanden wissen wollen: Exemplarisch ist der Gegenstand,
der ›klassische‹ Roman Goethes; exemplarisch ist die an seinem
Beispiel exponierte Selbstreflexion und -begründung der Kritik
und exemplarisch ist die unausgesprochene polemische Nähe zu
Friedrich Schlegels Kritik eines anderen Goethe-Romans: *Wilhelm
Meisters Lehrjahre* (Witte 1976, 41). Im Rückblick hat Benjamin den
Aufsatz als einen Versuch bezeichnet, »ein Werk durchaus aus sich
selbst heraus zu erleuchten« (GS VI, 216). Auf diese Weise betont
er die unbedingte Geltung des romantischen Kardinalgrundsatzes
immanenter Kritik zugleich mit der in der *Ankündigung* geforder-
ten stärkeren Konzentration auf das einzelne Werk. Wie Schlegel
die *Lehrjahre*, so dienen Benjamin die *Wahlverwandtschaften* dazu,

im Medium der Kritik zugleich die theoretischen Grundlagen der
Kritik zu explizieren. Die drei als These, Antithese und Synthese
aufeinander bezogenen Abschnitte der Abhandlung werden jeweils
von kurzen Passagen eingeleitet, in denen Benjamin die Grundsätze
immanenter Kritik in ihrem Verhältnis zum Kommentar, zur Biographie und schließlich zur Philosophie darlegt.

Sowohl inhaltlich als auch theoretisch rückt Benjamin in seiner
Kritik der *Wahlverwandtschaften* den Einwand in den Blick, zu dem
ihn die sehr gedrängte Darstellung der Kunsttheorie Goethes im
abschließenden Kapitel der Dissertation geführt hatte. Das Bestreben
Goethes sei es gewesen, in den Urphänomenen die Idee der Natur
zu fassen und sie auf diese Weise zum Urbild der Kunst zu machen
(GS I/1, 112). Goethes Überzeugung, daß Kritik am Kunstwerk
weder möglich noch notwendig sei, habe hier und damit letztlich
in einem latenten Doppelsinn seines Naturbegriffs ihren Grund.
Dieser beruhe auf einer Kontamination des reinen und empirischen
Bereichs und leiste einer Idolatrie der sinnlichen Natur Vorschub
(GS I/1, 148f.).

Vom Mythischen als dem Sachgehalt des Werkes nimmt denn
auch Benjamins Kritik der *Wahlverwandtschaften* ihren Ausgangspunkt. In der Stoffschicht des Romans ebenso wie im Leben Goethes fehle es nicht an überdeutlichen Hinweisen auf das Walten
mythischer Naturmächte, die mit ihren schicksalhaften Zeichen
und Verstrickungen Werk und Autor gleichermaßen in ihren Bann
ziehen. Der Mythos behalte in dem Roman jedoch nicht das letzte
Wort. Vielmehr möchte Benjamin Goethes Roman als ein Werk
der Wende lesbar machen, in dem das Ringen des Dichters um die
Lösung aus der Umklammerung durch die mythischen Mächte sich
bezeuge. Diesen Nachweis versucht der Essay mit seiner Interpretation der kontrastiven Funktion der Novelle von den »Wunderlichen
Nachbarskindern« im Handlungsaufbau des Romans und schließlich
mit seiner Deutung der Figur der Ottilie zu führen. In der Schönheit
der Ottilie, so Benjamins zentrale These, werde der Mythos selbst
zum Gegenstand des Romans. Eine metaphysisch-spekulative Theorie
des schönen Scheins, die die Grenze des Schönen gegenüber dem
Erhabenen nachzeichnet, bereitet den abschließenden Befund vor,
demzufolge der Roman sich durch die ›Haltung‹, die der Erzähler
seiner Protagonistin gegenüber einnehme, dem mythischen Bann
des schönen Scheins entziehe. In der epigrammatischen Schluß-
wendung des Essays: »Nur um der Hoffnungslosen willen ist uns
die Hoffnung gegeben« (GS I/1, 201), bleibt es dem letzten der
orphischen Urworte: »ΕΛΠΙΣ, Hoffnung«, vorbehalten, die Summe
des Werks auszusprechen.

Diese inhaltlichen Darlegungen werden im dichtgeknüpften Argumentationsgefüge des Essays von Exkursen zur Theorie der Kritik flankiert. Mit den *Wahlverwandtschaften* hat sich Benjamin einen im Verständnis nicht nur der zeitgenössischen Literaturwissenschaft ›klassischen‹ Roman zum Gegenstand gewählt. Mit Blick auf die Klassiker-Editionen und die Reihe der um die Jahrhundertwende erscheinenden positivistisch ausgerichteten Goethe-Biographien läge es womöglich nahe, den Essay als einen großangelegten Kommentar zu verstehen. Demgegenüber betont Benjamin die kritische Absicht seiner Untersuchung. Die historische Distanz zu ihrem Gegenstand stellt für die Kritik kein Hindernis dar, sondern sie dient ihr als Prüfstein.

In Benjamins Überlegung zum Verhältnis von Kommentar und Kritik im ersten Teil des Aufsatzes kommt dem Begriff der Dauer eine Schlüsselstellung zu. Ein Werk ist nicht, sondern es wird im Laufe der Zeit klassisch. Es wird, mit anderen Worten, nicht nur um so bedeutender, sondern auch um so dauernder, je unscheinbarer und inniger seine Geltung an seinen Stoff, oder, wie Benjamins Termini lauten: sein Wahrheitsgehalt an seinen Sachgehalt, gebunden ist. Das von Benjamin aufgestellte »Grundgesetz des Schrifttums« (GS I/1, 125), demzufolge »der Wahrheitsgehalt [...] sich als solcher des Sachgehalts« (GS I/1, 128) erweise, bestätigt sich in der Geschichte der Werke. Stärker als die frühromantische, reflexionslogische Begründung der Kritik greift Benjamin explizit auf geschichtsphilosophische Überlegungen zurück.

Einen anderen Akzent setzt dann der in der Disposition »Kritik und Biographik« überschriebene einleitende Abschnitt des zweiten Teils des Aufsatzes. Seinen äußeren Anlaß bildet die Auseinandersetzung mit dem heroisierenden Dichterbild des George-Kreises, wie es Benjamin exemplarisch in dem bereits 1916 erschienenen, vom Feuilleton wie von der Fachöffentlichkeit zunächst enthusiastisch begrüßten Goethe-Buch Friedrich Gundolfs (1880-1931) vor Augen stand. Innerhalb der sorgfältig durchdachten Komposition des Essays kommt der Gundolf-Polemik, für die er auf frühere Aufzeichnungen zurückgriff (GS I/3, 826-8), eine ihren unmittelbaren Anlaß weit überragende Bedeutung zu.

Auch die Theorie der Kunstkritik entfaltet Benjamin nach der dialektischen Logik von These, Antithese und Synthese, die die Abfolge der einzelnen Teile des Essays bestimmt. Dem eingangs im Namen der Kritik behaupteten Anspruch der Dichtung auf Wahrheit tritt im zweiten Teil der Nachweis der mythischen Verwurzelung von Dichter und Werk als unversöhnliches Dementi entgegen.

Dabei scheint kein Werk nachhaltiger als die *Wahlverwandtschaften* die Berechtigung der mythisierenden Sichtweise Gundolfs

zu bestätigen. Hatte doch Benjamin selbst das Mythische zum
Sachgehalt des Romans erklärt (GS I/1, 140) und in einer weit
ausholenden Darlegung auf die Allgegenwart mythischer Mächte
selbst im Biographischen (GS I/1, 164) aufmerksam gemacht. So
wird die Widerlegung Gundolfs in Benjamins Kritik zum *experi-
mentum crucis* einer »Abhebung der Schicht, in der der Sinn jenes
Romans selbständig waltet«. Denn »wo solch gesonderter Bereich
nicht nachzuweisen, da kann es sich nicht um Dichtung, sondern
allein um deren Vorläufer, das magische Schrifttum handeln« (GS
I/1, 158).

Die Befreiung der Kunst vom Mythos stellt sich für Benjamin
nicht als ein historisch einmaliger, auf die Antike beschränkter Vorgang dar. Vielmehr ist es der Kritik in jedem Kunstwerk erneut um
das problematische Verhältnis von Kunst und Mythos zu tun. Erst
die Komplikation der Kunst mit dem Mythos im schönen Schein
macht die Kritik nötig; und erst die unversöhnliche Spannung beider
im Kunstwerk macht sie möglich.

Während der erste Teil des Essays in der kommentierenden
Entfaltung des Sachgehaltes die Bedeutung der mythischen Welt
herausgestellt und der zweite ihre Alleinherrschaft bestritten hatte,
wendet sich der abschließende dritte Teil mit der Betrachtung des
Gedichteten (GS I/1, 146) dem Wahrheitsgehalt des Werkes zu.
Entsprechend wird der Schlußabschnitt des Aufsatzes von einer
Reflexion über das Verhältnis von Kritik und Philosophie eingeleitet.
Benjamin hat später selbstkritisch und unter ausdrücklichem Hinweis
auf diesen Absatz von gewissen Dunkelheiten gesprochen, durch
die der Essay beeinträchtigt werde. Die Ursache hierfür ist jedoch
nicht in mangelnder theoretischer Stringenz zu suchen, sondern
in der gedrängten Darstellung der Überlegungen im Rahmen des
Aufsatzes.

Es ist davon auszugehen, daß sich für Benjamin die Aufgabe
der Kunstkritik aus der übergreifenden erkenntnistheoretischen
Problematik ergibt, deren Lösung er in seinen unveröffentlichten
Aufzeichnungen auf dem Wege der Reflexion auf das sprachliche
Wesen der Erkenntnis gesucht hatte. Mit der Forderung des frühen
Sprachaufsatzes, die Kunstformen als Sprachen aufzufassen (GS
II/1, 156), war der Aufgabenbereich der Kunstkritik grundsätzlich
als ein philosophischer definiert. Wie Benjamin in der Kritik der
Wahlverwandtschaften präzisiert, koinzidieren Kunst und Philosophie
im Problem der Darstellung der Wahrheit.

Zwar besitzt die Philosophie im Begriff des Systems das Ideal
einer Lösung dieses Problems. Aber wie schon im *Programm der
kommenden Philosophie* wird der Systembegriff von Benjamin als

ein im strengen Sinne problematischer behandelt. Die als »Ideal des Problems« begriffene »Einheit der Philosophie« (GS I/1, 172) steht zu den einzelnen philosophischen Anstrengungen in einem analogen Verhältnis wie die reine Sprache zu den einzelnen Sprachen. Von dieser Analogie aus erschließt sich die behauptete Affinität der Philosophie zu den Kunstwerken. Die von Benjamin reklamierte Gesetzmäßigkeit, derzufolge das Ideal »nur in einer Vielheit sich darstellen« könne (GS I/1, 173), hat ihr unausgesprochenes Vorbild letztlich in der medialen Auffassung der Sprache.

Terminologisch aber knüpft der Gedanke an die Formulierung des Grundproblems der Kunstkritik im Schlußkapitel der Dissertation an. Die Begriffe, mit denen Benjamin dort die einander entgegengesetzten Standpunkte der Romantiker und Goethes beschrieben hatte: Immanenz und Harmonie einerseits, Vielheit und das Musische andererseits, dienen nunmehr gemeinsam dazu, seine eigene Theorie der Kunstkritik zu entfalten.

Im Kunstwerk wird jedoch kein philosophisches Problem dargestellt; sondern das Kunstwerk ist als Sprachform ein Medium der Wahrheit. Deshalb läßt in ihm »eine Erscheinung von dem Ideal des Problems sich auffinden« (GS I/1, 173). Den grundsätzlichen Überlegungen des Essays zum Verhältnis von Kritik und Philosophie gemäß, kommt die philosophische Dignität der Kunst gerade darin zum Ausdruck, daß sie in ihren Werken eben nicht die Wahrheit, sondern deren Unerreichbarkeit darstellt. Deshalb wird in Benjamins Worten »allem Schönen gegenüber die Idee der Enthüllung zu der der Unenthüllbarkeit«. Entsprechend habe die Kunstkritik »nicht die Hülle zu heben, vielmehr durch deren genaueste Erkenntnis als Hülle erst zur wahren Anschauung des Schönen sich zu erheben« (GS I/1, 195).

Wenn sich der Kritik das Schöne demnach als »Geheimnis« präsentiert, wird es von ihr seiner wesentlichen Funktion nach beschrieben. In Benjamins Verständnis ist mit der negativen Relation auf die Wahrheit im Geheimnis das dritte Moment von Kants Analytik des Schönen zu seinem alleinigen Bestimmungsgrund avanciert. Im Rahmen nicht mehr einer Kritik der Urteilskraft, sondern einer Kritik der Sprache rückt der sprachphilosophische Begriff der Offenbarung an die Stelle der reflexionslogischen subjektiven Zweckmäßigkeit ohne allen Zweck.

Auch Benjamins Hinweis auf das geschichtsphilosophische Ingrediens des Schönen (GS I/1, 196) verbleibt innerhalb der Logik seiner sprachphilosophischen Revision des Kritizismus. Was die Kritik am Kunstwerk offenlegt, ist die Struktur seines Gehalts, in der die metaphysische Struktur der Geschichte modellhaft anschaulich wird. Noch im entlegensten Detail historisch-philologischer Erkenntnis bezeugt sich das philosophisch-kritische Wissen um den Abstand vom Zustand der Vollkommenheit. Indem die Kritik das Kunstwerk zu einem Ort dieses Wissens macht, wird sie zum Medium seines Fortlebens.

Nach dem Scheitern des *Angelus Novus* erwies sich die Drucklegung des umfangreichen, stilistisch und theoretisch gleichermaßen anspruchsvollen Essays als schwierig und langwierig. Schließlich kam durch die Vermittlung Florens Christian Rangs der Kontakt zu Hugo von Hofmannsthal zustande, der von dem Essay so stark beeindruckt war, daß er ihn für die *Neuen Deutschen Beiträge* erbat, wo der Aufsatz auf zwei Hefte verteilt um die Jahreswende 1924/25 im Druck erschien. Rang hatte bereits Benjamins Dissertation einer eingehenden kritischen Lektüre unterzogen, deren Monita nicht ohne Einfluß auf Benjamins Konzeption der Kritik im Goethe-Essay waren. Während der Anteil, den Hofmannsthal an Benjamins Arbeiten bis zu seinem Tod im Jahr 1929 nahm, stets von respektvoller Distanz geprägt blieb, entwickelte sich zwischen Rang und Benjamin eine enge Freundschaft. Sie wurde auch durch erhebliche sachliche Differenzen, wie sie Benjamins Kritik an dessen Beiträgen für den *Angelus Novus* zum Ausdruck brachte, nicht getrübt. Benjamin glaubte in Hofmannsthals bereits erwähnter Münchner Rede in der Gestalt der Suchenden die Züge von Rang wiederzufinden (GB III, 309), während umgekehrt Hofmannsthal selbst an dieser Stelle wohl nicht zuletzt Benjamin vor Augen stand. Nicht nur in diesen Jahren schien für Außenstehende die geistige Nähe der Arbeiten Benjamins zu Positionen der konservativen Kulturkritik evident. Noch 1938 mußte er pikiert zur Kenntnis nehmen, unter Hinweis auf den *Wahlverwandtschaften*-Essay als »Gefolgsmann von Heidegger« zu figurieren (GB VI, 138).

Literatur: Bolz 1981; Jäger 1984, 3-29; Jennings 1987, 11-211; Honold 2000, 107-158; Menninghaus 1992, 33-76; Speth 1991, 92-208; Steiner 1989, 177-191; 262-320; Weigel 2002, 197-206; Witte 1976, 31-106.

3. Die Problematik der Kunst: Kritik und allegorisches Kunstwerk

Wie im Falle der Dissertation haben auch in Benjamins Habilitationsschrift über den *Ursprung des deutschen Trauerspiels*, dem akademischen Anlaß des Buches zum Trotz, durchaus aktuelle und an eigene theoretische Interessen unmittelbar anknüpfende Bezüge

Eingang gefunden. Zwar wandte sich Benjamin mit der Tragödie des 17. Jahrhunderts einem damals noch wenig erforschten Spezialgebiet der deutschen Literaturgeschichte zu. Andererseits schuf die Erfahrung des jüngst vergangenen Weltkrieges die Voraussetzung dafür, daß man sich dem Zeitalter der Konfessionskriege und seinem in Literatur und Kunst ausgedrückten Lebensgefühl nahe fühlte und dementsprechend auch ein breiteres Publikum für alles ›Barocke‹ empfänglich war.

Bereits in der Vorrede betont Benjamin, daß das gegenwärtig zu beobachtende Interesse an der Literatur des Barock, sofern es sich nicht auf diffuse Gefühle berufe, einen ästhetischen Paradigmenwechsel zur Voraussetzung habe. Es verdanke sich einer Umwertung, der der Expressionismus, »nicht unberührt von der Poetik der Georgischen Schule«, zum Durchbruch verholfen habe (GS I/1, 234). Jede sachliche Einsicht habe von diesem Befund auszugehen. In der Abhandlung selbst rückt Benjamin unter Berufung auf seine Dissertation das Barock ausdrücklich an die Seite der Romantik. Wie die Romantik erweise sich auch das Barock als »souveränes Gegenspiel der Klassik«. Mehr noch handele es sich in beiden Fällen »nicht sowohl um ein Korrektiv der Klassik als um eines der Kunst selbst«, wobei dem Barock »eine höhere Konkretion, ja bessere Autorität und dauerndere Geltung dieser Korrektur kaum abzusprechen« sei (GS I/1, 352). Die weitreichenden Implikationen dieser Überzeugung bleiben unausgeführt. In die gleiche Richtung dürfte es aber weisen, wenn Benjamin in der Vorrede die »frappante[n] Analogien zu dem gegenwärtigen Stande des deutschen Schrifttums« (GS I/1, 234), die heute Anlaß zur Versenkung ins Barocke geben, auf das »Kunstwollen« zurückführt, in dem »die Aktualität des Barock nach dem Zusammenbruch der deutschen klassizistischen Kultur« gründe (GS I/1, 235).

Im Anschluß an den Kunsthistoriker Alois Riegl (1858-1905), dem er den Begriff des Kunstwollens entlehnt, begreift Benjamin das Barock ebenso wie die eigene Gegenwart als eine Zeit des Verfalls. Weder bei Riegl noch bei Benjamin ist damit eine wertende Absicht verbunden. Vielmehr soll der Begriff des Kunstwollens das Verständnis solcher Epochen der Kunstgeschichte ermöglichen, in denen nicht das abgeschlossene Werk, sondern die Ausbildung einer Kunstform schlechthin im Zentrum steht. Allerdings hat die von Benjamin im Zeichen des Kunstwollens konstatierte Aktualität des Barock eine entscheidende Pointe. Bei allen Analogien gelte es, die große Differenz nicht zu vergessen: Während die Literatur im 17. Jahrhundert entscheidend für die Neugeburt der Nation gewesen sei, bezeichneten »die zwanzig Jahre deutschen Schrifttums [...],

die zur Erklärung des erwachten Anteils an der Epoche angezogen
wurden, [...] einen, wie auch immer vorbereitenden und fruchtbaren,
Verfall« (GS I/1, 236).

Wenn sich Benjamin im Trauerspielbuch die »kritische[] Ergründung der Trauerspielform« (GS I/1,234) zur Aufgabe setzt, kommen
wie bereits in seinen früheren Arbeiten historisches und aktuelles
Interesse im Begriff der Kritik überein. Ausdrücklich betont er den
auf die Frühromantik zurückgeführten und in der exemplarischen
Kritik der *Wahlverwandtschaften* modifizierten Grundsatz der Immanenz. Kritik, heißt es in der Vorrede, bilde sich »nicht unter
dem äußeren Maßstab des Vergleiches, sondern immanent, in einer
Entwicklung der Formensprache des Werks, die deren Gehalt auf
Kosten ihrer Wirkung heraustreibt« (GS I/1, 225). Gegenstand
philosophischer Kritik, heißt es an anderer Stelle im Trauerspielbuch
im Rückgriff auf die Terminologie des Goethe-Aufsatzes, sei es, zu
erweisen, »daß die Funktion der Kunstform eben dies ist: historische
Sachgehalte, wie sie jedem bedeutenden Werk zugrunde liegen, zu
philosophischen Wahrheitsgehalten zu machen« (GS I/1, 358).
Sogar das in der Hölderlin-Studie angeführte Diktum des Novalis
von der »Apriorität der Kunstwerke als einer Notwendigkeit da zu
sein« (GS I/1, 233), wird von Benjamin zur Kennzeichnung seines
theoretischen Selbstverständnisses erneut bemüht.

Wie der Dissertation hat Benjamin auch seiner Habilitationsschrift in der Druckfassung ein Goethe-Motto vorangestellt und in
der Widmung den Entstehungszeitraum auf das Jahr 1916 zurück-
datiert, in dem neben der Spracharbeit auch zwei thematisch mit
dem Trauerspielbuch sich berührende Studien über *Trauerspiel und
Tragödie* und *Die Bedeutung der Sprache in Trauerspiel und Tragödie*
(GS II/1, 133-140) entstanden. Unter die Vorarbeiten im engeren
Sinne ist ferner die Studie über *Schicksal und Charakter* (GS II/1,
171-179) zu rechnen, die zentrale Gedankengänge der Tragödientheorie vorwegnimmt, sowie ein Aufsatz über Calderón und Hebbel
(GS II/1, 246-276). Die Entstehungsumstände dieses Aufsatzes,
den die Herausgeber auf 1923 datieren, sind ungeklärt. Jedoch ist
seine Nähe zum Barockbuch unmittelbar evident, wie zahlreiche
gedankliche Motive und die Theorie des Schicksalsdramas zeigen,
die Benjamin aus der früheren Arbeit in die spätere übernahm.

In einer von der Druckfassung her nur unzureichend zu re-
konstruierenden Gestalt hat das Trauerspielbuch ursprünglich als
Habilitationsschrift der Philosophischen Fakultät der Universität
Frankfurt am Main zur Begutachtung vorgelegen. Daß Benjamins
Wahl nach erfolglosen Sondierungen an den Universitäten Heidelberg
und Gießen schließlich auf Frankfurt verfiel, dürfte maßgeblich der

Vermittlung seines Großonkels, des Mathematikers Arthur Moritz Schönflies (1853-1928), zu verdanken sein, der der Frankfurter Universität bis zu seiner Emeritierung im Jahre 1922 als Ordinarius und zeitweilig als Rektor angehört hatte. Auf diese Weise kam der Kontakt zu Franz Schultz (1877-1950) zustande, dem Ordinarius für Literaturgeschichte und im entscheidenden Jahr 1925 zudem Dekan der Philosophischen Fakultät. Darüber hinaus fand Benjamin in dem Privatdozenten am Soziologischen Seminar, Gottfried Salomon-Delatour (1896-1964), einen engagierten und vertrauten Sachwalter nicht nur seiner akademischen Interessen und Sorgen. Mit Schultz vereinbarte Benjamin im Herbst 1923 die Abfassung einer »Arbeit über die Form des Trauerspiels, insbesondere das Drama der zweiten schlesischen Schule« (GB II, 354) mit dem Ziel der Erwerbung der Lehrbefugnis für das Fach Germanistik.

Bis zum Mai 1924 hielt er sich wegen der notwendigen Quellenstudien an der Staatsbibliothek in Berlin auf; die Ausarbeitung und erste Niederschrift des Trauerspielbuchs erfolgte während eines Aufenthaltes auf Capri von Mai bis Oktober 1924. Wieder nach Berlin zurückgekehrt, meldete Benjamin im Dezember die Fertigstellung einer Rohschrift und schließlich im April 1925 aus Frankfurt das Diktat der Reinschrift sowie die Übergabe der ersten beiden Teile der Schrift an Schultz. Das offizielle Habilitationsgesuch trägt das Datum 12.5.1925 (GB III, 35). Dem Antrag war indes der Rückzug des bisherigen Betreuers vorausgegangen: Franz Schultz hatte sich für den Wechsel des Habilitanden in das Fach Ästhetik ausgesprochen. So blieb es schließlich seinem Kollegen, dem für Ästhetik zuständigen Ordinarius Hans Cornelius (1865-1947) überlassen, nach Maßgabe eines Gutachtens seines damaligen Assistenten Max Horkheimers (GS VI, 772f.), den Schlußakt des akademischen Trauerspiels herbeizuführen. Das Verfahren endete damit, daß man dem Kandidaten die Rücknahme seines Gesuches nahelegte, um so einer Ablehnung durch die Fakultät zuvorzukommen. Wie das Protokoll der Fakultätssitzung vom 12.10. 1925 festhält, hatte Benjamin dem nach einigem Zögern entsprochen (Lindner 1984, 147-165).

Zu Benjamins Entschluß hatten wachsende innere Widerstände gegen die Habilitation und eine akademische Laufbahn beigetragen, von denen bereits nach der Fertigstellung der Rohschrift in Briefen an den im Herbst 1923 nach Palästina emigrierten Scholem die Rede war. Benjamins Reserve war nicht zuletzt in der »Wendung zum politischen Denken« (GB III, 60) begründet, zu der die Begegnung mit der lettischen Bolschewistin Asja Lacis während des Aufenthaltes auf Capri im Herbst 1924 einen entscheidenden Anstoß gegeben hatte. Von innerlichen Gründen, die ihm das »akademische Wesen zu etwas Belanglosem« machten, ist in einem Brief an Salomon-Delatour die Rede, in dem er das Ansinnen der Fakultät erwägt, sein Gesuch zurückzuziehen. Wenn dem nicht so gewesen wäre, so Benjamin weiter,

»wäre die Einwirkung der Behandlung, die man mir hat angedeihen lassen, auf lange hinaus zerstörend. Hinge ich in meiner Selbstschätzung auch im mindesten nur von jenen Stellungnahmen ab, so hätte die verantwortungslose und leichtfertige Manier mit der die maßgebende Instanz meine Sache behandelt hat, mir einen Chok versetzt, von dem meine Produktivität sich nicht bald erholt hätte. Daß von alledem nichts – es sei denn das Gegenteil – der Fall ist, bleibt meine Privatangelegenheit« (GB III, 73).

Das Scheitern der Habilitation bedeutete jedoch nicht zugleich das Ende des Barockbuches. Nachdem im August 1927 ein Vorabdruck des Melancholiekapitels (GS I/1, 317-335) in Hofmannsthals *Neuen Deutschen Beiträgen* erschienen war, lag schließlich im Januar 1928 der *Ursprung des deutschen Trauerspiels* bei Rowohlt vor. In der Buchform ist die Studie um jenen erkenntnistheoretischen Teil der Vorrede (GS I/1, 207-228) ergänzt, der das Verständnis des Lesers mit den höchsten Ansprüchen konfrontiert. Andererseits ging mit dem Fehlen dieses Abschnitts in der den Gutachtern vorgelegten Fassung auch die theoretische Rechtfertigung des Ursprungsbegriffes verloren, auf dessen grundlegende Bedeutung der ansonsten höchst mißverständliche Titel der Studie hinweist. Als der mit der Begutachtung der Habilitationsschrift beauftragte Cornelius um eine zusätzliche Erläuterung bat, legte Benjamin ein Exposé (GS I/3, 950-2) vor, in dem er die tragende theoretische Bedeutung des Ursprungsbegriffs für Aufbau und Konzeption der Studie nachdrücklich hervorhebt. Dabei greift er auf Formulierungen zurück, die sich wörtlich in dem zunächst unterdrückten Teil der *Erkenntniskritischen Vorrede* finden.

Aber auch in der schließlich gedruckten Fassung bleibt das Buch fragmentarisch, wenn man es an den Plänen des Verfassers mißt. Einen in der ursprünglichen Disposition vorgesehenen Schlußteil, der »methodische[] Gedankengänge[] über ›Kritik‹« (GB III, 26) enthalten sollte, sucht man auch in der Buchfassung vergebens. Der mitunter beklemmend hohe theoretische Anspruch des Buches macht sich sowohl in seiner komplexen Architektonik als auch in seinem Sprachstil geltend, der dem Leser äußerste Konzentration abverlangt. Im Erstdruck wird der auf diese Weise entstehende hermetische Eindruck noch zusätzlich durch die vom Autor gewünschte graphische Gestaltung des Buches unterstrichen.

Nicht ganz zu unrecht konstatiert Benjamin im Jahr 1932 rückblickend, »daß ›Barock‹ schon das rechte Pferdchen und nur ich der falsche Jokei gewesen bin, indem man nämlich dem besten Spezialisten für Barock, dem Privatdozenten Richard Alewyn in Berlin Gundolfs Lehrstuhl in Heidelberg übertragen hat« (GB IV, 107). Nicht nur von Alewyn (1902-1979) hatte sich Benjamin auch nach der Aufgabe seiner akademischen Ambitionen eine angemessene fachliche Würdigung seines Barockbuches erhofft. Auch wenn seine Behauptung, sein Buch sei »von keinem deutschen Akademiker irgend einer Anzeige [...] gewürdigt worden« (GB IV, 18), nicht ganz zutrifft, so blieb seine Rezeption durch die germanistische Barockforschung doch marginal.

Noch heute steht der Kanonisierung des Barockbuches in der Benjaminforschung eine eher zurückhaltende Anerkennung seiner Leistungen in der germanistischen Fachöffentlichkeit entgegen. Wissenschaftsgeschichtlich gehört das Trauerspielbuch in den Kontext jener Abkehr vom streng philologischen Selbstverständnis des Faches, die das Barock in den zwanziger Jahren zum Experimentierfeld unterschiedlichster methodologischer Neuansätze werden ließ. Neben dem durch Krieg und Revolution geprägten Zeitempfinden, das seine Verwandtschaft mit dem ›antithetischen Lebensgefühl‹ (Arthur Hübscher) des 17. Jahrhunderts entdeckte, erhielt die literaturgeschichtliche Wiederentdeckung des Zeitalters der Gegenreformation entscheidende Impulse von der Rehabilitierung des Barock durch die Kunstgeschichte (Heinrich Wölfflin). Mit ihrem Verständnis der Sprach- und Gattungsstrukturen aus ihrem theologisch-politischen Zeitkontext sowie ihrer Rehabilitierung der Allegorie im Rahmen einer breit angelegten kulturhistorischen Archäologie dieser Ausdrucksform trug Benjamins Studie nicht unerheblich dazu bei, daß die neuere Forschung mit dem Terminus ›barock‹ nicht länger einen expressiven Stilbegriff, sondern eine Epoche bezeichnete. Das Verdienst dieser noch heute maßgeblichen Sichtweise bestand darin, dem Zeitalter zwischen Renaissance und Aufklärung zur Anerkennung seiner Eigenständigkeit und zur Erkenntnis seines eigentümlichen Wesens verholfen zu haben (Alewyn 1966, 11 und Jaumann 1975).

Benjamin begreift das barocke Trauerspiel als säkularisiertes christliches Drama. Darin ist es zunächst grundlegend von der Tragödie unterschieden. Diesen Gegensatz, in dessen Mißachtung die lang vorherrschende Verkennung des barocken Dramas einen wesentlichen Grund hat, expliziert seine Studie mit Hilfe einer gegensätzlichen, letztlich geschichtsphilosophisch begründeten Kategorientafel (GS I/3, 951) für beide Kunstformen. Ihr liegt die

Einsicht zugrunde, daß die Tragödie ihre entscheidende Voraussetzung im Mythos, das Trauerspiel aber in der Geschichte findet.
Daraus leitet Benjamin sein Verständnis des antiken Heros ab, der
im Personal des Trauerspiels kein seiner Funktion in der antiken
Tragödie entsprechendes Pendant hat. Die Tragödientheorie des
Trauerspielbuches, die mit einer kritischen Auseinandersetzung mit
Nietzsches *Geburt der Tragödie* einsetzt, verdankt Florens Christian
Rang entscheidende Anregungen und beruft sich über weite Strecken
zustimmend auf Franz Rosenzweigs *Stern der Erlösung* (1921) sowie
ferner Georg Lukács' Aufsatz über die *Metaphysik der Tragödie* aus
der Essaysammlung *Die Seele und die Formen*.

Als eine Säkularisierung des Mysterienspiels ist das Trauerspiel
des Barock durch die »Abkehr von der Eschatologie der geistlichen
Spiele« gekennzeichnet. Wo das mittelalterliche Schauspiel und die
Chronik »das Ganze des Geschichtsverlaufs, den welthistorischen
als einen heilsgeschichtlichen, vor Augen stellen« (GS I/1, 257),
hat die in den Streit der Konfessionen zerfallene Christenheit das
heilsgeschichtliche Vertrauen verloren. Statt dessen versuchen die
Dramatiker des Barock,

»Trost im Verzicht auf einen Gnadenstand im Rückfall auf den bloßen
Schöpfungsstand zu finden. [...] Wo das Mittelalter die Hinfälligkeit des
Weltgeschehens und die Vergänglichkeit der Kreatur als Stationen des
Heilswegs zur Schau stellt, vergräbt das deutsche Trauerspiel sich ganz in
die Trostlosigkeit der irdischen Verfassung« (GS I/1, 260).

Dieses »Vergegenwärtigen der Zeit im Raume« (GS I/1, 370), das
Benjamin als Säkularisierung begreift, begründet die Immanenz des
Barockdramas. Mit der Verweltlichung, die die Gegenreformation
in beiden Konfessionen durchsetzte, verloren jedoch, wie Benjamin
betont, »nirgends die religiösen Anliegen ihr Gewicht: nur die religiöse Lösung war es, die das Jahrhundert ihnen versagt, um an deren
Stelle eine weltliche ihnen abzufordern oder aufzuzwingen« (GS I/1,
258). Zugespitzt könnte man sagen, daß das Barock in Benjamins
Verständnis den Ausfall des mittelalterlichen, heilsgeschichtlichen
Weltverständnisses durch ein im Weltlichen retardiertes apokalyptisches überbiete.

Das Trauerspielbuch läßt sich als Versuch verstehen, die repräsentative Kunstform des Barock als den adäquaten Ausdruck dieser
theologischen Situation des Zeitalters zu erschließen. Deshalb verbleibt die philosophische Analyse der Formensprache, der *dramatis
personae* ebenso wie des wichtigsten Formmerkmals, der Allegorie,
strikt innerhalb der Theo-Logik der Zeit. In diesem Kontext ist
auch die Analyse der fürstlichen Souveränität zu situieren, für die

sich das Trauerspielbuch auf die Vorarbeiten des später mit den Nationalsozialisten sympathisierenden Staatsrechtlers Carl Schmitt (1888-1985) beruft, dem Benjamin sein Buch mit einem Begleitschreiben übersandte (GB III, 558), das die Herausgeber der ersten Ausgabe der Briefe bereits als solches als so skandalös empfanden, daß sie es unterdrückten.

Mit Blick nicht zuletzt auf die konfessionell bedingten ästhetischen Besonderheiten, insbesondere in der Auffassung und Handhabung der Allegorie, konstatiert Benjamin am Ende seiner Studie die ästhetische Insuffizienz des deutschen, protestantischen Trauerspiels. Als weitgehendes Prolegomenon zu einer nicht auf das deutsche und nicht auf das barocke Trauerspiel zu beschränkenden »Theorie vom ›Ursprung des Trauerspieles‹« (GS I/3, 947) präsentiert sich die Studie in ihren zahlreichen Exkursen. Bei Shakespeare sei die »Fundierung«, bei Calderón die »Bekrönung« (GS I/3, 915) der neuen Dramenform zu beobachten, deren historische Metamorphosen für Benjamin im Drama des Sturm und Drang ebenso wie im Schicksalsdrama der Romantik Gestalt gewinnen und die im klassischen Geschichtsdrama Schillers ein apokryphe Wiederauferstehung feiert (GS I/1, 301).

Von entscheidendem Gewicht für die Konstruktion des Gehalts aber erweist sich die mittelalterliche Vorgeschichte des Trauerspiels. In der mittelalterlich-christlichen Auseinandersetzung mit der antiken Götterwelt im Rahmen einer Theologie des Bösen erhält die Auffassung der Allegorie ihre für das Barock entscheidenden Konturen. Entsprechendes gilt für die Theorie der Trauer, in der die Nachwelt geradezu einen »Kommentar des Trauerspiels« (GS I/1, 320f.) besitzt. Auch hier erfolgt die Adaption der antiken Anschauung der *melencolia illa heroica* theologischen Vorgaben gemäß: Sie machen den barocken Begriff der Melancholie als einen säkularisierten theologischen Begriff lesbar, der sich in der Konfrontation mit seinem Ursprung in der *acedia* als eine Todsünde enthüllt.

Auf diese Weise erkennt der Kritiker, wie Benjamin in einem 1928 verfaßten Lebenslauf über das Barockbuch schreibt, im Kunstwerk »einen integralen [...] Ausdruck der religiösen, metaphysischen, politischen, wirtschaftlichen Tendenzen einer Epoche« (GS VI, 219). Darin wird es für spätere Arbeiten vorbildlich bleiben. Zugleich erneuert die Ideenlehre, die Benjamin in der *Erkenntniskritischen Vorrede* darlegt, mit ihrer Anknüpfung an die sprachphilosophische Erkenntniskritik des frühen Sprachaufsatzes auch dessen fundamentalen, Politik, Geschichte und Kunst gleichermaßen umfassenden Anspruch. Im Rahmen der Ideenlehre dient Benjamin die Lehre vom Verfall der wahren Sprache als ein Modell zur Erläuterung der

Kategorie des Ursprungs. So läßt sich nämlich das Verhältnis der
»Wesenseinheit« der wahren Sprache zur »Wesensvielheit« der vielen
Sprachen als ein »Ursprungsverhältnis« denken. In einer eigentümlichen Mittelstellung zwischen einer rein logischen und einer rein
historischen Bestimmung bezeichnet »Ursprung« den Modus der
»Darstellung und Entfaltung« einer Wesenheit – oder einer Idee, wie
es im Trauerspielbuch heißt – in der Empirie: »Die Wesenseinheit
durchwaltet eine Wesensvielheit in der sie erscheint, der gegenüber
sie aber immer disparat bleibt« (GS VI, 24). Wie die Auffassung
der Sprache im frühen Sprachaufsatz beschreibt die Kategorie des
Ursprungs demnach die Struktur einer medial-diskontinuierlichen
Repräsentation.

Im Trauerspielbuch verbindet Benjamin in seiner Erörterung der
titelgebenden Kategorie das Problem der Erscheinung der Wahrheit
im Kunstwerk mit der Lehre von seinem Fortleben. Denn »das
Leben der Werke und Formen« meint keine Entwicklung, keinen
durch den realen geschichtlichen Verlauf gestifteten Zusammenhang,
sondern vielmehr eine »natürliche Geschichte« (GS I/1, 227). Im
Ursprung, darauf zielt Benjamins von Theodor W. Adorno in seiner
Antrittsvorlesung von 1932 aufgegriffene ›Idee der Naturgeschichte‹
(Adorno, I, 345-365), verbinden sich die Einmaligkeit geschichtlicher Erscheinungen mit der für natürliche Vorgänge typischen
Wiederholung. Einmaligkeit und Wiederholung bestimmen den
Rhythmus, mit dem in der Gestalt des Ursprungs »immer wieder
eine Idee mit der geschichtlichen Welt sich auseinandersetzt, bis sie
in der Totalität ihrer Geschichte vollendet daliegt« (GS I/1, 226).

Die Erscheinung der Idee in den Werken und Formen der Kunst
zu erfassen, ist die Aufgabe der Kritik. Für das Trauerspielbuch hat der
Kardinalgrundsatz immanenter Kritik in der anti-Nietzscheanischen
Formel von der »Geburt der Kritik aus dem Geiste der Kunst«, die
Benjamin in dem Exposé für Cornelius benutzt, prägnanten Ausdruck gefunden. Wie die Definition der Kritik als »Mortifikation
der Werke«, resümiert sie die Überzeugung, daß »das allegorische
Kunstwerk die kritische Zersetzung gewissermaßen schon in sich«
trage (GS I/3, 952). Damit wird die Allegorie im Trauerspielbuch
zum wichtigsten Gegenstand philosophischer Kunstkritik, – kaum
jedoch zu ihrem Instrument und noch weniger zum Hinweis auf
die vermeintlich theologische oder gar kabbalistische Wurzel der
Kritik.

Die Allegorie kommt der Kritik darin entgegen, daß sie dem
Vorgang vorgreift, der sich in der Dauer der Werke in ihrem Inneren
vollzieht. Dabei geht es Benjamin, wie er in einem Brief an Rang
schreibt, dessen Formulierungen er im Text des Trauerspielbuches

aufgreift, um die »spezifische Geschichtlichkeit von Kunstwerken«, die sich eben nicht der Kunstgeschichte, sondern allein der Kritik erschließt (GB II, 392). Im Laufe der Zeit in Gegenstände historisch-philologischen Wissens verwandelt, wird die Verbindung der Werke untereinander nicht länger durch die Geschichte, sondern durch die philosophische Deutung ihrer Sachgehalte gestiftet. Nicht dieses kritische Wissen, wohl aber die Insistenz auf theologisches Wissen und einem so begründeten, entschiedenen Vorbehalt gegenüber dem schönen Schein begreift Benjamin als den Grundzug der barocken Allegorie. Wo das Symbol seinen Gegenstand in der klassizistischen Kunst in Schönheit verklärt, präsentiert er sich der allegorischen Weltsicht des 17. Jahrhunderts als ein vieldeutiger Verweisungszusammenhang, der nicht ästhetisch goutiert, sondern im Licht der Gottesgelahrtheit verstanden werden will. Mit der Einsicht in die historisch-theologische Bedingtheit dieser Ausdrucksform eröffnet sich dem Kritiker der Zugang zum Sachgehalt des barocken Trauerspiels.

Dabei erweist sich die kritische Mortifikation der Werke als Voraussetzung ihrer philosophischen »Neugeburt« (GS I/1, 358). Denn die Mortifikation betrifft allein die historisch einmalige Gestalt, in der die Werke ihre Wirkung getan haben und dem Vergessen anheimgefallen sind. In der kritischen Darstellung aber erwachen sie insofern zu neuem Leben, als sie nicht länger dem zufälligen Verlauf der Geschichte überantwortet, sondern als notwendige Bestandteile einer Konfiguration begriffen werden, in der eine Idee in der Reihe ihrer historischen Ausprägungen sich darstellt. Die kritische Mortifikation der Werke ist also mit einer Formulierung Benjamins als eine »Verwandlung des Kunstwerks in einen neuen, philosophischen Bereich« (GS I/3, 919) zu verstehen. Indem die Kritik diese Metamorphose an den Werken vollzieht und in dieser die legitimen Gestalten ihrer historischen Wiederkehr erkennbar werden, wird die Kritik selbst zu einem Moment ihres Fortlebens. In der Tat liegt der Begriff der Metamorphose für diesen Vorgang ebenso nahe, wie der Begriff des Ursprungs nicht von ungefähr an den des Urphänomens erinnert. Das Motto aus der *Geschichte der Farbenlehre*, das dem Trauerspiel vorangestellt ist, erinnert nicht nur an die vorhergehende intensive Beschäftigung des Autors mit Goethe, sondern es bekräftigt zugleich die Bedeutung des Kritikbegriffs, den Benjamin in dieser Auseinandersetzung verbindlich definiert hatte.

Es sind also durchaus keine vagen Analogien, sondern kritische Einsichten, die im Trauerspielbuch die weitausholenden, vom mittelalterlichen Mysterienspiel bis zum expressionistischen Drama

führenden Exkurse zu einer »in konkreter Fülle entwickelte[n] Idee«
(GS I/3, 951) des deutschen Trauerspiels zusammentreten lassen.
Und eben der Mangel an philosophisch-kritischer Besinnung ist
es, der in Benjamins Sicht die zeitgenössische »sentimentale« (GS
I/1, 234) Versenkung ins Barock diskreditiert. Im Gegensatz zu
den modischen Aktualisierungsversuchen des Expressionismus sieht
Benjamin eine den geschichtsphilosophischen Anforderungen des
Epochenbegriffs gerecht werdende »Aktualität« des Barock in der
gemeinsamen Krisenerfahrung der Zeit, die das »Bewußtsein von
der Problematik der Kunst« involviert. Dieses Bewußtsein wird, so
stellt es sich Benjamin rückblickend in einer späteren Arbeit dar,
zur Nagelprobe der Debatte um das Schicksal der Kunst, die er
»nach dem Weltkrieg [...] in ihr entscheidendes Stadium« treten
sieht (GS II/2, 582).

Literatur: Bredekamp 1999, 247-266; Emden 2002, 61-87; Emden 2003,
297-326; Garber 1987, 59-120; Garber 1992, 193-253; Kambas 1982,
601-621; Kracauer 1928/1977, 249-255; Lindner 1984, 147-165; Lönker
1978, 293-322; Menninghaus 1980, 78-134; Pensky 1993/2001; Rumpf
1980; Schings 1988, 663-676; Speth 1991, 211-310; Steiner 1989, 641-701;
Steiner 1992, 32-63; Steinhagen 1979, 666-685; Weber, S. 1992, 123-138;
Witte 1976, 107-185; Witte 1992, 125-136; Wolin 1982/1994, 79-106.

4. Paul Scheerbart und der Begriff des Politischen

Noch während der Arbeit am Trauerspielbuch auf Capri im Herbst
1924 versandte Benjamin jene »kommunistischen Signale« (GB II,
511) an den nach Palästina emigrierten Scholem, die in seiner intellektuellen Biographie einen ebenso tiefen Einschnitt markieren wie
ihn die Bekanntschaft mit Asja Lacis für seine persönliche bedeutete.
Zumeist hat man die »Wendung zum politischen Denken«, von der
er selbst in diesem Zusammenhang spricht (GB III, 60), als eine
programmatische Absage an die bisher vorherrschende, metaphysische Orientierung seines Denkens gewertet. Demgegenüber ist in
seinem Brief an Scholem nicht von einem Bruch, sondern von der
Absicht die Rede, »die aktualen und politischen Momente in meinen
Gedanken nicht wie bisher altfränkisch zu maskieren, sondern zu
entwickeln, und das, versuchsweise, extrem« (GB II, 511).
    Einen ersten Anstoß, über Politik nachzudenken, hatte Benjamin
von Ernst Bloch empfangen, dessen *Geist der Utopie* er nach der
Promotion im Herbst 1919 noch in Bern las. Bloch war 1917 in
die Schweiz gekommen, um für das von Emil Lederer, Ernst Jaffé
und Max Weber herausgegebene *Archiv für Sozialwissenschaft und*

Sozialpolitik eine Enquete über die dortigen pazifistischen Ideologien zu erstellen. Obwohl Benjamin in Blochs *Geist der Utopie* auf »ungeheure Mängel« stieß, galt es ihm als »das einzige Buch«, an dem er sich »als an einer wahrhaft gleichzeitigen und zeitgenössischen Äußerung messen« könne – und zwar auf dem Feld der Politik. Bei dem Versuch, seine diesbezüglich noch unfertigen Gedanken zu formulieren, komme ihm mehr noch als das Buch der Umgang mit seinem Autor zustatten, da, wie er in einem Brief schreibt, »seine Gespräche so oft gegen meine Ablehnung *jeder* heutigen politischen Tendenz sich richteten, daß sie mich endlich zur Vertiefung in diese Sache nötigten, die sich wie ich hoffe belohnt [sic!] hat« (GB II, 46).

Eine auf Bitten Blochs von Benjamin verfaßte Kritik des Buches muß als verloren gelten. In einer brieflichen Äußerung räumt Benjamin ein, daß das Buch in einigen wichtigen Darlegungen seinen eigenen Überzeugungen entspreche, betont aber zugleich, daß es sich zu seiner Idee von Philosophie »diametral entgegengesetzt« (GB II, 73) verhalte. Ähnlich ambivalent erweist sich bei näherer Betrachtung eine Formulierung in dem von Adorno so betitelten *Theologisch-politischen Fragment*, für dessen Niederschrift in dieser Zeit nicht zuletzt eben die Erwähnung Blochs spricht. Dort wertet es Benjamin als »das größte Verdienst« von Blochs *Geist der Utopie*, »die politische Bedeutung der Theokratie mit aller Intensität geleugnet zu haben« (GS II/1, 203).

Tatsächlich ist Blochs Haltung in dieser Frage alles andere als eindeutig. Das Thema ›Theokratie‹, das Verhältnis von Politik und Religion, spielt sowohl in dem politischen Pamphlet *Zur Kritik der deutschen Intelligenz* (1919) des mit Bloch befreundeten Hugo Ball (1887-1927) als auch in Salomo Friedlaenders Rezension des *Geist der Utopie*, die 1920 in Kurt Hillers *Ziel*-Jahrbuch unter dem Titel *Der Antichrist und Ernst Bloch* erschien, eine zentrale Rolle. Benjamin kannte beide Texte. Insbesondere Friedlaender (1871-1946) schätzte er als Philosophen in der Nachfolge Nietzsches und Autor von Grotesken, die er unter dem Pseudonym Mynona veröffentlichte, gleichermaßen hoch. Mit seiner Aufforderung an die Adresse Blochs, die Priesterei zu lassen und nüchtern und profan zu werden (Friedlaender 1920, 114), gab Friedlaender dem *Theologisch-politischen Fragment* das entscheidende Stichwort.

Wenn Benjamin dort nun seinerseits die politische Bedeutung der Theokratie leugnet, so doch nur, um sich ihres religiösen Sinns zu versichern. Dem Reich Gottes, das »nicht das Telos der historischen Dynamis«, nicht ihr »Ziel«, sondern allenfalls ihr »Ende« (GS II/1, 203) sein könne, stellt das Fragment die Ordnung des Profanen

entgegen. ›Profan‹ nennt Benjamin diese Ordnung zum einen, weil
sie sich eben nicht auf das Messianische als ihr Telos bezieht, sondern
sich an der »Idee des Glücks« aufrichtet. In dieser Bestimmung ist
sie, wie näher zu erläutern sein wird, mit dem Politischen identisch.
›Profan‹ – und emphatisch: eine »profane Ordnung des Profanen«
(GS II/1, 204) – nennt Benjamin diese Ordnung zum zweiten,
weil sie dem Messianischen nicht nur entgegensteht, sondern ihm
in der Entgegensetzung verbunden ist. Das Geschäft des Messias
betreibt Politik demnach allein da, wo sie sich ganz und unbedingt
dem irdischen Streben nach Glück verschreibt. »Trachtet am ersten nach Nahrung und Kleidung, so wird euch das Reich Gottes
von selbst zufallen« – ganz offensichtlich hat Benjamin in Hegels
Inversion der Botschaft des Neuen Testaments, die er der vierten
seiner Thesen *Über den Begriff der Geschichte* als Motto voranstellt
(GS I/2, 694), die eigene Überzeugung ausgedrückt gefunden. Im
Gedankengefüge der »mystischen Geschichtsauffassung« (GS II/1,
203), die das *Theologisch-politische Fragment* darlegt, ist alles Irdische
letztlich allein um den Preis seines Untergangs mit dem Gottesreich
verbunden. Das Ziel der Politik ist Glück; ihre Methode aber, wie
es abschließend heißt: »Nihilismus« (GS II/1, 204). Sofern sich
Politik Ziele setzt, hat sie diese auf die Ordnung des Profanen zu
beschränken. Indem sich Politik auf das Profane beschränkt, sind
ihre Zielsetzungen letztlich nichtig.

Auf diese Weise rückt Benjamin das Glück in das Zentrum seiner
Auffassung von Politik, in deren Kontext es, wie die Politik selbst, der
Ordnung des Profanen zugehört. Eine im engeren Sinne politische
Kategorie ist das Glück für Benjamin aber nicht allein aufgrund seiner
Zugehörigkeit zur Ordnung des Profanen. Vielmehr ist das Subjekt
des Glücksstrebens nicht der einzelne Mensch, sondern der einzelne
als Teil der Menschheit. Das Fragment so zu lesen, legt eine Reihe
von Aufzeichnungen nahe, die in seinem Umkreis entstanden sind
(GS VI, 64-67; 78-87). In ihrem Zentrum steht eine eigentümliche
Metaphysik des Leibes, bei deren Konzeption weitläufige Einflüsse
der philosophischen Tradition erkennbar sind, die von der Romantik
über Nietzsche, die expressionistische Nietzsche-Rezeption (Kurt
Hiller, Erich Unger, Salomo Friedlaender, Paul Scheerbart) und
die Lebensphilosophie (Henri Bergson, Ludwig Klages) bis hin zu
Gustav Theodor Fechners ›Psychophysik‹ und die an sie anschließende erkenntnistheoretische Diskussion im Neukantianismus
reichen. Letztere war Benjamin in Bern in der Person des Ordinarius
für Philosophie mit besonderer Berücksichtigung der Psychologie
und Pädagogik, Paul Häberlin (1878-1960) gegenwärtig, dessen
Vorlesungen über das psychophysische Problem Benjamin in Bern

besuchte. Die Vorlesungen wurden 1923 unter dem Titel *Der Leib und die Seele* veröffentlicht (Steiner 2000, 57-66).

Auf die Berner Zeit und den Plan der Rezension von Blochs *Geist der Utopie* geht auch die Beschäftigung mit einer größeren Arbeit über Politik zurück, von der in Briefen wiederholt die Rede ist. Aus dem »Arsenal« seiner politischen Arbeiten, das Benjamin im Januar 1925 musterte (GB III, 9), hat sich neben Bruchstücken letztlich nur die 1921 gedruckte *Kritik der Gewalt* erhalten. Die vorhandenen Zeugnisse lassen auf eine umfangreiche, in drei mehr oder weniger selbständige Teile sich gliedernde Studie schließen: Eröffnet werden sollte sie durch eine Studie mit dem Titel *Der wahre Politiker.* Dem hätte ein zweiter Teil folgen sollen, betitelt *Die wahre Politik,* mit den beiden Kapiteln »Abbau der Gewalt« (möglicherweise identisch mit der *Kritik der Gewalt*) und »Teleologie ohne Endzweck«. Für den Abschluß war die philosophische Kritik von Paul Scheerbarts (1863-1915) utopischem Roman *Lesabéndio* (1913) vorgesehen, in der sich Benjamin auch zu Friedlaenders Bloch-Rezension hätte äußern wollen.

Aus der Zeit der Arbeit an diesem Projekt stammt eine Notiz, in der Benjamin seine »Definition von Politik« festhält. Demnach wäre Politik definiert als »die Erfüllung der ungesteigerten Menschhaftigkeit« (GS VI, 99). Im Kontext betrachtet, wird die befremdliche Definition als eine gegen Nietzsche gerichtete Formel lesbar. In dem Fragment *Kapitalismus als Religion* nämlich begreift Benjamin die Konzeption des Übermenschen, in der die Lehre vom Tod Gottes gipfelt, als den Versuch einer »Sprengung des Himmels durch gesteigerte Menschhaftigkeit« (GS VI, 101). Im tragischen Heroismus des Zarathustra, dem Nietzsche nicht von ungefähr religiöse Weihen verleiht, dechiffriert das Fragment die radikalste und großartigste Erfüllung der religiösen Essenz des Kapitalismus, den Benjamin als eine im Zeichen der Schuld und der Schulden stehende Kultreligion beschreibt. Der kritischen Wendung des Fragments gegen Nietzsche steht im übrigen nicht entgegen, daß Benjamin seine ursprüngliche Intuition höchstwahrscheinlich einer Einsicht Nietzsches verdankt. Dieser nämlich hatte in der *Genealogie der Moral* geltend gemacht, daß der »moralische Hauptbegriff ›Schuld‹ seine Herkunft aus dem sehr materiellen Begriff ›Schulden‹ genommen« habe (Nietzsche, V, 297).

In allen Aufzeichnungen erweist sich die Leibmetaphysik als Leitfaden. Von ihr ausgehend lassen sich drei für Benjamins politische Philosophie grundlegende Gesichtspunkte festhalten. Neben der in der Metaphysik des Leibes begründeten Fokussierung auf das Kollektiv als Subjekt politischen Handelns, erweist sich zweitens die spannungsvolle Abgrenzung des Politischen von der Religion, aber auch von Recht und Moral, als grundlegend. Mit ihr macht sich Benjamin Max Webers Lehre vom Pluralismus der Wertordnungen als Kennzeichen der Moderne kritisch zu eigen (Weber 1919/1988, 603ff.). Mit der Begrenzung des Politischen auf den Bereich des Profanen und die Menschheit als ihr Subjekt ist das Ziel der Politik durch das Glück als dem Inbegriff leiblichen Lebens bezeichnet. Als Mittel, diesen Zweck unter Einbeziehung der Natur zu erreichen, gerät schließlich drittens »die Technik« (GS VI, 80) in den Blickpunkt der Aufzeichnungen und auf diese Weise in das beharrliche Zentrum von Benjamins Nachdenken über Politik.

Das Zusammenspiel dieser Grundgedanken läßt sich an dem umfangreichen, im Jahr 1921 publizierten Aufsatz *Zur Kritik der Gewalt* verfolgen, der ursprünglich den Mittelteil der großen Studie über Politik hätte bilden sollen. Insofern im Recht, wie Benjamin zeigt, die bestehenden Strukturen von Herrschaft auf Gewalt beruhen und in ihrem Bannkreis verbleiben, rückt die Gewalt in den Blickpunkt der im engeren Sinne politischen Frage nach der Bedingung der Möglichkeit gemeinschaftlicher Übereinkunft. Mit dieser Fragestellung knüpft der Essay an Georges Sorels (1847-1922) *Réflexions sur la violence* (1906) an. Neben Sorel steht die Schrift des Philosophen Erich Unger (1887-1950) über *Politik und Metaphysik* (1921) im Hintergrund von Benjamins Überlegungen. Mit seiner Lehre von der realitätserzeugenden Macht des archaischen Rituals für die Idee einer Volksgründung, die Benjamin in seinem Aufsatz erwähnt, folgt Unger den Theorien des jüdischen Religionsphilosophen Oskar Goldberg (1887-1952), dessen Schüler und enger Vertrauter er war.

Die *Kritik der Gewalt* führt die Konzeption des proletarischen Generalstreiks als ein Beispiel für die Möglichkeit »gewaltlose[r] Beilegung von Konflikten« (GS II/1, 191) an. Im proletarischen Generalstreik werde der Bannkreis der Gewalt insofern anarchisch durchbrochen, als er den Umsturz »nicht sowohl veranlaßt als vielmehr vollzieht« (GS II/1, 194). Der Gedanke wird deutlicher, wenn man ihm Sorels Definition des Generalstreiks an die Seite stellt. Für Sorel ist der Generalstreik ein »Mythos«. Darunter versteht er »eine Ordnung von Bildern, die imstande sind, unwillkürlich alle die Gesinnungen hervorzurufen, die den verschiedenen Kundgebungen des Krieges entsprechen, den der Sozialismus gegen die moderne Gesellschaft aufgenommen hat« (Sorel 1906/1981, 145).

Der Mythos, wie Sorel ihn im Rückgriff auf Nietzsches Verständnis des Mythos und Bergsons Theorie der Intuition konzipiert, bewirkt die intuitive Formierung einer revolutionären Masse. Sie ist es, die den Umsturz weniger veranlaßt, denn in ihrer Formierung zugleich auch vollzieht. Zwar möchte Benjamin den proletarischen Generalstreik streng von der »Entfaltung eigentlicher Gewalt in den Revolutionen« (GS II/1, 195) unterscheiden. Aber letztlich beruht die Legitimität revolutionärer Gewalt für ihn ganz entsprechend darauf, daß sie die bestehende, auf Rechtsgewalt beruhende Ordnung in einem Akt zerstört, in dem sich eine andere, von jeglicher Rechtsgewalt freie Art von Gewalt manifestiert. Diese der mythischen Rechtsetzung entgegengesetzte Gewalt hat ihr Urbild in der Gerechtigkeit als dem Prinzip aller göttlichen Zwecksetzung (GS II/1, 198). Durch die revolutionäre Gewalt als »höchste[r] Manifestation reiner Gewalt durch den Menschen« würde ein »neue[s] geschichtliche[s] Zeitalter« begründet (GS II/1, 202). Dieses Zeitalter trüge nicht länger die Züge einer auf das Recht, sondern die einer auf die Gerechtigkeit gegründeten Gemeinschaft. Die prekäre Frage jedoch, ob es sich in einem bestimmten historischen Augenblick tatsächlich um eine solche Manifestation handelt – »die Entscheidung, wann reine Gewalt in einem bestimmten Falle wirklich war« (GS II/1, 203), – überantwortet der Aufsatz einem abschließenden *non liquet*. Mit dieser Zurückhaltung beschränkt Benjamin die Zuständigkeit der Politik in diesem Aufsatz ebenso wie im *Theologisch-politischen Fragment* auf die Ordnung des Profanen.

In der *Kritik der Gewalt* würdigt Benjamin die Technik im weitesten Sinne des Wortes als ein Mittel gewaltloser, »ziviler Übereinkunft« (GS II/1, 192). Diesen Gedanken hätte vermutlich die als Abschluß der geplanten Arbeit über Politik vorgesehene philosophische Kritik von Paul Scheerbarts Asteroïdenroman *Lesabéndio* näher ausgeführt. Aus den verstreuten Äußerungen Benjamins über Scheerbart läßt er sich mit einiger Sicherheit rekonstruieren. Als »die beste aller Welten« (GB II, 54) erweist sich der Planet, auf dem die Handlung des Romans angesiedelt ist, weil er das gelungene Zusammenspiel von Mensch und Technik veranschaulicht. Die Anlehnung an die Theodizee-Formel rechtfertigt sich vor dem Hintergrund der frühen Notizen zur Anthropologie und ihrer metaphysischen Deutung des Schmerzes, auf die Benjamin zurückgreift. Die Erfahrung des Schmerzes nämlich, die der Titelheld des Romans macht und die den anderen Planetenbewohnern in dem Maße zuteil wird, in dem sie in gemeinsamer Erfüllung der Konstruktionspläne Lesabéndios ihren Planeten umgestalten, wird zum Gradmesser des Erfolgs und ihrer eigenen Verwandlung in eine andere Spezies. Die »geistige Überwindung des Technischen«, die Benjamin an Scheerbart rühmt (GS II/2, 619), äußert sich in der Überzeugung, die die Planetenbewohner bei der Umgestaltung ihres Sterns praktisch erproben. Sie lautet, daß

die Technik nicht dazu da sei, die Natur auszubeuten, sondern daß
die Technik, indem sie die Menschen befreie, durch sie brüderlich
die gesamte Schöpfung befreie (GS II/2, 631). In offensichtlicher
Anknüpfung an seine eigenen Spekulationen zum psychophysischen
Problem spricht Benjamin von Scheerbarts »Utopie des Leibes«, die in
einer Vision gipfele, in der »die Erde mit der Menschheit zusammen
einen Leib bildet« (GS VI, 148).

Die hervorragende Bedeutung, die Scheerbart für Benjamins
politische Philosophie und den Stellenwert der Technik in ihrem
Rahmen hat, kommt in einem Interview zum Ausdruck, das er
während seines Aufenthaltes in Moskau im Dezember 1926 einer
sowjetischen Zeitung gab. Als Kunstwissenschaftler nach seiner
Einschätzung des gegenwärtigen Stands der deutschen Literatur
gefragt, verweist Benjamin mit Nachdruck auf die Werke des jüngst
verstorbenen Paul Scheerbart. Seine Bücher seien

»utopische-kosmologische Romane, in denen dem Problem der interpla-
netaren Beziehungen nachgespürt wird und Menschen als Schöpfer von
Maschinen und Erschaffer einer idealen Technik dargestellt werden. Die
Romane sind durchdrungen vom Pathos der Technik, von dem für die
Literatur ganz und gar neuen und ungewohnten Pathos der Maschine,
das indes weit davon entfernt ist, soziale Bedeutung aufzuweisen, weil die
Helden Scheerbarts die Weltharmonie anstreben und das Erschaffen von
Maschinen für sie nicht aus ökonomischen Gründen wichtig ist, sondern
als Beweis für gewisse ideale Wahrheiten« (GS VII/2, 880).

Gerade mit Blick auf die in Sowjetrußland sich derzeit vollziehende
Umstellung der politischen Revolution auf die technische bemerkt
Benjamin, daß Scheerbart wie kein anderer »den revolutionären
Charakter der technischen Arbeit herauszustellen gewußt« (GS
VI, 368) habe.

Das Bild des Menschen, das Scheerbart, der übrigens mit Salomo
Friedlaender eng befreundet war, im Zeichen der Technik entwirft,
hat die Züge des Humanen abgestreift. Scheerbart, so Benjamin,
habe sich für die Frage interessiert, »was unsere Teleskope, unsere
Flugzeuge und Luftraketen aus den ehemaligen Menschen für gänzlich
neue sehens- und liebenswerte Geschöpfe machen« (GS II/1, 216).
Nicht den hybride gesteigerten Menschen, wie Nietzsche ihn dachte,
sondern den Untergang des überkommenen Menschen und seine
Wiedergeburt in der noch unbekannten Gestalt der Menschheit
faßt Benjamins Politik ins Auge:

»Menschen als Spezies stehen zwar seit Jahrzehntausenden am Ende ihrer
Entwicklung; Menschheit als Spezies aber steht an deren Anfang. Ihr
organisiert in der Technik sich eine Physis, in welcher ihr Kontakt mit

dem Kosmos sich neu und anders bildet als in Völkern und Familien«
(GS IV/1, 147).

Hält man diese Zusammenhänge im Blick, dann kündigt die »Wendung zum politischen Denken« (GB III, 60) durchaus keinen Bruch
mit dem Bisherigen an. Schon in Benjamins ersten Bemühungen,
seine eigenen Capreser kommunistischen Signale zu dechiffrieren,
ist der Versuch deutlich zu erkennen, seine frühen metaphysischen
Spekulationen fortan unter marxistischem Vorzeichen in neuen historischen Kontexten experimentell zu erproben. Dabei reformuliert
er seine Überlegungen zum psychophysischen Problem nunmehr
in der Frage nach dem Verhältnis von Theorie und Praxis, die ins
Zentrum seiner Auseinandersetzung mit dem Kommunismus rückt.
Für diese Umakzentuierung ist die durchaus ernsthaft erwogene
Frage nach einem praktischen politischen Engagement zugunsten
des Kommunismus für Benjamins persönliche Entwicklung wohl
von erheblicher, für seine theoretische aber von eher sekundärer
Bedeutung.

Zumindest ebenso bedeutsam wie der Anstoß, den Benjamin Asja
Lacis verdankte, erwies sich die auf ihre Anregung hin erfolgende
Lektüre von Georg Lukács' *Geschichte und Klassenbewußtsein* (1923).
Dem Buch entnahm er die philosophisch gegründete Überzeugung,
daß im Kommunismus das Problem so zu liegen scheine, daß
»eine definitive Einsicht in die Theorie an Praxis [...] gebunden«
sei (GB II, 483). Gerade die überschwengliche Konzeption der
revolutionären Praxis, die Lukács im nachhinein als »messianischen
Utopismus« meinte denunzieren zu müssen und die er durch ihre
geistige Nähe zur Philosophie Georges Sorels zusätzlich diskreditiert sah, hatte seinem Werk in den zwanziger Jahren das Interesse
nicht nur Benjamins gesichert. Auf diese Weise behauptet sich die
Problemstellung der frühesten Notizen, in denen Benjamin seine
Politik am Leitfaden des psychophysischen Problems formulierte,
bis in die Bildvorstellungen und Reflexionen noch der spätesten
Arbeiten. Im Rahmen dessen, was in den *Passagen* und andernorts
unter dem Stichwort ›anthropologischer Materialismus‹ verhandelt
wird, behält auch die Technik ihren zentralen Stellenwert. Der
wahre Politiker weiß, daß die Menschheit an der Technik »nicht
einen Fetisch des Untergangs, sondern einen Schlüssel zum Glück«
besitzt (GS III, 250). Und er weiß, daß wahre Politik sich nicht im
Politiker verkörpert, sondern im revolutionären Glücksrausch der
Menschheit leibhafte Gestalt annimmt.

Literatur. Bolz 1989; Derrida 1991; Figal 1982, 361-377; Figal 1992, 252-269; Haverkamp 1994; Heil 1996; Kambas 1992, 250-269; Kambas 1996, 69-91; Knoche 2000; Lindner 1997, 65-100; Rabinbach 1997, 27-65; Reijen 1998 184-203; Rumpf 1997, 647-667; Steiner 2000, 48-92; Steiner 2001, 463-490.

IV. Publizistisches Engagement und Essayistik 1925 – 1933

1. Profane Erleuchtung: Surrealismus und Politik

Noch bevor die Fakultät ihren ablehnenden Beschluß über den Habilitationsantrag faßte und auf diese Weise Benjamin die Entscheidung abnahm, bekennt dieser in einem Brief vom Mai 1925 an den inzwischen nach Palästina emigrierten Scholem, daß es ihm aus tausend Gründen ferner und ferner liege, »die eigentliche Universitätskarriere einzuschlagen« (GB III, 36). Bereits vor Abgabe der Habilitationsschrift hatte er Kontakte zu Verlagen und Zeitschriften geknüpft und den Grundstein zu seiner beachtlichen publizistischen Karriere in den kommenden Jahren gelegt. So kündigt der Brief an Scholem den Abdruck des gemeinsam mit Asja Lacis verfaßten Essays *Neapel* im wöchentlich erscheinenden *Literaturblatt* der *Frankfurter Zeitung* an. Mit der Unterstützung von Siegfried Kracauer, der das Feuilleton der *FZ* seit 1924 redaktionell betreute, konnte Benjamin zahlreiche Rezensionen und 1931 den großen Essay über Karl Kraus in einer der angesehensten Tageszeitungen der Weimarer Republik veröffentlichen. Eine Reihe kleinerer Arbeiten, darunter der Essay über Julien Green, erschienen in der von Max Rychner (1897-1965) redigierten *Neuen Schweizer Rundschau*.

Von überragender Bedeutung jedoch sollte sich Benjamins Mitarbeit an der von Willy Haas seit 1925 bei Rowohlt und später selbständig herausgegebenen Wochenschrift *Die Literarische Welt* erweisen, an der er, wie er Scholem berichtet, »mit einem ständigen Referat für neuere französische Kunsttheorie beteiligt« sei (GB III, 37). Sowohl zu Rychner als auch zum Rowohlt Verlag hatte Hugo von Hofmannsthal den Kontakt hergestellt. In der *Literarischen Welt*, die sich schnell zum führenden Literaturblatt des Reichs entwickelte, erschienen die Essays über Keller, Proust, Valéry und den Surrealismus sowie die *Kleine Geschichte der Photographie*, um von den weit über hundert Beiträgen nur die wichtigsten zu nennen, auf die sich Benjamins Selbstverständnis als Kritiker und Essayist gründete, bevor die politischen Ereignisse seiner publizistischen Karriere in Deutschland ein jähes Ende setzten.

Das Bild wäre jedoch ohne die Erwägung nicht vollständig, mit der Benjamin in dem erwähnten Brief seine Pläne unterlegt: Sollten sich seine publizistischen und verlegerischen Optionen als

nicht glücklich erweisen, so werde er seine »Beschäftigung mit
marxistischer Politik wahrscheinlich beschleunigen und – mit der
Aussicht in absehbarer Zeit mindestens vorübergehend nach Moskau
zu kommen – in die Partei eintreten« (GB III, 39).

Wie in einem Brennpunkt illustrieren und variieren drei im
Zeitraum von 1925 bis 1927 entstandene, thematisch eng ver-
knüpfte Arbeiten die in dem Brief skizzierten Pläne und Optionen:
das Städtebild *Moskau*, der Aufsatz über den Surrealismus und der
schmale Aphorismenband mit dem Titel *Einbahnstraße*.

Bevor die *Einbahnstraße* 1928 gemeinsam mit dem Trauerspielbuch im Rowohlt Verlag erschien, waren erste Auszüge daraus bereits
1925 im *Berliner Tageblatt* zu lesen. Die Aphorismensammlung
gilt als das sichtbarste Zeugnis der sich in den Jahren nach dem
Scheitern der akademischen Ambitionen vollziehenden Neuorientierung Benjamins, seines Versuchs, sich innerhalb der politisch
links stehenden kritischen Intelligenz zu positionieren. Zugleich
dokumentiert die Veröffentlichung eines Auszugs aus dem Buch,
einer frühen Fassung des *Kaiserpanoramas*, sein Bestreben, Anschluß
an die zeitgenössische künstlerische Avantgarde zu finden. Der Text
wurde 1927 in holländischer Übersetzung in der von Arthur Lehning
(1899-2000) herausgegebenen konstruktivistischen *Internationalen
Revue i 10* gedruckt. Die kurzlebige Zeitschrift erschien zwischen
1927 und 1929 und stand den Künstlern der G-Gruppe um Mies
van der Rohe und Hans Richter nahe.

Der 1927 veröffentlichte Essay *Moskau* geht auf eine Reise in die
sowjetische Hauptstadt zurück, die Benjamin um die Jahreswende
1926/27 unternahm. Auch wenn er weder vor noch nach seiner Reise
in die Sowjetunion der KPD beitrat und auch wenn sein Besuch
in Moskau nicht zuletzt gewichtige private Gründe hatte, ist sein
Bericht dennoch ein Zeugnis zwar nicht seines parteipolitischen
Engagements so doch einer spezifisch politischen Wahrnehmung.

Dasselbe läßt sich über den für die späteren Arbeiten in mehr-
facher Hinsicht richtungsweisenden *Surrealismus*-Essay sagen, den
Benjamin zwei Jahre später als Referent für neuere französische
Kunsttheorie in Diensten der *Literarischen Welt* vorlegte. Auf die
Surrealisten und ihren Kreis war er aber schon früher aufmerksam
geworden: 1924, im Erscheinungsjahr von André Bretons *Manifest
des Surrealismus*, hatte er für das von Hans Richter und Ludwig Mies
van der Rohe mitherausgegebene Journal *G. Zeitschrift für elementare
Gestaltung* einen kurzen Text von Tristan Tzara über Photographie
übersetzt (GS Suppl I, 9-11). Bevor die *Literarische Welt* 1929 den
großen Aufsatz druckte, waren dort Auszüge aus Louis Aragons
Paysan de Paris erschienen, die Benjamin ins Deutsche übertragen

hatte (GS Suppl I, 16-33), und 1927 hatte die renommierte, bei Fischer verlegte *Neue Rundschau* seine *Glosse zum Sürrealismus: Traumkitsch* (GS II/2, 620-22) gedruckt.

Im Dezember 1924 erwähnt Benjamin eine »Broschüre«, mit französischen Namen: eine »Plaquette«, »für Freunde«, in der er seine »Aphorismen, Scherze, Träume« zu versammeln gedenke (GB II, 510). Noch der spätere Titel *Einbahnstraße* verweist implizit auf die französischen Wurzeln des Buches, seine Nähe zum Surrealismus, nicht ohne dabei einen Akzent zu setzen, den die Widmung an Asja Lacis verdeutlicht. Als Ingenieur, der diese Straße »im Autor durchgebrochen hat« (GS IV/1, 83), gibt sie die unumkehrbare und das heißt: die politische Richtung vor. Titel und Gegenstand des Buches sind Programm. Im Inhalt ebenso wie in der graphischen und gedanklichen Gestalt des Buches findet es mittelbaren Ausdruck.

Der erste Aphorismus knüpft unter der Überschrift: »Tankstelle« nicht nur an den Titel an, sondern greift zugleich eine Schlüsselmetapher der Surrealisten auf. In seinem 1926 erschienenen *Paysan de Paris,* einem Grundtext des Surrealismus, hatte Aragon die Tanksäulen als Idole der Moderne gefeiert. An den Fahrbahnen, die dem »Prinzip der Beschleunigung [dienen], das heute das Reisen beherrscht« (Aragon 1926/1975, 140), ersetzen sie die Stationen der Andacht, die ehedem die *via crucis* der Pilger säumten. In ihnen verehrt die Moderne jene blinde Macht der Maschinen, die sich von ihren Schöpfern emanzipiert haben und längst ein von jeder Nützlichkeit befreites Eigenleben führen. So werden sie zu Objekten jener allein bildlichem Denken sich erschließenden Phänomenologie des Alltags, die Aragon unter dem Titel einer »moderne[n] Mythologie« (ebd., 139) imaginiert.

Bereits in der Glosse *Traumkitsch* betont Benjamin diese objektive, der Außenwelt zugewandte Bedeutung, die Traum und Phantasie im Surrealismus haben. Wo die Träume der Romantiker den Weg ins Phantastische bahnten, sind sie den Surrealisten ein »Richtweg ins Banale«, in der »die Technik das Außenbild der Dinge« verändert (GS II/2, 620). An die Stelle des Traums von der blauen Blume, der romantischen Naturbefangenheit, ist die »historische Erleuchtung« getreten. Mit dem objektiven Verständnis der Traumarbeit grenzt Benjamin die Surrealisten aber zugleich auch von der Psychoanalyse ab, indem er ihnen zugute hält, »der Seele weniger als den Dingen auf der Spur« zu sein (GS II/2, 621).

Entsprechend konstatiert der erste Aphorismus der *Einbahnstraße* den Primat der Fakten vor den Überzeugungen, um diese der historischen Stunde geschuldete Maxime sogleich für ein neues Verständnis der Tätigkeit des Schriftstellers fruchtbar zu machen.

Literarische Wirksamkeit könne nur »in strengem Wechsel von Tun und Schreiben zustande kommen«. Dem aber diene nicht »die anspruchsvolle universale Geste des Buches«. Vielmehr gelte es, in Gestalt von »Flugblättern, Broschüren, Zeitschriftenartikeln und Plakaten« Einfluß auszuüben (GS IV/1, 85). Unter der maßgebenden Einsicht, daß, wie es in einem anderen Aphorismus heißt, »das Buch in [seiner] überkommenen Gestalt seinem Ende entgegengeht« (GS IV/1, 102), versammelt die *Einbahnstraße* die Aphorismen, Scherze und Träume ihres Autors. Wenn er Mallarmé, der im *Coup de dés* zum ersten Male »die graphischen Spannungen der Reklame ins Schriftbild verarbeitet« habe, zum Ahnherrn dieser Einsicht macht, hätte er ebenso gut auf Aragon als dessen Enkel verweisen können, in dessen *Paysan de Paris* Reklamezettel, Affichen und Getränkekarten zum Bestandteil des Textes geworden sind, oder auf André Breton, in dessen *Nadja* (1928) Photographien von Gesichtern, Schauplätzen und Gegenständen langatmige Beschreibungen ersetzen. Aber die Surrealisten haben Benjamin nicht nur die Augen für die Dingwelt des Alltags geöffnet, sondern zugleich auch für die Beschränktheit des Blickes, mit dem sie diese Dinge streifen. Diese Gratwanderung zwischen Zustimmung und Kritik wird in dem zwei Jahre nach der *Einbahnstraße* veröffentlichten Essay über den *Sürrealismus* dann zum beherrschenden Thema werden.

In der *Einbahnstraße* beschreibt Benjamin den medialen Wandel am Leitfaden der Zentralmetapher seines Buches. Wie die Straße die Beschleunigung als eine Grunderfahrung der Moderne vergegenwärtigt, so formulieren Aktualität und Reklame ihren Geltungsanspruch an die Adresse der Intellektuellen. Die Geschwindigkeit verändert nicht nur die Wahrnehmung, sondern auch die Funktion und das Selbstverständnis des Schriftstellers. Weil er sich dieser grundlegenden Erfahrung verweigert, sieht Benjamin Karl Kraus auf verlorenem Posten einen hoffnungslosen »Kampf mit der Presse« führen (GS IV/1, 121). Schon längst geht es nicht mehr darum, auf den wohlausgewogenen Urteilsspruch der Kritik zu vertrauen oder mit dessen Ausbleiben deren Verfall zu beklagen. Denn, wie Benjamin konstatiert, ist die Stunde der Kritik »längst abgelaufen« (GS IV/1, 131). Im Horizont der neuen Medien, Benjamin verweist auf Photographie und Film und imaginiert in einem spekulativen Aphorismus sogar die Erfindung des Personalcomputers (GS IV/1, 105), hat die Kritik ihr Recht verloren. An ihre Stelle tritt der Kritiker als »Stratege im Literaturkampf« (GS IV/1, 108), dessen Aufgabe Benjamin nicht zufällig als eine technische beschreibt. Statt auf kritischen Abstand zu dringen, sucht er in der Polemik die Nähe und sieht den Verlust an Objektivität durch den Gewinn an Einflußmöglichkeit bei weitem aufgewogen.

Um den vermeintlichen Widerspruch zu Benjamins bisheriger Auffassung von Kritik zu verstehen, muß man seine Überlegungen im Lichte jenes Briefes lesen, in dem er Scholem seine Zuwendung zu den aktualen und politischen Momenten in seinem Denken erläutert. Das besage, fährt er fort, »die literarische Exegese der deutschen Dichtungen, in der es im besten Falle, wesentlich zu konservieren und das Echte gegen die expressionistischen Verfälschungen zu restaurieren gilt, tritt zurück. Solange ich nicht in der mir gemäßen Haltung des Kommentators an Texte von ganz anderer Bedeutung und Totalität gelange, werde ich eine ›Politik‹ aus mir herausspinnen« (GB II, 511). Zumindest zeitweise scheint Benjamin die Möglichkeit ins Auge gefaßt zu haben, daß sich ihm Texte, die diesem Anspruch genügen, in der hebräisch-jüdischen Tradition erschließen könnten. Der nicht zuletzt zu diesem Zweck mit der Unterstützung Scholems in den Jahren 1928/29 eher halbherzig verfolgte Plan einer Palästinareise wurde jedoch nie realisiert (Scholem 1975, 172-195). Zum anderen erwähnt ein um 1928 verfaßter Lebenslauf den »Plan eines Buches über die drei großen Metaphysiker unter den Dichtern der Gegenwart: Franz Kafka, James Joyce, Marcel Proust« (GS VI, 219). Die Folgezeit zeigt jedenfalls, daß Benjamins politische Orientierung immer wieder mit der nach eigenem Bekunden ihm gemäßen Haltung des Kommentators in eine fruchtbare Spannung trat.

Auch ohne Parteizugehörigkeit läßt Benjamins Beurteilung der politischen Lage in der *Einbahnstraße* einen unorthodoxen, auf der äußersten linken Seite des politischen Spektrums anzusiedelnden Standort erkennen. Die Bourgeoisie sei zum Untergang verurteilt; die Frage sei nur, ob sie an sich selber oder durch das Proletariat zugrunde gehe. Wenn ihre »Abschaffung [...] nicht bis zu einem fast berechenbaren Augenblick der wirtschaftlichen und technischen Entwicklung vollzogen« sei, den Inflation und Gaskrieg signalisieren, dann sei alles verloren (GS IV/1, 122). Dieser apokalyptischen Prognose stellt Benjamin in dem das Buch abschließenden Stück »Zum Planetarium« die Vision einer im planetarischen Maßstab sich vollziehenden und durch die Technik ermöglichten Aussöhnung von Mensch und Natur entgegen, die noch einmal sämtliche Motive seines politischen Denkens versammelt. In seinem Zentrum steht die Metaphysik des Kollektivleibs, der in »der Macht des Proletariats« den »Gradmesser seiner Gesundung« hat (GS IV/1, 148).

An dieser Grundeinstellung ändert sich auch in der Konfrontation mit den postrevolutionären Verhältnissen in der Sowjetunion nichts. Benjamins zweimonatiger Aufenthalt in Moskau um die

Jahreswende 1926/27 hatte aber vor allem einen privaten Grund. Über die für ihn enttäuschend verlaufende Liebesbeziehung zu Asja Lacis legt das *Moskauer Tagebuch*, eine der wenigen erhaltenen privaten Aufzeichnungen Benjamins, erschütternde Rechenschaft ab. Diese Tagebuchaufzeichnungen bilden zugleich die Grundlage des Essays, den Benjamin 1927 in der von Martin Buber herausgegebenen Zeitschrift *Die Kreatur* veröffentlichte.

In einem Schreiben an Buber umreißt er seine nicht nur für diesen Text maßgeblichen Intentionen. Er wolle »eine Darstellung der Stadt Moskau in diesem Augenblick geben, in der ›alles Faktische schon Theorie‹« sei (GB III, 232). Die Berufung auf Goethe – das Zitat im Zitat ist den *Maximen und Reflexionen* zur *Naturwissenschaft im Allgemeinen* entnommen – hat durchaus epistemologische Methode. Bis in die Zeit seiner Exilschriften wird Benjamin die Ausarbeitung einer Erkenntnistheorie der Geschichte beschäftigen, in deren theoretischen Grundlagen sich seine frühe Goethe-Kritik mit seiner kritischen Rezeption des Surrealismus berührt. Die Pointe des Goethe-Zitats in dem Brief an Buber besteht in dessen Anwendung auf einen historischen Gegenstand. So ist es denn alles andere als beiläufig, daß Benjamin zu Beginn seines Essays den Leser nachdrücklich auf das »Faktum ›Sowjet-Rußland‹« hinweist, das einen »Wendepunkt historischen Geschehens« wenn nicht setze, so doch anzeige (GS IV/1, 317). Die Tatsache also, daß in Rußland eine bolschewistische Revolution stattgefunden hat, ist das irreversible Faktum, mit dem der Besucher den Schlüssel für das Verständnis dessen in Händen hält, was sich seinen Augen darbietet.

Als Benjamin nach Moskau reiste, lag die Oktoberrevolution bereits zehn Jahre zurück; im Januar 1927 beging man den dritten Todestag Lenins. Zwar hatte dessen ›Neue Ökonomische Politik‹ dem Land eine Phase relativer innerer und ökonomischer Stabilität verschafft, allerdings um den Preis einer hohen Arbeitslosigkeit vor allem in den Städten und der Entstehung einer neuen Bourgeoisie. Von einem Sieg des Sozialismus konnte kaum die Rede sein. Während der Personenkult um Lenin die Popularität der Bolschewiki in der Bevölkerung zu verankern schien, spielte sich hinter den Kulissen ein erbitterter Machtkampf ab. Die Entmachtung Trotzkis durch Stalin zeigte erste Folgen: Zwei Monate bevor Benjamin im Dezember 1926 in Moskau eintraf, mußte Trotzki das Politbüro verlassen, und auf dem XV. Parteitag der KPdSU im Dezember 1927 wurde er aus der Partei ausgeschlossen, zwei Jahre später des Landes verwiesen.

Bei nur geringer Kenntnis dieser Vorgänge und ohne sich auf Prognosen einzulassen, bezeugt Benjamins Essay ein bemerkenswertes Gespür für die Umbruchsituation, in der sich die Sowjetunion befand. Auf die Prämissen, die seinem Bericht zugrunde liegen, enthält die in Rußland gewonnene »neue Optik« (GS IV/1, 316) einen ersten Hinweis: Von Moskau aus gesehen, stelle sich Berlin als eine »menschenleere Stadt« dar (GS IV/1, 317). Diese Beobachtung macht die Probe auf das revolutionäre Faktum, daß der »Bolschewismus das Privatleben abgeschafft« hat (GS IV/1, 327). Die Umgestaltung der Wohnverhältnisse reflektiert nicht nur den beruflichen Alltag, sondern hat auch das Bild der von den Massen bevölkerten Straßen entscheidend geprägt.

Auf diesen Zusammenhang war Benjamin bereits Jahre zuvor in Neapel aufmerksam geworden. Wohnverhältnisse, wie sie in Moskau die Revolution gezeitigt hatte, waren im italienischen Süden, begünstigt durch das Klima, als Folge von Armut und Elend entstanden. Die in den Straßen und Elendsvierteln beobachtete Aufsprengung der Privatexistenz ruft nicht nur einen vorzivilisierten, kollektiven Zustand des behausten Zusammenlebens in Erinnerung, sondern weist zugleich auf einen Zustand voraus, in dem die bürgerliche Trennung von privat und öffentlich, von Stube und Straße, überwunden wäre (GS IV/1, 314). In der Durchdringung archaischer und moderner Formen des Wohnens entziffert Benjamin die Signatur einer Zeitenwende, die nach einer Architektur verlangt, die den Bedürfnissen des Kollektivs Rechnung trägt. Wie er in einer Rezension aus dem Jahr 1929 notiert, hat

»dem Wohnen im alten Sinne, dem die Geborgenheit an erster Stelle stand, die Stunde geschlagen [...]. Giedion, Mendelssohn, Corbusier machen den Aufenthaltsort von Menschen vor allem zum Durchgangsraum aller erdenklichen Kräfte und Wellen von Licht und Luft. Was kommt, steht im Zeichen der Transparenz: nicht nur der Räume, sondern, wenn wir den Russen glauben, die jetzt die Abschaffung des Sonntags zugunsten von beweglichen Feierschichten vorhaben, sogar der Wochen« (GS III, 196f.).

Es ist diese im doppelten Sinne des Wortes historische Erfahrung, der Benjamin in den Schriften der Surrealisten begegnet. Nichts anderes meint die »profane Erleuchtung«, der Schlüsselbegriff seines Essays. Die Hoffnung, auf die der doppeldeutige Titel von Bretons *Nadja* anspielt, indem er sowohl einen Frauennamen meint als auch auf das russische Wort für Hoffnung anspielt (Breton 1928/2002, 56), gilt nicht zuletzt der Klärung der zu Beginn der Erzählung aufgeworfenen Frage nach der eigenen Identität. Um ihr näherzukommen, so Breton, bewohne er weiter sein Glashaus, wo ihm früher oder später vor Augen treten werde, wer er sei (ebd. 15). Seinem Leser Benjamin, dem Kenner Scheerbarts, des Autors der

Glasarchitektur (1914), hätte er kein passenderes Stichwort geben können: »Im Glashaus zu leben«, so greift der Essay das Stichwort auf, »ist eine revolutionäre Tugend par excellence« (GS II/1, 298). Scheerbart verdankt Benjamin die an anderer Stelle notierte Einsicht, daß »Architektur der Kanon aller Hervorbringungen« sein werde (GS VI, 148). In derselben Weise, wie er Bretons metaphorische Rede beim Wort nimmt, geht es Benjamin darum, die entscheidende historische Erfahrung und damit zugleich den revolutionären Kern des Surrealismus vor dessen ästhetischem Selbstmißverständnis zu bewahren.

Vor diesem Mißverständnis ist nach Benjamins Überzeugung der deutsche Beobachter der vermeintlich fortgeschritteneren französischen Avantgarde gefeit. Als Deutscher sei er »längst mit der Krisis der Intelligenz, genauer gesagt, des humanistischen Freiheitsbegriffs vertraut«. Er wisse um ihren frenetischen Willen, »aus dem Stadium der ewigen Diskussion heraus und um jeden Preis zur Entscheidung zu kommen«. Wer die exponierte Stellung der Intelligenz »zwischen anarchistischer Fronde und revolutionärer Disziplin am eigenen Leib hat erfahren müssen«, der lasse sich durch den oberflächlichsten Augenschein nicht täuschen (GS II/1, 295), heißt es in der Einleitungspassage des Essays. Dabei handelt es sich teilweise um ein Selbstzitat aus einer Rezension, in der Benjamin sich mit der aufsehenerregenden Kampfschrift des konservativen Kulturkritikers Julien Benda *La trahison des clercs* (1927) auseinandersetzt. Benda hatte im politischen Engagement der Intellektuellen seiner Tage einen Verrat an ihrem ursprünglich überparteilichen, humanistischen Auftrag gesehen. Demgegenüber erkennt Benjamin in der Politisierung ein Indiz für den irreversiblen »Untergang der freien Intelligenz«, der »wenn nicht allein so doch entscheidend wirtschaftlich bedingt« (GS III, 113) sei. Diesen Fluchtpunkt hat Benjamin im Sinn, wenn er seinem Essay den Untertitel: »Die letzte Momentaufnahme der europäischen Intelligenz« gibt.

Benjamin liest die Schriften der Surrealisten gleichsam gegen den Strich. Im Glauben an die »Allmacht des Traumes«, den Breton im *Manifest des Surrealismus* verkündet hatte (Breton 1924/1977, 27), in der Apotheose von Phantasie und Rausch, mit der die Surrealisten an die Romantik anknüpfen, manifestiert sich in seiner Lesart nicht etwa eine neue literarische Bewegung. Vielmehr kündigt sich in diesen Parolen eine spezifische, von den Surrealisten selbst jedoch theoretisch nur unzureichend durchschaute Erfahrung an. Im Gegensatz zum Drogenrausch oder zu den religiösen Ekstasen begreift Benjamin diese Erfahrung als eine »profane Erleuchtung«, die jedoch »den Surrealismus nicht immer auf ihrer, seiner Höhe gefunden«

habe. Bereits Lenin habe diese beiden Dinge zusammengebracht, indem er die Religion »Opium fürs Volk« nannte (GS II/1, 297). Auch wenn das Zitat nicht von Lenin sondern von Marx stammt und Benjamin zudem falsch zitiert (»Opium des Volkes« heißt es in der Einleitung zur *Kritik der Hegelschen Rechtsphilosophie*), so ist doch die Stoßrichtung des Gedankens klar. Die Erfahrung, die die Surrealisten in den Großstädten machen, die sie in ihren Schriften zu Zeitzeugen einer von der Technik radikal veränderten Lebenswelt werden läßt, gelte es, »in revolutionärer Erfahrung, wenn nicht Handlung, ein[zu]lösen« (GS II/1, 300).

1929 konnte Benjamin bereits deutliche Anzeichen dafür erkennen, daß der Surrealismus der von ihm gewiesenen Richtung folgen werde. Der im Essay wiederholt zustimmend zitierte Pierre Naville hatte bereits den Schritt in die KPF getan; Breton und Aragon sollten ihm bald folgen. Aber Benjamins Essay ist für das deutsche Publikum geschrieben, und der Parteieintritt, zu dem er selbst sich nicht entschließen konnte, schien ihm denn doch nicht notwendig die Antwort auf alle Fragen zu sein. Das Programm des »anthropologischen Materialismus«, zu dessen Fürsprecher sich der Essay am Ende macht, und für den er sich auf »Hebel, Georg Büchner, Nietzsche, Rimbaud« (GS II/1, 309f.) sowie zuvor ein weiteres Mal auf die »gut ventilierten Utopien eines Scheerbart« (GS II/1, 303) beruft, wäre letztlich nicht aus Marx oder Lenin, sondern aus Benjamins eigenen frühen Schriften zu rekonstruieren. Für diesen selbst wird die Kenntnisnahme der Grundschriften des Historischen Materialismus noch bis in die späten dreißiger Jahre ein Desiderat bleiben.

Literatur: Fürnkäs 1988; Hillach 1978, 127-167; Jennings 1999, 517-528; Köhn 1989; Kracauer 1928/1977, 249-255; Lehning 1992; Müller, M. 1978, 278-323; Richter 2002, 125-163; Schlaffer 1986, 137-154; Schöttker 1999, 173-203; Szondi 1963/1978, 295-309; Weigel 1997, 113-129; Wohlfarth 1987, 47-65; Wohlfarth 1986, 116-173; Wolin 1982/1994, 107-137.

2. Der »Stratege im Literaturkampf«

Die Strategie, die Benjamin im Literaturkampf der Weimarer Republik verfolgt, ist durch den von ihm wiederholt diagnostizierten Untergang der freien Intelligenz vorgezeichnet. Die Symptome dieser Krise lassen sich zum einen an der Krise der Kunst und des Literaturbetriebs, zum anderen aber an der Krise der Bildung und ihrer wichtigsten Institution, der Universität, ablesen. Dement-

sprechend bespricht Benjamin in den Jahren 1926 bis 1933 neben
einschlägigen literarischen Neuerscheinungen mit einem Schwer-
punkt auf Frankreich auch eine beträchtliche Zahl ausgewählter
wissenschaftlicher Publikationen.

Zur Anwendung einer materialistischen Betrachtung sei er nicht
durch kommunistische Propaganda gelangt, sondern unter dem
Eindruck der repräsentativen Werke, die in seiner Wissenschaft, der
Literaturgeschichte und der Kritik, in den letzten Jahren erschienen
seien. Von der bürgerlichen Wissenschaft, fährt er in einem wichtigen,
Anfang 1931 an Max Rychner gerichteten Brief fort, sei er bereits
durch die »metaphysische Grundrichtung« seiner Forschungen denkbar weit entfernt gewesen. »Wie weit gerade eine strenge Beobachtung
der echten akademischen Forschungsmethoden von der heutigen
Haltung des bürgerlich-idealistischen Wissenschaftsbetriebs abführt«,
darauf habe das Trauerspielbuch die Probe gemacht, indem es »von
keinem deutschen Akademiker irgend einer Anzeige ist gewürdigt
worden« (GB IV, 18). Bereits in der *Einbahnstraße* hatte Benjamin
die Aktualität der Wissenschaft nicht in vermeintlich modischen
Themen, sondern in der Reflexion ihrer Methoden und Techniken
verbürgt gesehen. Zwischen dem Zettelkasten des Forschers und dem
des Gelehrten stelle schon heute das Buch eine »veraltete Vermittlung«
dar (GS IV/1, 103). Auf diese Weise antizipiere die Wissenschaft
im Grunde die Einsicht, daß das Buch in seiner überkommenen
Form seinem Ende entgegengehe. Dem gilt es in der Behandlung
ihrer Gegenstände Rechnung zu tragen.

In seiner Kritik der Wissenschaft präsentiert sich Benjamin,
auf den sich posthum zahllose akademische Moden als auf ihren
Vorläufer berufen sollten, auf eine intrikate Weise konservativ. In
seiner Gegenwart sah er den Aufstieg des heute erst recht nicht
unbekannten »Typ[s] des jüngeren Hochschullehrers [...], der die
›Erneuerung‹ zu fördern glaubt, indem er die Grenzen seines Faches
gegen den Journalismus verschleift« (GS III, 301). Die Geisteswissenschaften hätten niemanden, »der willens wäre, ihre Tradition auf
einem Katheder fortzusetzen« (GS IV/2, 925). In einem nicht in die
Druckfassung aufgenommen Stück der *Einbahnstraße* zeigt er sich
überzeugt davon, daß geisteswissenschaftliche Lehre und Forschung
notwendig esoterisch zu sein haben und ihre Gesetze und Formen
dem großen Forscher letztlich »als theologisch bedingt erscheinen«
müssen. Damit ist indes weniger eine Weltanschauung als vielmehr
eine Auffassung von der Dignität der Wissenschaft gemeint, die in
der Vision einer elitären Institution mündet, in der die »Praxis des
Seminars als ein privatissimum« die Regel ist und der Ausstattung mit
Forschungsmitteln keine Grenzen gesetzt sind: »In Amerika, wohin

die Dinge, welche der über das Inventar Mittel- und Westeuropas
verhängten Zerstörung entgehen, sich flüchten werden, wird man
den Ursprung solcher akademischen Verfassungen vermuten« (GS
IV/2, 926). Benjamins unter dem Eindruck der Hyperinflation des
Jahres 1923 notierte lakonische Bemerkung dürfte heute nichts von
ihrer Aktualität eingebüßt haben.

Bei der Besetzung der Lehrstühle in den Geisteswissenschaften
zeichneten sich ihm zwei Tendenzen ab. Neben schöngeistigen
Sektierern, die ohne jedes Verantwortungsgefühl an der Universität
nur desto sicherer zu privatisieren hofften, werden die Lehrstühle
mit »Condottiere-Naturen« besetzt, denen die Akademie als aus-
sichtsreichster Ort erscheine, Einfluß im Sinne ihrer Sendung auszuüben (GS IV/2, 925). Diese Diagnose sah Benjamin zu Beginn
der dreißiger Jahre bestätigt: »In zehn Jahren werden die Katheder
reinlich zwischen Hochstaplern und Sektierern sich aufgeteilt haben.
Die Eroberung von Lehrstühlen durch die Schule Georges war das
erste Symptom« (GS VI, 163).

Dieses Schema läßt sich in Benjamins Rezensionen wissenschaftlicher Publikationen in etwa wiedererkennen. So gelten zwei Besprechungen bedeutenden Arbeiten aus dem Umkreis Georges.
Sowohl in der Rezension der *Gryphius*-Studie (1928) von Gundolf
als auch in der ausführlichen Auseinandersetzung mit Max Kom-
merells *Der Dichter als Führer in der deutschen Klassik* (1928) stehen
methodologische Einwände im Zentrum. Gegen Gundolf gibt
Benjamin zu bedenken, daß ein Zugang zu den Dichtungen des
Barock sich einzig auf dem Weg einer Beschäftigung mit der »For-
menwelt«, eines »Studiums ihrer Sprachform«, eröffne, wohingegen
die Figur des Dichters, von der Gundolf ausgehe, dem Barock fremd
sei (GS III, 87f.). Während im Falle Gundolfs implizit das Trauerspielbuch die Folie der Kritik bereitstellt, mobilisiert die Kommerell-
Rezension entscheidende Einsichten der Dissertation. Jede »dialektische Betrachtung der Georgeschen Dichtung« – und, wie zu
ergänzen ist: ihrer Auffassung vom Dichter – werde »die Romantik
ins Zentrum stellen, jede heroisierende, orthodoxe kann nichts
Klügeres tun, als sie so nichtig wie möglich zeigen« (GS III, 254).
Indem er den Dichter zum Führer stilisiere, ihn nach dem Vorbild
des antiken Heros modelliere, konstruiere Kommerell (1902-1944)
die Klassik »als den ersten kanonischen Fall eines deutschen Auf-
stands wider die Zeit, eines heiligen Kriegs der Deutschen gegen's
Jahrhundert, wie ihn George später ausrief« (GS III, 255). So ge-
rate sein Buch, dem Benjamin das Attribut zuerkennt, auf seine
Weise ein Meisterwerk zu sein, zu einer »Heilsgeschichte der Deutschen« (GS III, 254), die als eine Art *magna charta* des deutschen

Konservativismus im Bannkreis der Schau verbleibe und sich der
Gegenwart verweigere.

Neben Heinz Kindermann (1894-1985), der im ›Dritten Reich‹
eine glänzende Karriere machen sollte, gilt Oskar Walzel (1864-
1944) Benjamin als Repräsentant des zweiten Typus arrivierter
Hochschullehrer, in deren Publikationen die Wissenschaft den
Ehrgeiz verfolge, »an Informiertheit es mit jedem hauptstädtischen
Mittagsblatt aufnehmen zu können« (GS III, 289). Dabei richtet
sich seine Polemik zum einen auf das auf Dilthey zurückgehende
hermeneutische Konzept des ›Erlebnisses‹ bzw. der ›Einfühlung‹.
Zum anderen auf die Orientierung der Literaturgeschichtsschrei-
bung an universalhistorischen Synthesen, für die Walzel nach dem
Vorbild Fritz Strichs auf die formalen ›Grundbegriffe‹ zurückgriff,
die der Kunsthistoriker Heinrich Wölfflin (1864-1945) für die
Stilbeschreibung in der Kunstgeschichte entwickelt hatte. Was auf
diese Weise erschlossen werde, sei »nicht die Dichtung, sondern das
Schreiben und Reden darüber« (GS III, 50). Der literaturhistorischen
Konstruktion aber liege letztlich ein durch den Neukantianismus
geprägter Kulturbegriff zugrunde, in dessen Zentrum Rickert und
Windelband den Wertbegriff verankert haben. Im so determinierten
»geile[n] Drang aufs ›große Ganze‹« (GS III, 51 bzw. 286) erkennt
Benjamin sowohl in Walzels *Wortkunstwerk* (1926) als auch in der von
Emil Ermatinger verantworteten repräsentativen Aufsatzsammlung
Philosophie der Literaturwissenschaft (1930), zu dessen Autoren auch
der Frankfurter Ordinarius Franz Schultz zählt, das Unglück dieses
Ansatzes. In diesem Sumpf ist »die Hydra der Schulästhetik mit
ihren sieben Köpfen: Schöpfertum, Einfühlung, Zeitentbundenheit,
Nachschöpfung, Miterleben, Illusion und Kunstgenuß zu Hause«
(GS III, 286), der Benjamin den Kampf ansagt.

Demgegenüber erinnert er daran, daß die frühere Germanistik
die Literatur ihrer Zeit als Gegenstand weitgehend ausschied. Ihre
asketische Lebensregel sei es gewesen, »ihrer Epoche unmittelbar in
der ihr adäquaten Durchforschung des Gewesenen« dienen zu wollen
(GS III, 289). An anderer Stelle beruft Benjamin sich explizit auf
die Brüder Grimm und sieht in dem ursprünglich polemisch gegen
die Gründungsväter der Germanistik gerichteten Schlagwort von
der »Andacht zum Unbedeutenden« den »Geist wahrer Philologie«
zum Ausdruck gebracht und damit zugleich sein eigenes Anliegen
umschrieben (GS III, 366). Wie wenig das mit dem philologischen
Ethos der Grimms, um wieviel mehr aber mit seinem eigenen,
insbesondere im Trauerspielbuch praktizierten Ansatz zu tun hat,
verdeutlicht der Hinweis auf die als vorbildlich empfundenen Arbeiten Konrad Burdachs und der Gelehrten im Umkreis der Bibliothek

Warburg, denen er sich in seinem Barockbuch verpflichtet wußte
(GS III, 374).

Auf diesen Kontext verweist schließlich auch die wiederholt
bemühte Forderung wahlweise nach einer »monographischen Behandlung der Werke und der Formen« (GS III, 289) oder nach
einer Konzentration auf die »radikale Einzigkeit des Kunstwerks«,
an dessen »Inneres als [...] das einer Monade« (GS III, 51) sich Liebe zur Sache zu halten habe. Einzig in der »Erforschung einzelner
Gebilde« (GS III, 365) eröffne sich der Forschung der Weg, auf den
konkreten Grund des »geschichtlichen Gewesenseins« vorzudringen
und eben darin auch die Gewähr, »niemals die lebendigen Anliegen
ihrer Gegenwart« zu verfehlen (GS III, 366). Diesen Weg aber habe
nicht Wölfflin mit seinen *Kunstgeschichtlichen Grundbegriffen* (1915),
sondern der von Benjamin bereits im Trauerspielbuch gewürdigte
Alois Riegl mit seiner Studie zur *Spätrömischen Kunstindustrie* (1901)
gewiesen, in der er die »konventionelle Universalhistorie mit ihren
sogenannten ›Höhepunkten‹ und ›Verfallszeiten‹« überwunden habe
(GS III, 373). Der heutige Leser könne in Riegls Buch unterirdisch
die Kräfte spüren, die dann im Expressionismus zutage traten.

Nach diesem Vorbild mündet Benjamins Kritik des zeitgenössischen Wissenschaftsbetriebes in Ansätze zu einer Rezeptionstheorie,
die nicht mit dem in der Literaturwissenschaft so genannten Ansatz
verwechselt werden sollte, weil in ihrem Rahmen das literaturhis-
torische Anliegen ein eher marginales ist. Wenn Benjamin dazu
auffordert, das einzelne Werk in seinem geschichtlichen Wirkungs-
kreis: seiner zeitgenössischen Rezeption, seinen Übersetzungen und
seinem Ruhm, zu betrachten, dann weil es sich für Benjamin nicht
darum handelt, »die Werke des Schrifttums im Zusammenhang ihrer
Zeit darzustellen, sondern in der Zeit, da entstanden, die Zeit, die
sie erkennt – das ist die unsere – zur Darstellung zu bringen« (GS
III, 290). Dies ist ein Gedanke, der für seine Geschichtsphilosophie grundlegend bleiben wird. Er kommt auch in seiner auf den
ersten Blick überraschenden Forderung nach einer Trennung von
Forschung und Lehre im akademischen Betrieb zum Ausdruck. Ins
Zentrum der Lehre sollten solche Gehalte rücken, die gerade erst in
den Bildungskreis einrückten. Für sie aber gelte, daß es »vielleicht
weniger auf eine Erneuerung des Lehrbetriebs durch die Forschung
als vielmehr der Forschung durch den Lehrbetrieb« ankomme (GS
III, 288; VI, 173).

Unausgesprochen mißt Benjamin nicht nur den zeitgenössischen
akademischen Betrieb an den Maßstäben und Einsichten, zu denen
er selbst in seiner von diesem abgelehnten Habilitationsschrift gelangt war. Aus der Sicht der Gegenwart hatte sich ihm die Aktualität

des Barock im Zeichen des Bewußtseins von der »Problematik der
Kunst« erwiesen. Diesem Krisenbewußtsein gilt es in der Gegenwart Rechnung zu tragen. Nicht von ungefähr attestiert Benjamin
dieses Bewußtsein einem Kritiker, der sich in seinen Schriften
einer theologischen Betrachtungsweise verschrieben hat. Dieser
Zusammenhang bildet den Ausgangspunkt seiner Besprechung
einer von Willy Haas vorgelegten Essaysammlung, die 1931 in der
Neuen Rundschau erschien. In seinen Aufsätzen bahne Haas sich
den »Weg zum Kunstwerk durch Zertrümmerung der Lehre vom
›Gebiet‹ der Kunst«. Das Grundmotiv seiner Betrachtung sei die
Überzeugung, daß die »theologische Erleuchtung der Werke« zugleich
die »eigentliche Interpretation ihrer politischen so gut wie ihrer
modischen, ihrer wirtschaftlichen so gut wie ihrer metaphysischen
Bestimmungen ist«. Indem sich Haas in seinen Arbeiten auf diese
Weise destruktiv gegen die Kunst wende, setze sich seine theologische Haltung der historisch-materialistischen Haltung mit einem
Radikalismus entgegen, »der sie zu ihrem Gegenpol macht« (GS
III, 277). Für Benjamin steht Haas an jenem Scheideweg, der ihn
selbst zu der Einsicht geführt hatte, daß von seinem »sehr besonderen
sprachphilosophischen Standort aus es zur Betrachtungsweise des
dialektischen Materialismus eine – wenn auch noch so gespannte
und problematische – Vermittlung gibt, zur Saturiertheit der bürgerlichen Wissenschaft aber garkeine« (GB IV, 18).

Benjamins nicht selten polemische, bisweilen unnachsichtige
Auseinandersetzung mit Vertretern der linken bürgerlichen Intelli-
genz der Weimarer Republik hat hier ihren Ausgangspunkt. In ihren
Schriften entdeckt er eine »sehr spezifische Haltung«, in der das ironische Eingeständnis der ausweglosen Lage des Intellektuellen einen
»Einschlag von Verantwortungslosigkeit« erhalte (GS III, 173). Im
Klartext heißt das: »Die Position eines humanistischen Anarchismus
[...] ist unrettbar verloren« (GS III, 175). Entsprechend illusionär
sei die Vorstellung eines Emanzipiertseins zwischen oder über den
Klassen. Die linksradikalen Publizisten wie etwa Kästner, Mehring
oder Tucholsky denunziert Benjamin als »die proletarische Mimikry
des zerfallenen Bürgertums« (GS III, 280). An prominenter Stelle, in
der SPD-nahen, von Rudolf Hilferding herausgegebenen *Gesellschaft*
wirft er ihnen 1931 vor, Agenten aller geistigen Konjunkturen, vom
Aktivismus über den Expressionismus bis zur Neuen Sachlichkeit
gewesen zu sein. »Ihre politische Bedeutung aber erschöpfte sich
mit der Umsetzung revolutionärer Reflexe, soweit sie am Bürgertum
auftraten, in Gegenstände der Zerstreuung, des Amüsements, die
sich dem Konsum zuführen ließen« (GS III, 280f.). Die Melancholie
der Lyrik Erich Kästners (1899-1974) sei der Reflex einer Haltung,

»der überhaupt keine politische Aktion mehr entspricht«, weil sie »links vom Möglichen überhaupt« stehe (GS III, 281). Entsprechend muß sich Kurt Hiller, der Hauptvertreter des Aktivismus, in dessen Zeitschrift *Das Ziel* 1915 Benjamins Aufsatz das *Leben der Studenten* erschienen war, vorhalten lassen, einem Bild von Herrschaft das Wort zu reden, »das keinerlei politischen Sinn besitzt, es sei denn zu verraten, wie selbst die deklassierte Bourgeoisie sich von gewissen Idealen ihrer Glanzzeit nicht trennen kann« (GS III, 351).

Politisch aber nennt Benjamin einen Gedanken, der sich nicht einer idealistisch-utopischen Zielsetzung verschreibt, sondern dem es gelingt, auf historischem Terrain die »Massen in Bewegung zu setzen« (GS III, 351). Brecht, dessen Schlagwort von der »Kunst in anderer Leute Köpfe zu denken« Benjamin in diesem Kontext zitiert, dient ihm nicht nur in der Hiller-Rezension als Gegenbild. Während der Effekt bei Mehring das letzte Wort behalte, habe sich das Chanson bei Brecht vom Brettl und, indem es verändernde Kraft gewonnen habe, von der Décadence emanzipiert (GS III, 183). Wo Kästners Lyrik sich in Süffisanz und Fatalismus erschöpfe, schaffen die Gedichte Brechts »Besinnung und Tat« und erfüllen damit »die Aufgabe jeder politischen Lyrik« (GS III, 283).

In seiner Kritik der linksradikalen bürgerlichen Intelligenz fand Benjamin in Siegfried Kracauer einen wichtigen Alliierten. Kracauers Studie über *Die Angestellten* (1930) widmete Benjamin einen ausführlichen Essay in der *Gesellschaft* und eine kürzere Anzeige in der *Literarischen Welt*. In der *Gesellschaft* erschien Benjamins Text unter dem von der Redaktion gewählten, vom Autor in seinem Handexemplar jedoch zurückgewiesenen Titel »Politisierung der Intelligenz« im Rahmen einer Debatte zur Lage der Intellektuellen, die die Publikation von Karl Mannheims *Ideologie und Utopie* (1929) und dessen These von der »freischwebenden Intelligenz« ausgelöst hatte. Ausdrücklich gilt Kracauers Untersuchung ihm »im Gegensatz zu den radikalen Modeprodukten der neuesten Schule als ein Markstein auf dem Wege der Politisierung der Intelligenz« (GS III, 225). Das hat seinen Grund nicht allein in der politischen Haltung des Autors, sondern mehr noch in den diese begründenden methodologischen Prämissen seiner Studie. Wie Kracauer selbst es ausdrückte, hatte er versucht, die »Struktur der Realität« wirklich zu durchdringen, statt wie der Radikalismus von der Beletage seine Verfügungen zu treffen. Denn wie solle der Alltag sich wandeln, hatte er gefragt, »wenn auch die ihn unbeachtet lassen, die dazu berufen wären, ihn aufzurühren?« (Kracauer 1930/1974, 109)

Wenn Benjamin an Kracauer beobachtet, daß er auf jene »surrealistischen Überblendungen« ausgehe, die nicht nur, wie wir es

von Freud gelernt haben, den Traum, und nicht nur, wie wir es von
Klee und Ernst wissen, die sinnliche Welt, »sondern eben auch die
soziale Wirklichkeit kennzeichnen« (GS III, 227), dann nimmt er
ihn implizit für ein Programm in Anspruch, das er selbst in diesen
Jahren in kritischer Auseinandersetzung mit dem Surrealismus in
seiner unvollendet gebliebenen Arbeit über die *Pariser Passagen* verfolgen wird. Als unmittelbares Verdienst aber hält Benjamins Essay
Kracauer »eine konstruktive theoretische Schulung« zugute,

»die sich weder an den Snob noch an den Arbeiter wendet, dafür aber etwas
Wirkliches, Nachweisbares zu fördern imstande ist: nämlich die Politisierung
der eigenen Klasse. Diese indirekte Wirkung ist die einzige, die ein schrei-
bender Revolutionär aus der Bürgerklasse heute sich vorsetzen kann. Direkte
Wirksamkeit kann nur aus der Praxis hervorgehen« (GS III, 225).

Den beiden programmatischen Essays über Kästner und Kracauer
ist die nicht minder grundsätzliche Auseinandersetzung mit der
von Ernst Jünger (1895-1998) herausgegebenen Aufsatzsammlung
Krieg und Krieger (1930) an die Seite zu stellen, die Benjamin 1930
ebenfalls in der *Gesellschaft* unter dem Titel *Theorien des deutschen
Faschismus* veröffentlichte. Die Scharmützel mit der linken Intelligenz
halten den Strategen im Literaturkampf der Weimarer Republik
nicht von dem fälligen Generalangriff auf den sich formierenden
Rechtskonservatismus ab.

Auch die Autoren um Jünger können ihre Herkunft aus der
Décadence nicht leugnen. In der für ihre politische Haltung entscheidenden Erfahrung des Ersten Weltkriegs, die ihre Schriften
bezeugt, erkennt Benjamin »eine hemmungslose Übertragung der
Thesen des L'Art pour L'Art auf den Krieg« (GS III, 240). Zum
Kult eines schicksalsergebenen Heroismus können die Autoren
des Bandes das Kriegserlebnis aber nur deshalb ästhetisieren, weil
sie über die technische Seite des Krieges, die ihnen im anonymen
Massensterben in den Materialschlachten eher irritierend entge-
gentritt, hinwegsehen.

Eben hier setzt Benjamins Kritik an. Die technischen Mittel,
die, von den Eigentumsverhältnissen eingeschränkt, im Alltag keine adäquate Ausnutzung finden, rechtfertigen sich im Krieg. Der
Krieg trete mit seinen Zerstörungen den Beweis dafür an, »daß die
soziale Wirklichkeit nicht reif war, die Technik sich zum Organ zu
machen, daß die Technik nicht stark genug war, die gesellschaftlichen Elementarkräfte zu bewältigen« (GS III, 238). Demgegenüber
bietet die heroische Stilisierung des Kriegserlebnisses die Gewähr,
diese Haltung in den Frieden zu retten und auf diese Weise dem im
doppelten Sinn des Wortes ›verlorenen‹ Krieg die Treue zu halten.

Den technischen Notwendigkeiten ihres Handwerks gehorchend, bilden die Jüngerschen Krieger als Kriegsingenieure der Herrschaftsklasse das Pendant der leitenden Angestellten im Cut. Unter der Maske erst des Freiwilligen im Krieg und dann des Söldners im Nachkrieg enthüllt sich Benjamin zuletzt der »zuverlässige faschistische Klassenkrieger« (GS III, 248). Damit werde die entscheidende Chance verpaßt, die der Krieg in Wirklichkeit bot. Die eine, fürchterliche, letzte Chance nämlich, »die Unfähigkeit der Völker zu korrigieren, ihre Verhältnisse untereinander demjenigen entsprechend zu ordnen, das sie durch ihre Technik zur Natur besitzen« (GS III, 249). Nach wie vor gilt Benjamin die Technik als der »Schlüssel zum Glück« (GS III, 250). Mehr denn je aber verbindet sich drei Jahre vor Hitlers Machtübernahme diese zentrale Kategorie seiner politischen Theorie mit der Prognose eines unvermeidlichen Bürgerkriegs.

Literatur: Brodersen 1990, 87-93; Hartung 1978, 15-29; Honold 2000, 207-276; Kany 1987, 234ff.; Kemp 1973, 30-52; Kemp 1975, 5-25; Koepnick 1999; Schiller-Lerg 1984; Unger 1978; Witte 1976, 137-185; Wizisla 1992, 270-302.

3. Die Aufgabe des Kritikers

In einem in französischer Sprache im Januar 1930 aus Paris an Scholem gerichteten Brief bekennt sich Benjamin zu dem selbstbewußten Ziel, »d'être considéré comme le premier critique de la littérature allemande«. Dieses Ziel habe er noch nicht ganz erreicht, aber offenbar meinte er mit der von Rowohlt zugesagten Publikation einer Auswahl seiner Essays in Buchform, die er im folgenden erwähnt, der Realisierung dieses ehrgeizigen Vorhabens einen entscheidenden Schritt näher kommen zu können. Dem Plan stehen jedoch sachliche Schwierigkeiten entgegen: »Se faire une situation dans la critique, cela, au fond, veut dire: la créer comme genre« (GB III, 502). Während die meisten der für den Band vorgesehenen Essays entweder bereits vorlagen oder später geschrieben wurden, teilte der als Einleitung gedachte Aufsatz »sur la situation et la théorie de la critique« das Schicksal des Bandes: Er kam nicht zustande. Wie der erhaltene Verlagsvertrag zeigt, hätte ein Essay über die *Aufgabe des Kritikers* den Band eröffnen und der Aufsatz über *Die Aufgabe des Übersetzers* von 1921 ihn beschließen sollen (Brodersen 1990, 198). Die aus den Jahren 1929 bis 1931 stammenden Aufzeichnungen zum Thema Kritik (GS VI, 161-180) sind aber wohl nicht nur auf den Essayband, sondern ebenso auf ein anderes Projekt zu beziehen.

Im Oktober 1930 ist erstmals von einer gemeinsam mit Brecht ebenfalls im Rowohlt Verlag geplanten Zeitschrift unter dem Titel *Krisis und Kritik* die Rede (GB III, 541). Nach der Lektüre der ersten zur Veröffentlichung eingereichten Manuskripte erklärte Benjamin jedoch schon im Februar des folgenden Jahres Brecht seinen Rücktritt von der Mitherausgeberschaft (GB IV, 14). Von *Krisis und Kritik* ist kein einziges Heft erschienen. Die Aufzeichnungen zu den beiden gleichermaßen gescheiterten Vorhaben aber dokumentieren eine im gewandelten Kontext um so aufschlußreichere Kontinuität zentraler Überlegungen von Benjamins früher Theorie der Kunstkritik.

Die Notwendigkeit, die Kritik als Gattung neu zu erschaffen, ergibt sich für Benjamin aus der Überzeugung von ihrem gegenwärtigen Niedergang, für den er die »Unmaßgeblichkeit des Rezensierbetriebs« verantwortlich macht, »mit dem der Journalismus die Kritik zu Grunde gerichtet hat« (GS VI, 176). Die vermeintliche Verpflichtung, das Publikum zu informieren und ihm mit Werturteilen gefällig zu sein, habe ihre Kehrseite im Festhalten an überkommen, rein ästhetischen Maßstäben. Demgegenüber stelle sich Bescheidung als der erste Schritt zur Erneuerung der Kritik dar. »Ihre Merkmale: unabhängig zu sein von der Neuerscheinung; wissenschaftliche Werke so gut zu betreffen wie belletristische; indifferent gegen die Qualität des zugrundegelegten Werkes zu bleiben.« Ihr Optimum: Koinzidenz von »erkenntnismäßiger Verwertung« und »literarischer ›Wertung‹«(GS III, 294f.). Zu erkennen aber gilt es, wie es in dem bereits zitierten Brief an Rychner mit Blick auf den Keller-Aufsatz heißt, den »wahren Stand unseres gegenwärtigen Daseins«. Jede echte Erkenntnis werde zugleich zur »geschichtsphilosophischen – nicht psychologischen – Selbsterkenntnis des Erkennenden« (GB IV, 19). Diesem Selbstverständnis von Kritik gemäß, sind Benjamins große literarisch-ästhetische Essays und seine zahlreichen publizistisch-kritischen Arbeiten als Einheit zu betrachten. In beiden besinnt sich der Kritiker auf seine gegenwärtig vornehmste Aufgabe: »Die Maske der ›reinen Kunst‹ zu lüften und zu zeigen, daß es keinen neutralen Boden der Kunst gibt« (GS VI, 164).

Allzu vorschnell hat man darin die Formel einer veränderten, nunmehr politisch engagierten Auffassung der Kritik sehen wollen. Den Versuch, »den Weg zum Kunstwerk durch Zertrümmerung der Lehre vom Gebietscharakter der Kunst zu bahnen« (GS VI, 218f.), hatte Benjamin nach eigenem Verständnis jedoch bereits in seinem vermeintlich metaphysisch befangenen Buch über den *Ursprung des deutschen Trauerspiels* unternommen. So greift er denn in seinen Notizen auch auf die in diesem Kontext entwickelte Lehre vom Fortleben der Werke zurück, die »unter dem beherrschenden Gedanken« steht, »daß dieses Fortleben den Gebietscharakter ›Kunst‹ als einen Schein entlarvt« (GS VI, 174). Die kritische, an den großen Werken gewonnene Einsicht in das Wesen der Kunst ist die Voraussetzung für das Verständnis ihres gegenwärtigen Schicksals. Eine Kritik aber, die am Maßstab traditioneller Ästhetik (GS VI, 164) festhält, wird weder den großen Werken noch ihrer gegenwärtigen Aufgabe gerecht.

Vor diesem Hintergrund muß sowohl das Selbstverständnis des Kritikers als »Stratege im Literaturkampf« (GS IV/1, 108) als auch die Forderung nach einem »Programm« der Kritik (GS VI, 166) gesehen werden. Programm und Strategie unterstehen keiner politischen Doktrin. Umgekehrt findet Benjamin die Notwendigkeit eines politisch revolutionären Engagements in der Entwicklung der Literatur vorgezeichnet. Deshalb wird der Kardinalgrundsatz immanenter Kritik in den Aufzeichnungen von 1930/31 nicht außer kraft gesetzt, sondern folgerichtig weitergeführt. Nach Maßgabe seiner exemplarischen Kritik der *Wahlverwandtschaften* fordert Benjamin, daß Kritik sich Rechenschaft darüber abzulegen habe, »wie sich im Werke Sachgehalt und Wahrheitsgehalt durchdringen«. Erst »im Innern des Werkes selbst, da wo Wahrheitsgehalt und Sachgehalt sich durchdringen, ist die Kunst-Sphäre definitiv verlassen« (GS VI, 178f.). Letztlich führe der Grundsatz der Immanenz, die Überzeugung, »daß die Kritik dem Werke innerlich ist«, auf die Einsicht, daß »Kunst nur Durchgangsstadium der großen Werke [ist]. Sie sind etwas anderes gewesen (im Zustande ihres Werdens) und sie werden zu etwas anderem werden (im Zustande der Kritik)« (GS VI, 172).

Ihre radikalste Formulierung findet die Lehre vom Fortleben der Werke schließlich in der Theorie vom Funktionswandel der Kunst. Noch im Kontext traditioneller Buchkritik bereitet der Gedanke, »daß das Lesen nur einer von hundert Zugängen zum Buch ist« (GS VI, 171), auf diesen Zusammenhang vor. Wie der Sammler, der Benjamin mit großer Leidenschaft war, ist auch der Kritiker kein Leser im eigentlichen Sinne. Selbst durchaus noch dem Medium Buch verhaftet, macht der Kritiker die Probe auf die in der *Einbahnstraße* festgehaltene Beobachtung, »daß das Buch in dieser überkommenen Gestalt seinem Ende entgegengeht« (GS IV/1, 102). In diesen Überlegungen ist die kurze Zeit später einsetzende theoretische Auseinandersetzung mit der Photographie und dem Film in ihrer Originalität, aber auch in ihren Grenzen bereits vorgezeichnet.

Der im Rowohlt Verlag geplante Essayband, dem diese Überlegungen vorangestellt werden sollten, hätte die großen Aufsätze
zu Keller, Hebel, Walser, Kraus und Proust vereinigt, auf die sich
Benjamins eher bescheidener Ruf in der größeren Öffentlichkeit zu
Lebzeiten gründete. Heute ist sein Name in der Literaturwissenschaft
mit den genannten Autoren, dem Surrealismus sowie mit Kafka
und Baudelaire selbstverständlich verbunden. Innerhalb des zuvor
skizzierten Horizontes veranschaulicht jeder Essay auf seine Weise
auch den experimentellen, von extremen Gegensätzen geprägten
Charakter seines Denkens in den letzten Jahren der Weimarer Republik. Mit Kafka und Proust, den beiden von ihm gelegentlich so
genannten »Metaphysiker[n] unter den Dichtern der Gegenwart«
(GS VI, 219), dürfte er sich durch seinen eigenen intellektuellen
Werdegang besonders verbunden gefühlt haben. Die metaphysische
Grundrichtung seiner Forschung aber hatte Benjamin zu Einsichten
geführt, die dieses Fundament zwar nicht leugnen, es aber unter
veränderten historischen Bedingungen in neuen gedanklichen
Konstellationen erproben.

Als Experiment in diesem Sinne ist aber von den zwischen 1926
und 1931 entstandenen Arbeiten nicht nur der große Aufsatz über
Proust zu verstehen. Vielmehr sind die Essays darüber hinaus durch
eine Reihe wiederkehrender Themen und Denkmotive unterschwellig
miteinander verbunden. Der 1927 in der *Literarischen Welt* erschienene, ursprünglich als Anzeige der neuen kritischen Werkausgabe
konzipierte Aufsatz über Gottfried Keller (1819-1890) lenkt die
Aufmerksamkeit auf das 19. Jahrhundert, für das Benjamin eine
»allgemach fällige Umwertung« (GS II/1, 284) als unabdingbare
Voraussetzung für eine angemessene Würdigung Kellers fordert.
Die von Benjamin in Kellers geistiger Physiognomie aufgewiesenen
Momente: der hedonische Atheismus, der melancholische Materialismus, sein Humor und die in Kellers Prosa realisierte »Vision des
Glücks« (GS II/1, 288), weisen auf einen geheimen Fluchtpunkt,
der in der von Conrad Ferdinand Meyer zur Charakterisierung
Kellers gebrauchten Formel von dessen »Liebe zur Erde« (GS II/1,
288) zum Ausdruck kommt. Mit dem Zarathustra-Wort rückt
die geforderte Umwertung des 19. Jahrhunderts ins Zeichen des
›anthropologischen Materialismus‹ und die für Benjamin in der
kritischen Auseinandersetzung mit Nietzsche zentrale Kategorie
des Glücks. Auch bei Proust sieht Benjamin dessen Fixierung an
das vergangene Jahrhundert engstens mit dem Glücksverlangen
verbunden, das sein Werk beherrscht.

Der Humor, nicht nur als anthropologischer Gestus, sondern als
erzählerische Haltung, verbindet Keller mit einem anderen Dichter

des von der bürgerlichen Literaturgeschichtsschreibung vernachlässigten Jahrhunderts: mit Johann Peter Hebel (1760-1826), dem er 1926 einen Essay widmete. In Kellers Prosa hatte Benjamin eine »Durchdringung des Erzählerischen und des Dichterischen« (GS II/1, 290f.) beobachtet. Damit zeichnet sich für ihn in der nachromantischen Epoche eine Tendenz ab, die er bei Döblin, Kafka und in seinem Aufsatz über den Erzähler Nikolai Lesskow als die ›Restitution des Epischen‹ in der Gegenwart begrüßen wird. Umgekehrt hatte das 19. Jahrhundert nach Maßgabe der romantischen Privilegierung des Romans und dem die Epoche beherrschenden Nationalgedanken kein Verständnis für den Erzähler Hebel aufbringen können, der als Volksschriftsteller im Dialekt eine Inspirationsquelle fand und bei dem, wie »in aller echte[n], unreflektierte[n] Volkskunst« (GS II/1, 277), das Provinzielle keinen Widerspruch zum Kosmopolitischen darstellt. Die Abgrenzung gegen den Roman stellt den einen Pol von Benjamins Theorie der Erzählung dar. Ihre Stellung zum Mythos und zum Märchen den anderen. Darauf spielt seine Charakterisierung der Helden des Schweizer Romanciers und Erzählers Robert Walser (1878-1956) als Figuren an, die den Wahnsinn hinter sich haben. Diese Erfahrung teilten sie mit den Märchenfiguren und deshalb habe man, so Benjamins Forderung in seinem für das *Tagebuch* geschriebenen Aufsatz, Walsers Prosa aus dem Kontext der »großen profanen Auseinandersetzung mit dem Mythos« zu verstehen, »die das Märchen darstellt« (GS II/1, 327).

Als Vorgeschichte der Gegenwart bleibt das Interesse am 19. Jahrhundert noch in Benjamins Essays über zeitgenössische Autoren wie Julien Green, Karl Kraus und Paul Valéry beherrschend. Genau besehen, findet dieses an der eigenen Gegenwart ausgerichtete Interesse an der jüngsten Vergangenheit in der ›geschichtsphilosophischen Selbsterkenntnis der Erkennenden‹ eine Entsprechung, die Benjamin dem Kritiker abverlangt. Im Werk Julien Greens (1900-1998), vor allem aber bei Proust hat er ein verwandtes Interesse für dieses ihn in seinen späteren Schriften intensiv beschäftigende epistemologische Anliegen gefunden. Ihr erzählerisches Verfahren sei es, sich der Vergangenheit nicht durch Reflexion, sondern durch »Vergegenwärtigung« (GS II/1, 320 bzw. 331) zu nähern. Im Falle des von theologischen Motiven bestimmten Werkes von Green trete die Erinnerung in Konjunktion mit dem kreatürlichen Leiden, das als solches zeitlos sei. Auf diese Weise verschmelze bei ihm das Vergangene, Altmodische, mit dem Urgeschichtlichen. Ebenso wie dem Verfahren der Vergegenwärtigung kommt dem Begriff der Urgeschichte ein zentraler Stellenwert in Benjamins Geschichtsphilosophie zu. Gewiß sei es, heißt es gegen Ende des 1930 in der

Neuen Schweizer Rundschau gedruckten Essays über Julien Green, »daß ein Stück Urgeschichte für jedes Geschlecht mit dem Dasein, den Lebensformen des ihm unmittelbar vorhergehenden verschmolzen ist, für die Lebenden also mit der Mitte und dem Ausgang des vorigen Jahrhunderts« (GS II/1, 334). Diese Überlegung liegt dem *Passagen-Werk* ebenso zugrunde wie der *Berliner Kindheit um Neunzehnhundert* – ganz zu schweigen vom Werk Prousts, auf das Benjamin an dieser Stelle explizit verweist.

Mit Marcel Prousts (1871-1922) Großroman *A la recherche du temps perdu*, der zwischen 1913 und 1927 in sieben Teilen erschien, hatte Benjamin sich ursprünglich als Übersetzer beschäftigt. Im November 1925 übertrug er zunächst den vierten, im folgenden Jahr während eines Aufenthaltes in Paris gemeinsam mit Franz Hessel den zweiten und dritten Band der *Recherche* (GS Suppl II-III). Die Übersetzung des vierten Bandes muß als verloren gelten; die beiden anderen erschienen 1927 und 1930 im Druck, bevor der Verlag das Projekt einstellte. Den noch während der Übersetzung geäußerten Plan, über Proust zu schreiben, setzte Benjamin erst mit dem 1929 in der *Literarischen Welt* in drei Fortsetzungen erschienenen Aufsatz *Zum Bilde Prousts* in die Tat um.

Das Bild Prousts, das der Essay nachzeichnet, sieht das Riesenwerk der Erinnerung von einem elegischen Glücksverlangen durchdrungen, das auf ein ewiges Nocheinmal ziele. Hier habe der von Proust praktizierte »Kultus der Ähnlichkeit« (GS II/1, 313) seinen Ursprung, der seinen Roman mit dem Traum verbinde. An diesen Befund habe jede synthetische Interpretation von Proust anzuschließen. Nun hat Freud bekanntlich in der Ähnlichkeit eine der logischen Relationen der Traumbildung erkannt (Freud, II/III, 324-331). Aber wie in seiner Deutung des Surrealismus gibt Benjamin dem Traum auch in der *Recherche* eine objektive, der Dingwelt zugewandte Richtung. Nicht von ungefähr sieht er in Prousts »Heimweh nach der im Stand der Ähnlichkeit entstellten Welt [...] das wahre sürrealistische Gesicht des Daseins zum Durchbruch« kommen (GS II/1, 314). Letztlich deckt der Aufsatz eine andere als die psychoanalytische Genealogie der Ähnlichkeit auf, auf die Proust selbst in seinem Essay über Baudelaire einen von Benjamin aufgegriffenen Hinweis gibt. Dort hatte Proust von der seltsamen Zerlegung der Zeit bei Baudelaire gesprochen, »bei der nur die seltenen, bemerkenswerten Tage erscheinen« (Proust 1925/1978, 116). Es ist dieser Zeitbegriff der »correspondances«, den Prousts Verfahren der Vergegenwärtigung voraussetzt – und an dem später Benjamins kritische Distanzierung von ihm ansetzt. In einem Brief an Hofmannsthal hatte er 1926 von den »tiefen und

zwiespältigen Eindrücke[n]« gesprochen, mit denen Proust ihn erfülle
(GB III, 122). Als er etliche Jahre später in *Über einige Motive bei
Baudelaire* noch einmal auf Proust zu sprechen kommt, deutet die
Rede von dem »ausweglos privaten Charakter« (GS I/2, 610) des
Erfahrungsbegriffs, den die *Recherche* auf die *mémoire involontaire*
gründe, seinen Vorbehalt an. Wo nämlich Erfahrung im strikten
Sinne walte, »treten im Gedächtnis gewisse Inhalte der individuellen
Vergangenheit mit solchen der kollektiven in Konjunktion« (GS
I/2, 611). Dennoch setzt diese Anmerkung, die erst im Kontext von
Benjamins eigener Geschichtsphilosophie ihre Bedeutung erhält,
jenen Begriff der Zeit und der Erinnerung voraus, der in Prousts
Roman für Benjamin richtungsweisend Gestalt angenommen hat.
Der Perspektive der »vielfältig isolierten Privatperson« (GS I/2, 611),
aus der Proust seinen Roman schreibt, sind gleichwohl entschieden
kritische Einsichten in die Verfassung der bürgerlichen Gesellschaft
nicht abzusprechen. In der Analyse des Snobismus und in dem Stellenwert, den Proust der Homosexualität einräumt, sieht Benjamin
die Bourgeoisie auf den reinen Konsumentenstandpunkt reduziert
und auf diese Weise ihre Bemühung entlarvt, ihre materielle Basis
zu verleugnen. Vieles von der Größe der *Recherche* werde solange
unerschlossen oder unentdeckt bleiben, so Benjamin, »bis diese
Klasse ihre schärfsten Züge im Endkampf zu erkennen gegeben
hat« (GS II/1, 319).

Nicht jedoch der Aufsatz über Proust, sondern der sprachlich
und gedanklich gleichermaßen anspruchsvolle, kompositorisch
diffizile Essay über Karl Kraus (1874-1936), auf den Benjamin
in seiner Antwort an Rychner exemplarisch verweist, hat ihm von
seiten Scholems den Vorwurf eingebracht, einem marxistischen
Selbstbetrug aufzusitzen (Scholem 1975, 283-287). Eine Leseanweisung zu dem in die drei Abschnitte ›Allmensch‹, ›Dämon‹ und
›Unmensch‹ gegliederten Text findet sich in den Paralipomena. Der
Kraus-Aufsatz, heißt es dort, »bezeichnet den Ort, wo ich stehe und
nicht mitmache« (GS II/3, 1093). Bereits in der *Einbahnstraße* hatte
Benjamin, der seit 1918/19 die *Fackel* regelmäßig las und der in dem
Sprachdenker Kraus sicher einen verwandten Geist erkannte, sich
von dessen Kampf gegen die Presse distanziert. Scholems Vorwurf,
daß Benjamin Verrat an seiner gedanklichen Herkunft begehe, indem er seine im theologischen Verfahren gewonnenen Erkenntnisse
auf die materialistische Terminologie projiziere, macht zu Recht
darauf aufmerksam, daß Benjamin in seiner Auseinandersetzung
mit Kraus unübersehbar auf eigene frühere Gedanken zurückgreift. Allerdings verweisen die als These, Antithese und Synthese
aufeinander bezogenen Stichworte, die Benjamin den einzelnen

Abschnitten seines Aufsatzes vorangestellt hat, nachdrücklich auf
einen komplexeren als den sprachphilosophischen Zusammenhang,
den Scholem im Sinn hat. Der Unmensch, in dem Benjamin die
intellektuelle Physiognomie von Kraus im letzten Abschnitt spiegelt,
ist als polemische Gegenfigur zum Übermenschen konzipiert (GS
II/1, 361, vgl. II/3, 1103).

Benjamins Auseinandersetzung mit Nietzsche, die im Aufsatz
selbst in Kraus' Polemik gegen dessen Aphorismenkunst einen
Anknüpfungspunkt findet, gehört in den Kontext jener frühen
politischen Umakzentuierung seines Denkens, an die er im Kraus-
Aufsatz ebenso wie in seinen anderen Essays durchgehend anknüpft.
Was Benjamin seinen Lesern damit zumutete, zeigt nicht zuletzt
die Reaktion von Kraus selbst, der in der *Fackel* dem sicherlich gut
gemeinten und wohl auch gut gedachten Aufsatz im wesentlichen
nur entnehmen wollte, daß er von ihm handele und daß der Autor
manches von ihm zu wissen scheine, was ihm selbst unbekannt sei.
Vielleicht sei es Psychoanalyse, lautete seine abschließende, vernich-
tend gemeinte Vermutung (zit. GS II/3, 1082).

Zur Gegenfigur des Übermenschen wird der Unmensch als
Sinnbild der Zerstörung. Als Satiriker in der Tradition Swifts,
dessen einschlägiger Vorschlag zur kulinarischen Verwendung der
Kinder armer Volksklassen Benjamin veranlaßt, der Satire einen
menschenfresserischen Einschlag zuzusprechen, erscheint ihm
Kraus als Vertreter eines realeren Humanismus. Im Gegensatz zum
klassischen Humanismus und seiner Apotheose des Schöpferischen
ist die zerstörerische Seite der Natur das Lebenselement des »realen
Humanismus«, als dessen Vertreter neben Scheerbart und dem mit
Kraus befreundeten Adolf Loos, Karl Marx figuriert (GS II/1, 364).
In Klees *Angelus Novus*, der im Kraus-Essay nicht zum ersten und
nicht zum letzten Mal zu einer Denkfigur Benjamins avanciert,
findet »der Unmensch als der Bote realeren Humanismus« (GS
II/1, 366) eine seiner vielgestaltigen Verkörperungen. Die Botschaft, die der Neue Engel überbringt, lautet, daß der »werdende
Mensch nicht im Naturraum, sondern im Raum der Menschheit,
dem Befreiungskampf, eigentlich Gestalt gewinnt«; daß es folglich
»keine idealistische, sondern nur eine materialistische Befreiung vom
Mythos gibt« (GS II/1, 365). In einem Paralipomenon heißt es dazu
erläuternd, daß die Menschlichkeit »auf der Ebene des Einzeldaseins
preisgegeben werden [müsse], um auf der des Kollektivdaseins in
Erscheinung zu treten« (GS II/3, 1102). Der für Benjamin entscheidende Zusammenhang von Zerstörung und Technik wird in
seinem Essay mit der Bemerkung gestreift, daß »der Durchschnitts-
europäer sein Leben mit der Technik nicht zu vereinen vermocht

[habe], weil er am Fetisch des schöpferischen Daseins festhielt« (GS II/1, 367).

Vor diesem Hintergrund trägt das Bild, das der Aufsatz von Kraus zeichnet, die Züge dämonischer Zweideutigkeit. Das »seltsame Wechselspiel zwischen reaktionärer Theorie und revolutionärer Praxis [...], dem man bei Kraus allerorten begegnet« (GS II/1, 342), macht Benjamin bereits im Eingangsabschnitt geltend. Am publizistischen Engagement des Herausgebers und Alleinautors der *Fackel* wird dies deutlich. Letztlich gelinge es Kraus nicht, sich aus seiner Verstrickung mit dem Pressewesen zu befreien. Sein Kampf gegen die Phrase, gegen die von der Presse entstellte Sprache, sei »Ausdruck für und Kampf gegen diese Verstrickung zugleich« (GS II/1, 348). Demgegenüber erkennt Benjamin in der Phrase die Verbindung von Sprache und Technik und im Journalismus den »Ausdruck der veränderten Funktion der Sprache in der hochkapitalisierten Welt« (GS II/1, 337). Aus mangelnder Einsicht in diesen nicht zuletzt von der Technik bestimmten Stand der Dinge seien die polemischen Formeln, mit denen die *Fackel* ihren Feldzug gegen die Presse führe, »von der schürzenden, niemals von der lösenden Art« (GS II/1, 337). Eine Formulierungsvariante dieser Passage verdeutlicht, was Benjamin unter einer gelungenen Befreiung der Phrase versteht: »ihre Verwandlung in Parolen« (GS II/3, 1110).

Mehr noch als der Kraus-Aufsatz verlangt der über Paul Valéry (1871-1945) dem Leser ein Lesen zwischen den Zeilen ab. In einem Brief aus dem Jahr 1925 hatte Benjamin Scholem auf Valérys »herrliche Schriften« hingewiesen und sie den »fragwürdigen Büchern der Surréalisten« gegenübergestellt (GB III, 61). Der aus Anlaß von Valérys sechzigstem Geburtstag ebenfalls 1931 in der *Literarischen Welt* erschienene Aufsatz bezeugt immerhin die Verbindlichkeit der frühen Wertschätzung, deren Tragweite aber mehr noch in dem Valéry-Zitat zum Ausdruck kommt, das Benjamin der dritten Fassung seiner Thesen über *Das Kunstwerk im Zeitalter seiner technischen Reproduzierbarkeit* als Motto voranstellte (GS I/2, 472). In Valérys literarischem *alter ego*, Monsieur Teste, entdeckt Benjamin einen anderen Vorboten der unabwendbaren »Herrschaft des Entmenschten« (GS II/1, 388) in der Gegenwart. Als Verkörperung des reinen Intellekts ist er nicht nur eine Figur der von Valéry dem Schriftsteller abverlangten inquisitorischen Reflexion seines Schaffens, sondern mehr noch der mit dieser Forderung verbundenen Abkehr von der Idee des Schöpferischen. Das Kunstwerk ist nicht als Schöpfung, sondern als Konstruktion zu begreifen. Im reinen Geist nämlich bilden Kunst und Wissenschaft ein Kontinuum.

Diese Überzeugungen, die er beim Studium der Methode des von ihm verehrten Leonardo da Vinci gewann, haben Valéry zu dem Begriff der *poésie pure* geführt. Das methodisch reflektierte, gleichsam konstruktivistische Vorgehen, das Valéry dem Lyriker abverlangt, die im Grunde technische Auffassung von seiner Arbeit, habe er zumindest ansatzweise für das Verständnis der Technik im engeren Sinne fruchtbar gemacht. Nicht in dem Essay von 1931, sondern in dem drei Jahre später für die *Zeitschrift für Sozialforschung* verfaßten umfangreichen Aufsatz *Zum gegenwärtigen gesellschaftlichen Standort des französischen Schriftstellers* hat Benjamin die diesem Gedanken bei Valéry gesetzten Grenzen bezeichnet. Valéry sei es nicht gelungen, »den Gedanken einer Planung aus dem Bereich des Kunstwerks in den der menschlichen Gemeinschaft überzuführen [...]. Die Schwelle ist nicht überschritten; der Intellekt bleibt ein privater« (GS II/2, 794).

Diese Schwelle hat Benjamin unter den zeitgenössischen Schriftstellern richtungsweisend im Werk und im Selbstverständnis Bertolt Brechts überschritten gesehen. Auch wenn ein Aufsatz über Brecht in dem 1930 mit Rowohlt abgeschlossenen Vertrag über den Essayband nicht erwähnt ist, werden doch die wichtigsten Motive der für den Band vorgesehenen Aufsätze in den größeren und kleineren Arbeiten enggeführt, die Benjamin in den Jahren 1930 bis 1939 zu Werken Brechts verfaßte. In Brechts Figur des Herrn Keuner etwa erkennt er in einem 1930 gesendeten Radiovortrag über Brecht einen entfernten Verwandten von Valérys Monsieur Teste (GS II/2, 663), der die Brechtsche Kunstauffassung auf seine Weise reflektiert. Wie Valéry hat auch Brecht die Abkehr vom Fetisch des Werks vollzogen. Seine zwischen 1930 und 1933 erscheinenden, programmatisch so genannten *Versuche* lassen in Benjamins Sicht ein technisches Verständnis seiner Tätigkeit erkennen, das sich auch auf die technischen Mittel seiner Produktion: »das Theater, die Anekdote, das Radio« erstreckt und mit deren Umgestaltung einhergeht (GS II/2, 506).

Als Inbegriff dieser von Brecht intendierten Umgestaltungen steht das epische Theater »auf der Höhe der Technik«; seine Formen »entsprechen den neuen technischen Formen, dem Kino sowie dem Rundfunk« (GS II/2, 524). Mit der »Literarisierung des Theaters«, also das »Durchsetzen des ›Gestalteten‹ mit ›Formuliertem‹« (GS II/2, 524), mit der Verwendung von Plakaten und Zwischentiteln auf der Bühne, stellt das epische Theater den Anschluß an andere Institute geistiger Tätigkeit wie das Buch und die Zeitung her und leistet auf diese Weise der ›Literarisierung der Lebensverhältnisse‹ und damit einer umfassenden Politisierung der Gesellschaft Vorschub.

Indem es den konventionellen Unterhaltungscharakter des Theaters
in Frage stellt, setzt es die überkommenen ästhetischen Maßstäbe
außer Kraft und bedroht auf diese Weise zugleich die Berufskritik
in ihren Privilegien. Sofern die Wirkung des Theaters nicht mehr
auf der Einfühlung beruht, die auf den einzelnen zielt, sondern die
»Organisation einer Hörermasse« ihr Maßstab ist, »hat die Kritik in
ihrer jetzigen Gestalt nichts mehr vor dieser Masse voraus sondern
bleibt weit hinter ihr zurück« (GS II/2, 527).

Das hindert Benjamin jedoch nicht daran, dem epischen Theater
seinen Platz in der Literaturgeschichte zuzuweisen. In der Abkehr vom
dramatischen Theater, das seine Handlung sukzessive in einer szeni-
schen Abfolge entwickelt, beruht das epische auf dem retardierenden
Prinzip der Unterbrechung. Mit seiner Darstellung von vertrauten
Episoden oder »Zuständen« ebenso wie mit seinem »untragischen
Helden« rückt Benjamin das politisch-didaktische Theater Brechts in
die Nähe des Mysteriendramas und des barocken Trauerspiels. Wie
im epischen Theater steht in diesen Dramenformen ebenfalls nicht
die Handlung, sondern in didaktischer (im Fall des Barockdramas
freilich in theologisch-didaktischer) Absicht die Darstellung des
kreatürlichen Leids im Zentrum des untragischen Bühnengeschehens
(GS II/2, 523 bzw. 534). Den Zustand, den das epische Theater
auf diese Weise aufdeckt, bezeichnet Benjamin als »die Dialektik im
Stillstand« (GS II/2, 530). Dem Verlauf der Handlung so gut wie
dem der Zeit entrissen, bietet sich der Stand der Dinge blitzartig
dem Staunen dar: »Die Dialektik im Stillstand ist sein eigentlicher
Gegenstand« (GS II/2, 531). In diesen Überlegungen umkreist
Benjamin zugleich einen Sachverhalt, den er für seine Theorie der
Geschichtserkenntnis fruchtbar zu machen versuchen wird.

Literatur: Faber 2002; Honold 2000, 159-413; Jäger 1992, 96-111; Kaulen
1990, 318-336; Menninghaus 1982, 91-158; Müller, B. 1996; Müller,
I. 1993; Schulte 1999, 529-540; Teschke 2000; Witte 1973, 480-494;
Wizisla 1992, 270-302.

V. Schriften des Exils 1933 – 1939

1. Funktionswandel der Kunst

Angesichts der sich in den Jahren seit dem Börsenkrach 1929 krisenhaft zuspitzenden ökonomischen und politischen Situation in Deutschland, die auch auf Benjamins wirtschaftliche Verhältnisse unmittelbare Auswirkungen hatte, schien dieser sich seit Beginn der dreißiger Jahre mit Auswanderungsplänen getragen zu haben. Über die politische Entwicklung, in der die erdrutschartigen Gewinne der NSDAP bei der Reichstagswahl im September 1932 ein unübersehbares Zeichen gesetzt hatten, hegte er keine Illusionen. Bereits im Sommer 1931 hielt er den Ausbruch des Bürgerkrieges im Herbst für wahrscheinlich und sah die Zeit gekommen, wenn irgend möglich Deutschland zu verlassen (GB IV, 47). Ein Jahr später beklagt er in einem Brief aus Ibiza, daß seine begrenzten Mittel ihm nicht erlaubten, sich im Ausland dauerhaft einzurichten. Zugleich nennt er es ein »Gebot der Vernunft, die Eröffnungsfeierlichkeiten des Dritten Reichs durch Abwesenheit zu ehren« (GB IV, 91), die ihm bereits im Mai 1932 lediglich eine Frage des Termins zu sein scheinen. Zunehmende Schwierigkeiten bei der Publikation seiner Arbeiten, die er als Boykott empfindet und die mit der von der Redaktion aufgekündigten Mitarbeit bei der *Literarischen Welt* im Herbst 1932 ihren traurigen Höhepunkt erreichen, gehen mit der Einsicht einher, daß »eine Verlegung meiner Aktivitäten in das Französische« (GB IV, 149) keinen realistischen Ausweg darstellen würde. Wirtschaftlich und privat in einer ausweglosen Lage, erwägt er in diesen Jahren zweimal den Freitod. Die deprimierenden Erfahrungen des gescheiterten Emigrationsversuchs sollten sich in dem ein Jahr später durch Hitlers Machtergreifung erzwungenen Exil bestätigen.

»Im März 1933 habe ich, deutscher Staatsbürger, im 41. Lebensjahr stehend, Deutschland verlassen müssen. Durch die politische Umwälzung war ich als unabhängiger Forscher und Schriftsteller nicht nur mit einem Schlage meiner Existenzgrundlage beraubt, vielmehr auch – obwohl Dissident und keiner politischen Partei angehörig – meiner persönlichen Freiheit nicht mehr sicher« (GS VI, 220).

In seinem Schreiben an das »Dänische Hilfskomitee für ausländische Flüchtlinge« führt Benjamin sein zwar nicht parteipolitisch gebundenes, aber doch politisches Engagement als den Hauptgrund seiner Flucht an. Daß er als Jude in Deutschland in seiner Existenz bedroht war, erwähnt er nicht eigens. Allerdings hatte er in einem Brief an Scholem schon 1932 angedeutet, daß der Boykott seiner Arbeiten antisemitisch motiviert sei (GB IV, 139).

Die in den ersten Jahren des Exils in Frankreich entstandenen Arbeiten sind zum einen ein unmittelbarer Reflex der äußerst prekären ökonomischen Lage, zugleich aber auch des Versuchs, den neuen politischen Gegebenheiten intellektuell Rechnung zu tragen. Während der gesamten Zeit des Exils erwies sich das Frankfurter Institut für Sozialforschung, dessen Leitung Max Horkheimer 1930 übernommen hatte, als Benjamins einzige halbwegs verläßliche Einnahmequelle. Horkheimer hatte noch vor 1933 Zweigstellen in Genf, später in Paris und London errichtet und auf diese Weise nicht nur für den Fortbestand des Instituts gesorgt, sondern auch das Erscheinen der seit Herbst 1932 von ihm herausgegebenen *Zeitschrift für Sozialforschung* (*ZfS*) gesichert, in der, von wenigen Ausnahmen abgesehen, sämtliche größere Arbeiten Benjamins seit Beginn des Exils gedruckt wurden. Auf finanzielle Unterstützung angewiesen, sah dieser sich wiederholt gezwungen, seine Arbeitspläne mit den Vorstellungen des Instituts zu koordinieren und gelegentlich Auftragsarbeiten zu übernehmen. Die Zeitschrift, in der seine Arbeiten erschienen, hatte sich die Aufgabe gesetzt, eine »Theorie der gegenwärtigen Gesellschaft als ganzer« und damit zugleich eine »Theorie des historischen Verlaufs der gegenwärtigen Epoche« zu erarbeiten (Horkheimer 1932/1985-97, 36 u. 38). Damit bot sie ihm hinreichende Möglichkeiten, in ihrem Rahmen auch eigene Theorieansätze zu verfolgen.

Die erste für die *ZfS* verfaßte Arbeit, eine mit Horkheimer noch in Deutschland vereinbarte »Soziologie der französischen Belletristik« (GB IV, 188), schrieb Benjamin unter schwierigsten Umständen fast ohne jede Literatur auf Ibiza. Obwohl er den so entstandenen, 1934 gedruckten Aufsatz *Zum gegenwärtigen gesellschaftlichen Standort des französischen Schriftstellers* als »reine Hochstapelei« bezeichnete (GB IV, 181), hielt er der Arbeit doch zugute, daß sie Einblicke in Zusammenhänge gestatte, »die bisher nicht so deutlich erkennbar gemacht worden sind« (GB IV, 223). Wieweit auch immer unmittelbar den Entstehungsumständen geschuldet, gab der Aufsatz Benjamin Gelegenheit, die in den literaturkritischen Essays zuvor entwickelten theoretischen Positionen einer Revision zu unterziehen. Im Schlaglicht der politischen Entwicklung, die ihn ins Exil trieb,

erhalten seine Auseinandersetzungen mit dem Surrealismus, mit
Green, Proust und Valéry nunmehr schärfere Konturen. In dem
Aufsatz von 1934 übernimmt Benjamin längere Abschnitte aus den
früheren Essays und integriert sie in den neuen Kontext, so daß die
jeweiligen Passagen einander wechselseitig kommentieren.

Nicht nur vor diesem Hintergrund wird die Irritation nachvollziehbar, mit der Benjamin auf die provokative Frage Scholems
reagierte, ob sein Aufsatz ein »kommunistisches Credo« sein solle.
In seiner Antwort insistiert er darauf, daß der Aufsatz weder sach-
lich Neues enthalte, noch sich seine politische Haltung geändert
habe. In Erstaunen versetze ihn allerdings die Unterstellung, sein
Kommunismus könne in der Form eines Credos eine angemessene
Ausdrucksform finden. Er habe immer seiner Überzeugung gemäß
geschrieben, »selten aber, und nie anders als im Gespräch, den Versuch unternommen, den ganzen widerspruchsvollen Fundus, dem
sie in ihren einzelnen Manifestationen entspringt, zum Ausdruck
zu bringen«. Unter Berufung auf sein früheres Schreiben an Max
Rychner rechtfertigt er seine kommunistischen Sympathien als den
»Ausdruck gewisser Erfahrungen«, die er in seinem Denken und in
seiner Existenz gemacht habe (GB IV, 408f.).

Als Ausgangspunkt seiner Übersicht über die gegenwärtige französische Literatur wählt Benjamin die von Guillaume Apollinaire
(1880-1918) aus dem Jahr 1914 stammende, düstere Vision eines
Dichter-Pogroms, die ihm nichts von ihrer Aktualität eingebüßt
zu haben scheint. Wie bereits im *Sürrealismus*-Essay (GS II/1,
303f.) stellt sich im Anschluß an Apollinaire die Frage nach dem
Rollenverständnis der bürgerlichen Intelligenz – nunmehr in der
»gesellschaftliche[n] Verfassung des Imperialismus« (GS II/2, 777).
Worum es Benjamin geht, kommt bereits in der Tatsache zum Ausdruck, daß der Titel des Aufsatzes vom »Schriftsteller« und nicht
vom »Dichter« spricht. Der gesellschaftliche Standort eines Autors
erschließt sich bereits anhand der terminologischen Alternative,
die sich ihm zur Explikation seines Selbstverständnisses anbietet.
Diese Alternative hat sich nämlich nach Benjamins Überzeugung
in der Gegenwart erübrigt. Die Stationen der Entwicklung, die
diese Einsicht festhält, führen vom Futurismus über den Dadaismus
zum Surrealismus, der das Kunstwerk bereits über die Schwelle der
Dichtung hinausgeführt habe.

Vor diesem Hintergrund wirft Benjamin Julien Green vor, in
seinen *Épaves* nicht nur einem sozialen Konformismus erlegen,
sondern als Romancier auch im Technischen rückständig zu sein
(GS II/2, 790f.). Überraschend fungiert Proust als Gegenbeispiel. Im
Rückgriff auf seinen früheren Essay betont Benjamin nicht nur die

sozialkritische Dimension der *Recherche*. Die vormals eher deskriptiv erwähnte Tatsache, daß Prousts Werk »Dichtung, Memoirenwerk, Kommentar in *einem* darstellt« (GS II/2, 792), weist ihn nunmehr zugleich als einen Schriftsteller aus, der mit der Verschmelzung literarischer Formen die Möglichkeiten seines Metiers über die tradierten Grenzen hinaus erweitert habe. Unter diesem, im Sinne Benjamins: ›technischen‹ Aspekt rückt Proust an die Seite Valérys, der wie kein anderer »die Technik der Schriftstellerei durchdacht« habe (GS II/2, 792).

Wie Proust die Tätigkeit des Schriftstellers in seinem Roman allgegenwärtig spürbar werden läßt, indem er Stellung nehmend und Rechenschaft ablegend dem Leser jederzeit zur Verfügung steht, so habe Valéry Leonardo deshalb bewundert, weil er als Künstler an keiner Stelle seines Werkes darauf verzichtet habe, »sich den genauesten Begriff von seiner Arbeit und Verfahrensweise zu machen« (GS II/2, 793). Auch wenn Valéry mit seiner technisch-konstruktiven Auffassung der Poesie die am weitesten fortgeschrittene Position markiert, so vermag er dennoch die ihm von der Theorie der *poésie pure* gesetzten ästhetischen Grenzen nicht zu überschreiten, wie Benjamins entscheidender, bereits gestreifter Einwand gegen ihn lautet.

Den im Begriff des Schriftstellers angelegten Schritt nicht nur zur Selbstreflexion der literarischen Technik, sondern zum sozialen und politischen Engagement hat neben Aragon und dem in Benjamins Essay ausführlich und zustimmend zitierten Emmanuel Berl, André Gide getan. Als Verräter der eigenen Klasse aber vertritt der bürgerliche Intellektuelle nicht schon automatisch die Sache des Proletariats. Wie bereits im *Sürrealismus*-Essay denunziert Benjamin Anarchismus, Terrorismus und Nihilismus als verfehlte Versuche bürgerlicher Intellektueller, Anschluß an die proletarischen Massen zu finden. Die bereits dort aufgeworfene rhetorische Frage, ob die Voraussetzungen der Revolution in der Änderung der Gesinnung oder der äußeren Verhältnisse (GS II/1, 308 bzw. II/2, 802) liegen, zielt darauf, dem Schriftsteller seine soziale Funktion bewußt zu machen, mit der die Verfügung über bestimmte Produktionsmittel verbunden ist. Die Surrealisten hätten den »Intellektuellen als Techniker an seinen Platz gestellt«. Nun gehe es darum, daß er seine Technik dem Proletariat zur Verfügung stelle, »weil nur dieses auf ihren fortgeschrittensten Stand angewiesen ist« (GS II/2, 802). Den mit diesem Gedanken verbundenen Begriff der literarischen Technik wird Benjamin ins Zentrum seines Vortrages *Der Autor als Produzent* stellen. Die Stellung dieser Technik zu den neuen technischen Medien: Photographie, Radio und vor allem zum Film wird ihn in den *Kunstwerk*-Thesen beschäftigen, in denen Benjamin auch eine in dem Aufsatz von 1934 eher beiläufig erwähnte Funktion der Kunst aufgreifen wird: die Möglichkeit, sie als »Schlüssel für Psychosen« (GS II/2, 802) zu handhaben, die nicht zuletzt in der Bedrohung des Alltags durch die Technik ihre Ursache haben.

Zu den Versuchen Benjamins, im französischen Exil Fuß zu fassen, gehört der Plan einer Vortragsreihe über die »avantgarde allemande«, die als Pendant zu dem in der *ZfS* erschienenen Aufsatz konzipiert war. Der durch Subskription finanzierte Zyklus, in dem Benjamin den Roman, den Essay, das Theater und den Journalismus am Beispiel von Kafka, Bloch, Brecht und Kraus zu behandeln vorhatte (GB IV, 362 u. GS VI, 181f.), kam nicht zustande. Das Vorhaben ist aber nicht nur inhaltlich von Interesse. Die Vorträge sollten im Privathaus des Arztes Jean Dalsace stattfinden, der der KPF nahestand und Verbindungen zum Institut pour l'étude du fascisme unterhielt. In der Zusammensetzung seiner Mitarbeiter, zu denen deutsche Emigranten ebenso wie Angehörige des liberalen französischen Bürgertums und Kommunisten zählten, antizipierte das Institut Ansätze zur Bildung einer Volksfront, die die innenpolitischen Auseinandersetzungen in Frankreich auf die Tagesordnung gesetzt hatten (Kambas 1983, 16-32). Einem Vermerk auf dem im Nachlaß erhaltenen Manuskript zufolge hat Benjamin den Vortrag *Der Autor als Produzent* am 27. April 1934 vor den Mitarbeitern dieses Instituts gehalten. Der Wunsch, den Text unter Wahrung der Vortragsform durch einen Abdruck in der von Klaus Mann herausgegebenen Exilzeitschrift *Die Sammlung* einer größeren Öffentlichkeit zugänglich zu machen, erfüllte sich nicht; er blieb zu Lebzeiten ungedruckt. In Briefen an Adorno (GB IV, 404) und Brecht (GB IV, 427f.) bezeichnet Benjamin ihn als eine Art Gegenstück zu seiner Arbeit über das epische Theater, in dem er zugleich zu »aktuellen Fragen der Literaturpolitik Stellung« nehme (GB IV, 410).

Mehr noch als im Fall des Aufsatzes über die französische Gegenwartsliteratur ist der Vortragstitel programmatisch zu verstehen. Und wie der Aufsatz verwendet auch der Vortrag Versatzstücke aus früheren Arbeiten. Auf diese Weise demonstriert er die Kontinuität zentraler Themen und unterwirft sie zugleich der Forderung nach einer »ständigen Kontrolle des eigenen Standorts« (GS II/2, 802), die Benjamin dem Schriftsteller in der Gegenwart abverlangt. Als Produzent gerät der Autor als Inhaber spezifischer Produktionsmittel in den Blick. So meint Benjamin die unfruchtbare Alternative umgehen zu können, derzufolge gewöhnlich die durch seine Autonomie verbürgte »Qualität« eines Werks nicht mit einer »Tendenz« zu vereinbaren sei. Demgegenüber möchte er den Beweis antreten,

»daß die Tendenz einer Dichtung politisch nur stimmen kann, wenn sie auch literarisch stimmt« (GS II/2, 684). Die literarische Tendenz aber könne »in einem Fortschritt oder in einem Rückschritt der literarischen Technik bestehen« (GS II/2, 686).

Dies ist nun aber nicht zwangsläufig als Forderung zu verstehen, die Dichtkunst zugunsten einer praktisch engagierten Tätigkeit aufzugeben, wie Sergej Tretjakow (1892-1936) dies unter sowjet-russischen Bedingungen als ›operierender Schriftsteller‹ praktiziert hatte. Aber sein Beispiel verdeutlicht, daß »man die Vorstellungen von Formen oder Gattungen der Dichtung anhand von technischen Gegebenheiten unserer heutigen Lage umdenken« müsse (GS II/2, 687). Die neuen Medien, von denen Benjamin zunächst exemplarisch die Zeitung, später am Beispiel der illustrierten Reportage die Photographie und, im Rekurs auf Brecht, Rundfunk und Film erwähnt, führen vor Augen, daß die literarischen Formen historische Ausdrucksformen sind und als solche einem Wandel unterliegen. Nicht immer habe es Romane gegeben, nicht immer Tragödien. In dem von Benjamin beobachteten »gewaltigen Umschmelzungsprozeß literarischer Formen« (GS II/2, 687) haben auch die von ihm als Gestalten des Fortlebens der Kunstwerke begriffenen Formen des Kommentars und der Übersetzung ihren Ort.

In der produktiven Auseinandersetzung mit den technischen Medien, aber auch in deren Rahmen, eröffnet sich die Möglichkeit, die tradierten, aus ihren alten Kontexten herausgesprengten literarischen Formen und Ausdruckmittel einer neuen Bestimmung zuzuführen. So erweist sich Benjamin die Zeitung, in der Kraus lediglich den Schauplatz einer literarischen Verwirrung hatte sehen können, als der Ort, an dem sich prototypisch die »Literarisierung der Lebens-verhältnisse« (GS II/2, 688) vorbereitet. In der Zeitung bahnt sich die mit der Überwindung der konventionellen Scheidung zwischen den Gattungen auch die zwischen dem Schriftsteller und dem Dichter an. Mehr noch zeichnet sich in der Folge der Einführung der Leserbriefspalten sogar die Aufhebung der Trennung von Autor und Leser ab. Daß diese Beobachtung in der bürgerlichen Presse ebenso wie im Rundfunk in Benjamins Gegenwart an Grenzen stößt, die durch die Eigentumsverhältnisse markiert werden, bekräftigt nur ihre politische Aktualität.

Mit diesen Überlegungen folgt Benjamin im wesentlichen Brecht, dessen episches Theater der Vortrag im Selbstzitat als Modell einer zeitgemäßen Nutzung literarischer Technik vorstellt. Neben der »organisierenden Funktion« (GS II/2, 698), die Benjamin dem spezifischen Werkcharakter des Brechtschen Theaters zugute hält, findet sich ein ergänzender Gedanke, den er in der Filmtheorie der

Kunstwerk-Thesen aufgreifen wird. Die Montagetechnik befördere
zum einen durch Entfremdung die vernünftige Einsicht in die Un-
vernunft der bestehenden Verhältnisse; zum anderen setze sie mit
ihren Unterbrechungen der Handlung auf »Übung« (GS II/2, 699)
und knüpfe damit an die existentiellen Erfahrungen von Menschen
an, die in einer von der Technik dominierten Alltagswelt permanent
Prüfungen und Begutachtungen unterworfen sind.

Was Benjamin in diesen beiden, aktuellen literaturpolitischen
Fragestellungen zugewandten Arbeiten in den Blick nimmt, wird
er später in einem erweiterten theoretischen Kontext als »Funktionswandel der Kunst« beschreiben, den es in seiner geschichtlichen
Tragweite zu erfassen gelte (GS VII/1, 358). Als ein entscheidender
Schritt in diese Richtung muß der umfangreiche Aufsatz über den
sozialdemokratischen Sittenhistoriker Eduard Fuchs (1870-1940)
angesehen werden, den er als Auftragsarbeit für die *ZfS* übernommen hatte.

In einem Schreiben an Benjamin vom 28.1.1935 hatte Horkheimer davon gesprochen, daß es »ein sehr alter persönlicher Wunsch von
uns [ist], daß ein guter Bericht über Fuchs in der Zeitschrift steht«
(zit. in GS II/3, 1319). Fuchs lebte wie Benjamin im Exil in Paris,
wo er 1940 starb. Als Treuhänder des Vermögens seines Freundes
Felix Weil war er hinter den Kulissen maßgeblich an der Gründung
des Instituts für Sozialforschung beteiligt, dem er auch weiterhin
eng verbunden blieb (Weitz 1991, 413). Benjamin hat aus seiner
Abneigung gegen die von ihm immer wieder aufgeschobene Arbeit
keinen Hehl gemacht. Im Mai 1934 zugesagt, erschien sein Text
unter dem Titel *Eduard Fuchs, der Sammler und der Historiker* mit
mehr als dreijähriger Verzögerung erst im Herbst 1937. Anderweitige
Interessen, die einen früheren Abschluß verhinderten, erwiesen sich
für die Konzeption letztlich als äußerst fruchtbar.

Im Mai 1935 vertagte Benjamin die Ausarbeitung zugunsten
eines Exposés der *Passagenarbeit*, für das er das zunächst eher unver-
bindliche Interesse des Instituts hatte gewinnen können. Mit dem
Plan einer Studie über die Pariser Passagen hatte er sich bereits 1927
während der Arbeit an der Proust-Übersetzung in der französischen
Hauptstadt getragen. Unter gänzlich divergierenden Prämissen griff
er diesen Plan im Herbst 1934 im Pariser Exil wieder auf. In enger
Verbindung mit diesem ihn bis zu seinem Tode beschäftigenden
Arbeitsvorhaben stehen die *Kunstwerk*-Thesen, die er im Oktober
1935 abfaßte. In einem Brief skizziert er den erkenntnistheoretischen Kontext, der die beiden Arbeiten miteinander verbindet. Die
Erkenntnis der jetzigen Lage der Kunst, um die es in den Thesen
geht, sei die Voraussetzung für das Verständnis ihres Schicksals im 19.

Jahrhundert. Mit dieser Einsicht habe er die Erkenntnistheorie der *Passagenarbeit*, die um den von ihm »sehr esoterisch gehandhabten Begriff des ›Jetzt's der Erkennbarkeit‹ kristallisiert« sei, »an einem entscheidenden Exempel realisiert« (GB V, 171).

Vor diesem Hintergrund erwies sich die »Verachtung« (GB V, 466), die Benjamin während der Beschäftigung mit den Arbeiten von Fuchs zunehmend verspürte, als ein höchst produktiver Affekt. Sie führte dazu, daß er die unausweichlich kritische Auseinandersetzung mit der Methode von Fuchs als Gelegenheit nutzte, seiner Darlegung im Gegenzug »positive Formulierungen zum historischen Materialismus« (GB V, 463) abzugewinnen, deren grundlegende Bedeutung nicht zuletzt daran zu ermessen ist, daß er sowohl in der *Passagenarbeit* als auch in den Thesen *Über den Begriff der Geschichte* auf sie zurückgriff.

In dem Aufsatz selbst kommt die ambivalente Einstellung Benjamins zu seinem Gegenstand in der Doppelgestalt des Sammlers und des Historikers zum Ausdruck, in der sich ihm die geistige Physiognomie von Fuchs ausprägt. Das Verhältnis beider zueinander ist in der Formulierung vorgezeichnet, derzufolge die Sammlungen des Sittenhistorikers »die Antwort des Praktikers auf die Aporien der Theorie« seien (GS II/2, 469).

Die Herausforderung, der Benjamin sich nach Maßgabe dieser Maxime in seinem Aufsatz stellt, besteht in der Schwierigkeit, »von der jüngsten Vergangenheit Rechenschaft abzulegen« (GS II/2, 465), an der Fuchs als materialistischer Kunsthistoriker und aktiver, der SPD nahestehender Sozialist sowohl subjektiven als auch objektiven Anteil hatte. Im Anschluß an eine längere Passage aus einem Brief von Friedrich Engels an Franz Mehring gelangt Benjamin zu der nach seiner Überzeugung für einen materialistischen Begriff der Geschichte richtungweisenden Einsicht, daß die Geschichte der Kunst kein eigenständiges Gebiet der Geschichte sei. Die häufig zitierte sentenzartige Bemerkung, die Benjamin in diesem Zusammenhang macht und die er in den Thesen *Über den Begriff der Geschichte* wörtlich wiederholt: »Es ist niemals ein Dokument der Kultur, ohne zugleich ein solches der Barbarei zu sein« (GS II/2, 477 bzw. I/2, 696), variiert eine Einsicht Nietzsches.

Für Nietzsche gibt es keinen Zweifel daran, »daß zum Wesen einer Kultur das Sklaventhum gehöre« und daß »Grausamkeit [...] im Wesen jeder Kultur« zu finden sei. Wenn hier »der Quell jenes Ingrimms [liegt], den Kommunisten und Socialisten und auch ihre blasseren Abkömmlinge, die weiße Race der ›Liberalen‹ jeder Zeit gegen die Künste, aber auch gegen das klassische Alterthum genährt haben« (Nietzsche, I, 767-8), dann spricht das für Nietzsche durch-

aus für die Kunst als Stimulans des Lebens und allemal gegen ihre
Feinde, die im Namen von Gerechtigkeit, Gleichberechtigung und
Mitleid auftreten. Mit seinem Hinweis auf die Zusammengehörigkeit
von Kultur und Barbarei geht es Benjamin jedoch nicht einfach um
eine der Nietzsches entgegengesetzte Bewertung derselben Einsicht.
Vielmehr vollzieht er eine »Umwertung« durchaus im Sinne der
genealogischen Geschichtsbetrachtung Nietzsches, dergestalt daß
bei ihm an die Stelle, die bei Nietzsche der Begriff des Lebens oder
der Macht innehat, der Begriff der Politik tritt. Erst »echte«, und
das heißt für Benjamin: »politische Erfahrung« (GS II/2,477),
vermöchte den fetischistischen Begriff der Kultur zu zerschlagen,
der sowohl ihren Gütern als auch dem Prozeß der Überlieferung
anhaftet. In diesem Sinne erklärt er es zur Aufgabe einer materialistischen Geschichtsschreibung, die »Geschichte gegen den Strich
zu bürsten« (GS I/2, 697). Zwar stützt er im Fuchs-Aufsatz seine
Kritik des Begriffs der Kulturgeschichte in einer Fußnote mit einem
Marx-Zitat. Ihre nähere Explikation im Text findet sie jedoch im
Rückgriff auf den Ursprungsbegriff des Trauerspielbuches (GS II/2,
468) und die ebenfalls in früheren Schriften entwickelte Konzeption
vom Fortleben der Werke.

Der Fuchs-Aufsatz spitzt den Gedanken, daß ein Kunstwerk
angemessen nur im Kontext seiner Vor- und Nachgeschichte erfaß-
bar sei, in der Aufforderung zu, der »kritischen Konstellation sich
bewußt zu werden, in der gerade dieses Fragment der Vergangenheit mit gerade dieser Gegenwart sich befindet« (GS II/2, 467f.).
In der Folge dieser Ausrichtung der Geschichtsauffassung auf die
Gegenwart, das ›Jetzt der Erkennbarkeit‹, ist Geschichte nicht mehr
als ein Verlauf gedacht. An die Stelle ihrer in der konventionellen
Darstellung vorherrschenden »epischen« Repräsentation tritt in der
dialektischen Geschichtsdarstellung ein zugleich destruktives und
konstruktives Moment: Die jeweilige Epoche wird aus der »dinghaften
›geschichtlichen Kontinuität‹« herausgesprengt (GS II/2, 468) und
zur Gegenwart in Bezug gesetzt. In dieser Konzeption der Geschichte
hat die Kategorie des Fortschritts keinen Platz. Wohl aber in der des
Historikers Fuchs, der sich mit seinem Vertrauen auf den technischen
Fortschritt, mit seiner Vorstellung vom ›kulturellen Erbe‹ und mit
seiner deterministischen Sicht des Gangs der Geschichte, die den
Sieg des Proletariats unausweichlich mit sich bringen werde, als
zutiefst dem neunzehnten Jahrhundert verhaftet zeigt.

Nicht erst aus der Perspektive des vom Sieg des Faschismus in
Deutschland erzwungenen Exils hatten sich diese Überzeugungen
für Benjamin diskreditiert. Vielmehr entdeckt er in der Gestalt des
leidenschaftlichen Sammlers Eduard Fuchs Ansätze zu einer mate-

rialistischen Theorie der Kunst und Geschichte, die zugleich mit
dem Interesse des Sammlers an der materiellen Seite der Kunst die
theoretischen Einsichten des Historikers eines Besseren belehren.
So entwickelt der Sittenhistoriker Fuchs gleichsam *en passant* eine
Theorie der Orgie, die seine Apotheose des Schöpferischen widerlegt
(GS II/2, 496); so wird im Schnittpunkt seines historischen, sozialen
und sittengeschichtlichen Interesses die Mode mit dem ihr eigentümlichen Zeitmaß zum Gegenstand seiner Arbeiten. Als bahnbrechend
wertet Benjamin schließlich die Beschäftigung des Sammlers Fuchs
mit Daumier, dessen Werke er als einer der ersten sammelte. Indem
Fuchs die Karikatur als eine Massenkunst auffaßte, so Benjamin,
mußte er »notwendig auf die Frage der technischen Reproduktion
des Kunstwerks« stoßen (GS II/2, 503) – und damit auf eine Fragestellung, der er selbst in seinen Thesen über *Das Kunstwerk im
Zeitalter seiner technischen Reproduzierbarkeit* nachging.

Noch ein weiterer, von der Forschung eher vernachlässigter Text
gehört in den theoretischen Kontext, in dem sich für Benjamin
der Gedanke vom Funktionswandel der Kunst mit dem auf die
Gegenwart bezogenen Geschichtsbegriff verbindet. Noch während
der abschließenden Korrekturen am Fuchs-Aufsatz berichtet er
von der Entdeckung einer Abhandlung, die er »mit klopfendem
Herzen gelesen« habe (GB V, 492). Es handelt sich um den 1828
zuerst gedruckten Aufsatz des von der Literaturgeschichtsschreibung
vergessenen, zwischen Aufklärung und Romantik stehenden Schriftstellers Carl Gustav Jochmann (1790-1830) mit dem Titel: »Die
Rückschritte der Poesie«. Der Text wurde in einem von Benjamin
besorgten Auszug und mit einer Einleitung versehen 1939/40 in
der *ZfS* neu publiziert. Jochmann gehört zu denen, wie Benjamin
in seiner *Einleitung* ausführt, die jene Tradition revolutionär-de-
mokratischen Denkens im deutschen Bürgertum verbürgen, für
die Paris, mit Nietzsches Wort, die Hauptstadt der guten Europäer
war. An diese erst mit der Reichsgründung unterbrochene Tradition
(GS II/2, 574) erinnert Benjamin auch in seiner Briefsammlung
Deutsche Menschen, an der er seit 1931 arbeitete. Nach eigener
Auskunft war er bei Vorarbeiten zu dieser Sammlung, die 1936 im
Druck erschien, auf Jochmanns Abhandlung gestoßen. Nach der
Publikation des Textes kam es jedoch zu einer Auseinandersetzung
mit dem Dichter und Essayisten Werner Kraft (1896-1991) über die
Frage der Priorität der Entdeckung, in der Benjamin keine glückliche
Figur macht (dokumentiert in GS II/3, 1397-1403).

In Benjamins Begründung des Vorschlags, den Text in der *ZfS*
abzudrucken, wird deutlich, daß er für ihn zu einem weiteren
Modellfall des gegenwartsbezogenen Geschichtsbegriffs geworden

war. Mit seiner Formulierung, der Text sei »heute unauffindbar,
gestern unverständlich gewesen« (GB V, 492), rückt er ihn in die
unmittelbare Nähe der ganz ähnlich angekündigten *Kunstwerk*-
Thesen, mit denen er ihn denn auch durch das »Motiv vom Verfall
der Aura« verbunden sieht (GB V, 623). Jochmanns Reflexionen
»über die geschichtlichen Grenzen, die die Humanität der Kunst
setzen könnte« (GB V, 623), werfen die Frage nach der Funktion
der Kunst in einer säkularen Perspektive auf, auf die Benjamin in
den Thesen ebenfalls gestoßen war. Auf die aktuelle Relevanz von
Platos Überzeugung, daß die Poesie »in einem *vollendeten* Gemein-
wesen« schädlich, ja überflüssig sei (GS II/2, 683), hatte er bereits
in seinem Vortrag *Der Autor als Produzent* verwiesen. Zwar werde
der Sowjetstaat nicht, wie der platonische, den Dichter ausweisen.
Er werde ihm aber andere Aufgaben zuweisen, als »den längst
verfälschten Reichtum der schöpferischen Persönlichkeit in neuen
Meisterwerken zur Schau zu stellen«. Dies sei vielmehr zu einem
Privileg des Faschismus geworden (GS II/2, 695). Demgegenüber
sei Jochmann von seinem besonderen Standort aus dahin gelangt,
das platonische »Verbannungsurteil« zu bestätigen. Allerdings bleibe
er sich unschlüssig, so Benjamin, in welcher Weise sich der Leser
die auf diese Weise zu einer produktiveren Betätigung befreite Einbildungskraft fruchtbarer angewandt vorzustellen habe. Jochmann
gebe sowohl den »Ausblick auf eine humanere Staatswirtschaft« als
auch auf einen »wiedergeborenen ›Dichtergeist‹« (GS II/2, 580).
    Die *Einleitung* sucht die aktuelle Relevanz der Spekulationen
Jochmanns zu veranschaulichen, indem sie zugleich die spezifische
Sicht der Geschichte herausstellt, der sich seine Einsichten verdank-
ten. Jochmanns Denken sei dem der Romantiker entgegengesetzt.
Ihm sei die Vergangenheit kein Fetisch, den es für die Gegenwart
durch Einfühlung und Nachahmung zu bewahren gelte. Vielmehr
erweise sich deren Aktualität einzig einer Auffassung, die der »eigenen Geschichte immer geistesgegenwärtiger in das Auge sieht
und immer neue Winke ihr abgewinnt« (GS II/2, 581). Eben dies
hält die *Einleitung* Jochmanns Text sowohl in der Sache als auch
in seinen theoretischen Prämissen zugute. Am Leitfaden der im
Trauerspielbuch geprägten Formel vom »Bewußtsein von der Problematik der Kunst« rückt sie ihn in eine Tradition, für die in der
jüngeren Vergangenheit der Architekt und Kulturkritiker Adolf Loos
(1870-1933) mit seinem Kampf gegen das Ornament (*Ornament
und Verbrechen*, 1908) einsteht, in der jüngsten aber Benjamin selbst
mit seinen »Versuchen einer materialistischen Theorie der Kunst«
in der Studie über *Das Kunstwerk im Zeitalter seiner technischen
Reproduzierbarkeit* (GS II/2, 582).

Noch in anderer Weise ist zudem Benjamins Frühwerk in dieser Skizze gegenwärtig. In einer Lesart (GS II/3, 1408) verweist der Text auf Erich Ungers Studie *Gegen die Dichtung*, die Benjamins Interesse bereits im Erscheinungsjahr 1925 fand (GB III, 91). Ungers Überzeugung von der Realität des Mythos, sein Glaube an die archaische Macht der den Gott erzwingenden mythischen Phantasie, in der Nietzsche ebenso präsent ist wie die Spekulationen von Ungers Mentor Oskar Goldberg, hatte Benjamin bereits in seinen auf die frühen zwanziger Jahre zurückgehenden Überlegungen zum Begriff des Politischen als kritische Referenz gedient. Die Realität des Mythos gilt Unger als Vorbedingung für die von ihm erstrebte Gründung eines theokratisch verfaßten jüdischen Staatswesens. In der *Jochmann-Einleitung* markiert Ungers Studie in Benjamins Sicht die Schärfe der Auseinandersetzung, die in der Gegenwart um das Prädikat des Ästhetischen entbrannt ist, das die totalitären Staaten »noch für ihre blutigsten Vollstreckungen in Anspruch [...] nehmen« (GS II/2, 582).

Literatur: Kahmen 1992, 34-55; Kambas 1983; Kaulen 1987, 91-197; Mattenklott 1992, 273-282; Müller, I. 1993; Wolin 1982/1994, 139-161.

2. Das Kunstwerk im Zeitalter seiner technischen Reproduzierbarkeit

Die Arbeit, die Benjamin im Oktober 1935 in Briefen an Gretel Adorno und Max Horkheimer in ähnlich lautenden, ihre Bedeutung nachdrücklich herausstellenden Formulierungen ankündigt, hat sich in der Rezeption seiner Schriften lange Zeit als wenn nicht seine wichtigste so doch als seine umstrittenste erwiesen. Er selbst hat sie als einen entscheidenden Vorstoß »in der Richtung einer materialistischen Kunsttheorie« betrachtet und diesen Anspruch maßgeblich auf ihren geschichtsphilosophischen Modellcharakter gegründet. Es habe sich darum gehandelt, schreibt er an Horkheimer, den genauen Ort in der Gegenwart anzugeben, auf den sich seine historische Konstruktion in der Arbeit über die Pariser Passagen als auf ihren Fluchtpunkt beziehen werde:

»Wenn der Vorwurf des Buches das Schicksal der Kunst im neunzehnten Jahrhundert ist, so hat uns dieses Schicksal nur deswegen etwas zu sagen, weil es im Ticken eines Uhrwerks enthalten ist, dessen Stundenschlag erst in *unsere* Ohren gedrungen ist. Uns, so will ich damit sagen, hat die Schicksalsstunde der Kunst geschlagen, und deren Signatur habe ich in einer Reihe vorläufiger Überlegungen festgehalten, die den Titel tragen ›Das Kunstwerk im Zeitalter seiner technischen Reproduzierbarkeit‹« (GB V, 179).

Daß der Film im Zentrum dieser Überlegungen stehen würde, erwähnen die Briefe mit keinem Wort. Im Exposé der *Passagenarbeit* hatte Benjamin nur vage darauf hingewiesen, daß die im 19. Jahrhundert populären Panoramen über die Photographie hinaus auf Film und Tonfilm vorauswiesen (GS V/1, 48). In Übereinstimmung mit den Thesen aber heißt es in einer der Aufzeichnungen zu den *Passagen*, daß »alle Probleme der heutigen Kunst ihre endgültige Formulierung nur im Zusammenhange des Films finden« (GS V/1, 498).

Dennoch hat es seinen guten Sinn, daß Benjamins Thesen zunächst von der technischen Reproduzierbarkeit des Kunstwerks und in diesem Kontext zuerst von der Photographie und dann vom Film handeln. Wie die *Einbahnstraße* mit ihren Aphorismen zum Buchdruck und zur Zeitung belegt, war Benjamin auf medientheoretische Zusammenhänge schon früher aufmerksam geworden. Nicht unwichtig ist ferner, daß sein erstes dokumentiertes Interesse an der Photographie einem surrealistischen Kontext entstammt: 1924 hatte er einen kurzen Text von Tristan Tzara über Man Rays Technik des Photographierens ohne Kamera, die sogenannte ›Rayographie‹, übersetzt (GS Suppl. I, 8-11). Im *Sürrealismus-Essay* selbst würdigt er die Rolle der Photographie in Bretons *Nadja* (GS II/1, 301) als ein Mittel der profanen Erleuchtung des Alltags. Dankbar hat er darüber hinaus die Bemerkung seines Jugendfreundes Alfred Cohn (1892-1954) aufgegriffen, mit dem er auch nach dessen Emigration nach Spanien weiterhin in brieflichem Kontakt stand. Cohn hatte in der neuen Arbeit, die 1936 im Druck erschien, trotz ihrer »neuen, vielfach gewiß auch überraschenden Tendenz«, ihre Kontinuität mit früheren Arbeiten entdeckt (GB V, 325).

Diese Kontinuität, die Benjamin vor allem darin gegründet sah, daß er sich »durch all die Jahre hindurch einen immer genaueren und kompromißlosen Begriff von dem, was ein Kunstwerk ist«, zu machen gesucht habe, erschöpft sich nicht in der Beschreibung der Aura mit der aus dem Essay über die *Wahlverwandtschaften* stammenden Formel von dem »Gegenstand *in* seiner Hülle« (GS VII/1, 368). Sie schließt vielmehr auch seinen zuweilen auf das Gebiet der Kunstgeschichte ausgreifenden Versuch ein, das Wesen des Kunstwerks im Rahmen einer Theorie der Wahrnehmung zu erfassen, wie er ihn im Trauerspielbuch im Anschluß an Riegls Begriff des Kunstwollens unternommen hatte. In der IV. These nimmt Benjamin ausdrücklich für sich in Anspruch, mit seiner Arbeit kritisch an die Vorarbeiten der Wiener Schule, Riegl und Wickhoff, anzuknüpfen, die, wie es in einer späteren Formulierung heißt, die »Frage nach den geschichtlichen Variablen der menschlichen Wahrnehmung« (GS III, 523) aufwarfen. Auf diese Weise gewinnt er der

Ästhetik einen Horizont zurück, den sie mit ihrer Fixierung auf die klassisch-romantische Kunst in der Kunstphilosophie des 18. und 19. Jahrhunderts verloren hatte. Dieser Kontext ist gemeint, wenn er in der vorletzten These dazu auffordert, den Film als den derzeit wichtigsten »Gegenstand jener Lehre von der Wahrnehmung« zu erkennen, die, der ursprünglichen Wortbedeutung gemäß, »bei den Griechen Ästhetik hieß« (GS VII/1, 381).

Thematisch knüpfen die Thesen unmittelbar an die *Kleine Geschichte der Photographie* an, die 1931 in drei Folgen in der *Literarischen Welt* erschien. Was die beiden Arbeiten darüber hinaus in theoretischer Hinsicht verbindet, ist der vielfach umstrittene Begriff der Aura und die These von ihrem Verfall als dem entscheidenden Ereignis in der Entwicklung der Kunst im neunzehnten Jahrhundert. Die zentrale Bedeutung dieser These für beide Arbeiten vorausgesetzt, ist auf den ersten Blick nicht unmittelbar einsichtig, worin denn bei soviel unbestreitbarer Kontinuität die neue und überraschende Tendenz der neueren Arbeit besteht, auf die Benjamin soviel Wert legte. Dennoch läßt sich die Nahtstelle zeigen, an der die Thesen an die Überlegungen der *Kleinen Geschichte der Photographie* anschließen und sie weiterentwickeln.

Ebenso wie Benjamin in den Thesen die zukünftige Entwicklung der Kunst nur vor dem Hintergrund ihrer Stellung zu den Produktionsbedingungen meint prognostizieren zu können, sieht er die Geschichte der Photographie maßgeblich von deren Industrialisierung bestimmt. Die heutige »Erschütterung der kapitalistischen Industrie« lenke den Blick zurück auf die vorindustrielle Blütezeit der Photographie und eröffne damit zugleich die Chance, ihr Wesen zu erfassen. Als Folge dieser historischen Konstruktion stellt sich die kommerzielle Nutzung der Photographie als ein vorübergehendes Phänomen dar. Wenn im Zuge der Industrialisierung andere, im Wesen dieser Technik angelegte Möglichkeiten ungenutzt blieben, so beginnen diese in der Folge der gegenwärtigen Krise des Kapitalismus »heute ins Bewußtsein zu treten« (GS II/1, 368). Diese Einsicht aber werde von der Debatte um die »Photographie als Kunst« verdeckt, die ihre Frühzeit begleitete und noch heute nichts von ihrer vermeintlichen Aktualität eingebüßt hat. Aufschlußreicher als die ästhetische Debatte sei aber der soziale Tatbestand der »Kunst als Photographie«, also die Frage nach der »Wirkung der photographischen Reproduktion von Kunstwerken für die Funktion der Kunst« (GS II/1, 381). Als reproduktive Technik ermögliche es die Photographie, ein Gemälde, eine Plastik oder ein Gebäude leichter zu erfassen und auf andere Weise wahrzunehmen als in der Wirklichkeit. Die mechanische Reproduktion sei eine Verkleine-

rungstechnik, die dem Menschen zur Herrschaft über die Werke
der Kunst verhelfe (GS II/1, 382).

In Benjamins Verständnis ist die Photographie zunächst eine
Technik. Irreführend ist die ästhetische Debatte nicht nur, weil
sie diesen Tatbestand verkennt, sondern darüber hinaus auch, weil
sie im Namen des Schöpferischen einem banausischen Begriff von
Kunst das Wort redet, »dem jede technische Erwägung fremd ist«
(GS II/1, 369). Damit greift die *Kleine Geschichte der Photographie*
einen entscheidenden Gedanken der literaturtheoretischen Schriften
auf. Im Fall der Photographie enthüllt sich die Tragweite der neuen
Technik in ihrer Anwendung auf die Beobachtung der Natur. Sie ist,
mit anderen Worten, ein Instrument der Wahrnehmung. Im Grenz-
bereich von Magie und Technik legen nun aber die frühen Licht-
bilder Zeugnis davon ab, daß es »eine andere Natur ist, welche zur
Kamera als welche zum Auge spricht«. In der Photographie trete an
die Stelle des vom Menschen mit Bewußtsein durchwirkten Raumes
ein »unbewußt durchwirkter«. Von diesem »Optisch-Unbewußten«
erfahre er »erst durch sie, wie von dem Triebhaft-Unbewußten durch
die Psychoanalyse« (GS II/1, 371). Der Gang eines Menschen etwa,
seine Haltung im Sekundenbruchteil des Ausschreitens, erschließe
sich ihm erst mit den technischen Hilfsmitteln der Photographie.

Als eine solche Erkundung des Optisch-Unbewußten mit Hilfe
der Kamera würdigt Benjamin auch die Pflanzenphotographien Karl
Bloßfeldts (1865-1932), dessen *Urformen der Kunst* er bereits 1928
begeistert rezensiert hatte. In seinem Vorwort zu dem Band hatte der
Herausgeber und Galerist Karl Nierendorf, betont, daß die Technik
es sei, »die heute unsere Beziehung zur Natur enger als je gestaltet
und uns mit Hilfe ihrer Apparate Einblick in Welten schafft, die
bisher unseren Sinnen verschlossen waren« (Bloßfeldt 1928/1999,
69). Diesen Gedanken greift Benjamin auf. In den Worten der
Rezension liegt das Verdienst Bloßfeldts darin, entscheidend zu
»jener großen Überprüfung des Wahrnehmungsinventars« beigetragen zu haben, »die unser Weltbild noch unabsehbar verändern
wird« (GS III, 151).

Wenn es demnach eine spezifische Form der Wahrnehmung ist,
die in den frühen Photographien zum Ausdruck kommt, dann ist
sie maßgeblich durch das Zusammenspiel der neuen Technik mit
ihrem Objekt bestimmt. Im Begriff der Aura hat Benjamin das
Eigentümliche dieses Zusammenspiels zu erfassen versucht. Die
berühmte, in den *Kunstwerk*-Thesen später wörtlich aufgegriffene
Formel: »Ein sonderbares Gespinst von Raum und Zeit: einmalige
Erscheinung einer Ferne, so nah sie sein mag« (GS II/1, 378), beschreibt die Aura in unausgesprochener Anlehnung an Kants Analyse

der sinnlichen Anschauung in seiner transzendentalen Ästhetik. Als ein raumzeitliches Phänomen hatte die Einmaligkeit in der frühen Photographie nicht zuletzt technische Gründe. Der noch unterentwickelten Kameratechnik mit ihrer aufwendigen Aufnahmeprozedur entsprach auf seiten des Porträtierten eine distanzstiftende »Scheu vor dem Apparat« (GS II/1, 372). Zudem verlangte die geringe Lichtempfindlichkeit der Objektive mit ihren extrem langen Belichtungszeiten dem Modell ein geduldiges Stillhalten ab. In Benjamins Worten war »alles an diesen frühen Bildern [...] angelegt zu dauern« (GS II/1, 373). Die frühen Photographien waren nämlich nicht nur Produkte eines zeitaufwendigen und Distanz stiftenden Aufnahmeverfahrens, sondern ebenso Dokumente des Anspruchs auf dauerhafte Wirkung des im Bild Festgehaltenen. Sie waren Unikate, die im Familienbesitz aufbewahrt wurden.

Dennoch wäre es falsch, wie Benjamin betont, die Aura als das bloße Erzeugnis einer primitiven Kameratechnik zu betrachten: »Vielmehr entsprechen sich in jener Frühzeit Objekt und Technik genau so scharf, wie sie in der anschließenden Verfallsperiode auseinandertreten«(GS II/1, 376). In der zweiten Hälfte des 19. Jahrhunderts haben lichtstarke Objektive die auratische Photographie technisch obsolet gemacht. Wenn nunmehr Verfahren entwickelt werden, um sie auf den Bildern künstlich zu erzeugen, dann verrät sich für Benjamin darin »die Ohnmacht jener Generation im Angesicht des technischen Fortschritts« (GS II/1, 377). Im Zeitalter des Imperialismus hat das Bürgertum das Vertrauen in die Technik verloren, von dem als einer verheißungsvollen Begegnung von Mensch und Technik die Aura der frühen Photographien Zeugnis ablegte.

In der Geschichte der Photographie markiert Eugène Atget (1857-1927) für Benjamin eine neue Etappe. Seine zwischen 1898 und 1927 entstandenen Photos von Paris würdigt Benjamin als »Vorläufer der surrealistischen Photographie« (GS II/1, 378). So hatten es nicht zuletzt die Surrealisten selbst gesehen. Im Juni 1926 wurden in der siebten Nummer der *Révolution surréaliste* drei Photographien Atgets erstmals öffentlich abgedruckt. Atget, der darauf insistierte, daß es sich bei seinen Aufnahmen um Dokumente und sonst nichts handele (»c'est du document et rien d'autre«), hatte seinem Entdecker, dem Photographen Man Ray (1890-1976), die Abdruckgenehmigung nur unter der Bedingung erteilt, daß seine Anonymität gewahrt bliebe. Atgets Aufnahme von Beobachtern einer Sonnenfinsternis aus dem Jahr 1912 (*Avant l'éclipse, place de la Bastille*) erschien mit der Unterschrift »Les dernières conversions« auf dem Titelblatt der Zeitschrift. Ohne jeden Kommentar folgte im Rahmen der ständigen Rubrik, in der die Zeitschrift Träume abdruckte, die Aufnahme eines Schaufensters mit Korsagen (*Corsets, Boulevard de Strasbourg, 10ᵉ arr., 1921*). Schließlich war auf den letzten Seiten ein Photo mit der Unterschrift »Versailles« zu sehen, auf dem eine junge Frau vor einer Häuserfront abgebildet war. Atget hatte die Aufnahme in der Tat in Versailles gemacht; allerdings zeigt sie, was die Bildunterschrift in der *Révolution surréaliste* verschweigt, ein Bordell (*Maison close, Versailles, 1921*).

Benjamin zufolge besteht das Verdienst Atgets darin, das Objekt von der Aura befreit und auf diese Weise die Frage nach einer wahrhaft zeitgemäßen Funktion der Photographie angestoßen zu haben. Darauf machten die Surrealisten auf ihre Weise die Probe, indem sie seine Aufnahmen montageartig in einen fremden Kontext versetzten. In Benjamins Sicht dokumentieren die Photographien Atgets einen Wandel der Wahrnehmung, deren Dominanz in der Gegenwart unübersehbar geworden ist. Diese Wahrnehmung ist in ihrer raumzeitlichen Struktur der auratischen entgegengesetzt. An die Stelle des Zaubers der Ferne ist die nächste Nähe, an die Stelle von Einmaligkeit und Dauer sind Flüchtigkeit und Wiederholung getreten.

»Die Entschälung des Gegenstandes aus seiner Hülle, die Zertrümmerung der Aura ist die Signatur einer Wahrnehmung, deren Sinn für alles Gleichartige auf der Welt so gewachsen ist, daß sie es mittels der Reproduktion auch dem Einmaligen abgewinnt« (GS II/1, 379).

Es liegt auf der Hand, daß die photographische Reproduktion von Kunstwerken eine Möglichkeit darstellt, dem so gewandelten Bedürfnis zu entsprechen. Bereits in der Frühzeit der Photographie aber hatte man in der Photographie nicht zuletzt deshalb eine Rivalin der Malerei sehen wollen, weil sie deren Anspruch auf eine Wiedergabe der Realität auf unüberholbare Weise einlöste. Wenn sie sich in der Gegenwart auf diese Aufgabe besinnt, dann gelte es, so Benjamin, die »Weisungen, die in der Authentizität der Photographie liegen«, zu erfassen (GS II/1, 385). Die Magie, die von den frühen Photographien ausgehe, sei auch dadurch bedingt, daß der von der Photographie eröffnete Blickraum »unbescholten oder besser gesagt unbeschriftet« (GS II/1, 372) gewesen sei. Erst mit Hilfe der Beschriftung könne die Photographie ihre zeitgemäße und das heißt für Benjamin im wesentlichen: politische und soziale Aufgabe wahrnehmen. Wo die Photographie in der surrealistischen Montage die Grenzen nicht überschreitet, die ihr der Skandal setzt, möchte Benjamin ihr das Feld der Politik öffnen. Immer kleinere Kameras machten es möglich,

»flüchtige und geheime Bilder festzuhalten, deren Chock im Betrachter den Assoziationsmechanismus zum Stehen bringt. An dieser Stelle hat die Beschriftung einzusetzen, welche die Photographie der Literarisierung aller Lebensverhältnisse einbegreift, und ohne die alle photographische Konstruktion im Ungefähren stecken bleiben muß« (GS II/1, 385).

An diesen Gedanken der Kontextualisierung knüpft Benjamin in den Thesen über *Das Kunstwerk im Zeitalter seiner technischen Reproduzierbarkeit* unmittelbar an, um ihn mit Blick auf die spezifischen Bedingungen des Films einen entscheidenden Schritt weiterzudenken: »Die Direktiven, die der Betrachter von Bildern in der illustrierten Zeitschrift durch die Beschriftung erhält, werden bald darauf noch präziser und gebieterischer im Film, wo die Auffassung von jedem einzelnen Bild durch die Folge aller vorangegangenen vorgeschrieben erscheint« (GS VII/1, 361). Die Chockwirkung, die die Photographie in Benjamins Verständnis mit Hilfe der Schrift propagandistisch nutzt, setzt im Film eine andere, nicht weniger politische Praxis frei: die Übung. Indem die auf der Leinwand ablaufenden Bilder den Assoziationsablauf des Betrachters permanent unterbrechen, zwingen sie ihn, jede auf diese Weise erzeugte Chockwirkung durch »gesteigerte Geistesgegenwart« aufzufangen. Nach Benjamins Überzeugung ist der Film

»die der betonten Lebensgefahr, in der die Heutigen leben, entsprechende Kunstform. Er entspricht tiefgreifenden Veränderungen des Apperzeptionsapparats – Veränderungen wie sie im Maßstab der Privatexistenz jeder Passant im Großstadtverkehr, wie sie im weltgeschichtlichen Maßstab jeder Kämpfer gegen die heutige Gesellschaftsordnung erlebt« (GS VII/1, 380).

Die zeitgemäße Aufgabe, die dem Film unter diesen Umständen zuwächst, besteht darin, »den Menschen in denjenigen Apperzeptionen und Reaktionen zu üben, die der Umgang mit einer Apparatur bedingt, deren Rolle in seinem Leben fast täglich zunimmt« (GS VII/1, 359f.).

Benjamin hatte die Thesen Horkheimer mit der Bemerkung zugesandt, er habe darin den Fragen der Kunsttheorie eine wahrhaft gegenwärtige Gestalt zu geben versucht und zwar »von innen her, unter Vermeidung aller *unvermittelten* Beziehung auf Politik« (GB V, 179). Das schließt nicht aus, daß er seinen theoretischen Darlegungen nicht nur selbstverständlich politische Relevanz zuerkannte, sondern sich darüber hinaus von der Publikation sogar eine politische Wirkung erhoffte. Sein Wunsch, die Thesen in der *ZfS* zu publizieren, hatte sich mit der Strategie zu arrangieren, die Horkheimer verfolgte, um den wissenschaftlichen Anspruch der Zeitschrift auch unter den Bedingungen des Exils zu wahren. Sie bestand in der »Enthaltsamkeit nicht nur von jeder auch nur halbwegs politischen Aktivität, sondern sogar von jeder kollektiven oder organisierten Maßnahme zur Aufklärung über die Situation in Deutschland« (Wiggershaus 1986, 154) und wurde erst recht nach der Übersiedlung des Instituts in die U.S.A. im Jahr 1934 beibehalten. Der einvernehmlich erzielte Entschluß, den Text in der *ZfS* in französischer Sprache zu veröffentlichen, ermöglichte zwar die erwünschte Rezeption in Frankreich, war aber mit entsprechenden Auflagen verbunden. Frei von dergleichen Rücksichten hoffte Benjamin die Thesen in Moskau publizieren zu können. An diesem Plan, von dem bereits unmittelbar nach Abschluß des Manuskripts in seinen Briefen die Rede ist (GB V, 184), hielt er auch noch nach dem Erscheinen der französischen Fassung hartnäckig, wenn auch letztlich vergeblich fest.

Unter diesen Umständen wurde nicht nur der Text, sondern ebenso seine Publikations- und Rezeptionsgeschichte zu einem Politikum. Zu Lebzeiten sind die Thesen einzig in einer von Pierre Klossowski in enger Zusammenarbeit mit Benjamin besorgten französischen Übersetzung (GS I/2, 709-739) im Druck erschienen. Aus Gründen politischer Rücksichtnahme wurden in dieser Fassung die erste (in anderen Fassungen auch als »Vorwort« bezeichnete) These und eine Reihe wichtiger Fußnoten gestrichen sowie alle Anspielungen auf die gegenwärtige politische Lage und der Terminus ›kommunistisch‹ durchgängig unterdrückt. Die posthume Rezeption stützte sich zunächst maßgeblich auf eine von Benjamin nach dem Druck der französischen Übersetzung für die Publikation in der Sowjetunion besorgte Textfassung, die als Typoskript überliefert ist (GS I/2, 471-508). Sie weist gegenüber dem im Nachlaß erhaltenen Manuskript (GS I/2, 431-469) einige markante Abweichungen auf. Der Übersetzung lag eine weitere Fassung zugrunde, die lange Zeit als vermißt galt und erstmals in den beiden Nachtragsbänden der *Gesammelten Schriften* zugänglich wurde (GS VII/1, 350-384). In dieser, gegenüber dem Manuskript in einigen wichtigen Passagen erweiterten Fassung las Adorno die Thesen. Als die Fassung, in der Benjamin seinen Text ursprünglich gedruckt sehen wollte, wird sie hier zugrunde gelegt; eine Übersicht über alle vier Fassungen ermöglicht eine von den Herausgebern erstellte Synopse (GS VII/2, 681-2).

Um die neue Qualität zu veranschaulichen, die der Film für das Kunstwerk im Zeitalter seiner technischen Reproduzierbarkeit darstellt, rekapituliert Benjamin in den Thesen zunächst seine Theorie vom Verfall der Aura, deren Geltung er nunmehr auf die gesamte

Kunstgeschichte ausweitet. Auf diese Weise wird die Aura im doppelten Sinne zu einem historischen Phänomen. Sie ist nicht nur in ihrem Ursprung an die Einmaligkeit und Echtheit des Kunstwerks gebunden, sondern an eine Form der Überlieferung, die seiner Einmaligkeit und Echtheit Rechnung trägt. Das magische Moment der Aura führt Benjamin nunmehr auf die ursprünglich kultische Funktion der Kunst zurück. Jedes aus der Vergangenheit überlieferte, ursprünglich religiöse Kunstwerk ebenso wie jedes noch so säkulare verlangt dem Rezipienten eine Haltung ab, die Züge kultischer Verehrung trägt. Mit dem Verlust seiner Einmaligkeit im Zeitalter seiner technisch möglich gewordenen massenhaften Reproduktion emanzipiert sich das Kunstwerk aus diesem Rezeptionskontext. Nach Benjamins Überzeugung hat sich damit »die gesamte soziale Funktion der Kunst umgewälzt. An die Stelle ihrer Fundierung aufs Ritual hat ihre Fundierung auf eine andere Praxis zu treten: nämlich ihre Fundierung auf Politik« (GS VII/1, 357).

Aus dieser Überlegung folgt, daß es sich bei der uns heute bewußten Funktion des Kunstwerks, der künstlerischen, um eine historisch vorübergehende handelt, »die man später als eine beiläufige erkennen mag« (GS VII/1, 358). Damit reformuliert Benjamin im Grunde seine in den literaturtheoretischen Schriften entwickelte Theorie vom Fortleben der Werke. Bereits dort hatte er das Kunstwerk in Übersetzung und Kritik dem Gebiet der reinen Kunst entwachsen sehen. Den Gebietscharakter der Kunst haben die medialen Bedingungen der Kunstrezeption in der Gegenwart endgültig als einen Schein entlarvt. Sich dieser Einsicht zu verweigern, heißt für Benjamin, die Kunst implizit ideologisch-politisch in Dienst zu nehmen. Umgekehrt folgt seine Forderung nach einer explizit politischen Funktionsbestimmung der Kunst seiner in den frühen zwanziger Jahren skizzierten Auffassung des Politischen, in deren Zusammenhang die Technik eine entscheidende Rolle spielt. Im Film als der Kunstform, »deren Kunstcharakter zum ersten Mal durchgehend von ihrer Reproduzierbarkeit bestimmt wird« (GS VII/1, 361), kommen diese Gesichtspunkte wie in einem Brennpunkt zusammen.

Wie im Fall der Photographie führt auch die Auffassung des Films als Kunst im traditionellen Sinne in die Irre. Vielmehr enthüllt sich retrospektiv vom Film her betrachtet der spezifisch technische Charakter der Kunst. Im Dienst der Magie, die Benjamin als eine noch mit dem Ritual verschmolzene erste Technik begreift, erfüllte die Kunst der Urzeit durchaus praktische, auf die Beherrschung der Natur zielende Aufgaben. Von dieser primitiven ersten Technik gelte es eine zweite zu unterscheiden, die mit spielerischen, von der Natur Abstand haltenden Mitteln Einfluß auf sie zu nehmen versuche. Mit dieser zweiten Technik sieht Benjamin den Film im besonderen Maße verbunden.

In seinen Augen ist der Film eine Kunstform, die durchgängig von einem technischen Moment, nämlich der Reproduzierbarkeit, bestimmt ist. Das gilt zum einen von seiten der enormen Produktionskosten, die allein aus kommerziellen Gründen eine massenhafte Verbreitung des Films geradezu erzwingen. Zum anderen beruht der Film seinem Wesen nach auf der Technik der Reproduktion. Er stellt gleichsam die Reproduktion der Reproduktion dar. Von der Studioaufnahme bis zum Schnitt besteht er aus Einzelteilen, die ihrerseits niemals einmalig, sondern jederzeit reproduzierbar, verbesserungsfähig, sind.

Auf diese Weise, nämlich mit den Mitteln der Technik, wird er zum getreuen Abbild einer ihrerseits durchgehend von der Technik beherrschten Natur. Wenn der Film erst durch die Montage einzelner Aufnahmen im Studio entsteht, so entspricht dem die Leistung des Schauspielers, die Benjamin mit einem in eine Vielzahl von einzelnen Aufgaben sich gliedernden Test vor der Aufnahmeapparatur vergleicht. Er praktiziert in seiner Person stellvertretend den Umgang mit der Welt der Apparate, die den Alltag und die Arbeitswelt der Kinobesucher bestimmen. Nach Maßgabe der Forderung Brechts, daß der Schauspieler eine Sache und zugleich sich selbst zeigen müsse, wendet Benjamin ein zentrales Prinzip des epischen Theaters, das Gestische, nunmehr auf jenes Medium an, dessen neue technische Formen dieses Theater ostentativ aufgegriffen hatte. Im Kino wird diese schauspielerische Ausstellung der Filmtechnik zum Gegenstand einer »simultanen Kollektivrezeption«, in der die Massen in solcher Rezeption sich selbst »organisieren und kontrollieren« können (GS VII/1, 375).

Unschwer sind in diesen Überlegungen ebenso wie in den einer Fußnote überantworteten Spekulationen über die Entstehung proletarischen Klassenbewußtseins (GS VII/1, 370f.) darüber hinaus die Grundgedanken von Benjamins früher politischer Philosophie zu erkennen, die mit Blick auf die Technik das Kollektiv in das Zentrum politischen Handelns rückte. Die politische Realität der dreißiger Jahre hat sie nicht widerlegt. Vielmehr macht das von kapitalistischen Interessen beherrschte Kino im Starkult die Probe auf eine Form der Rezeption, die unter veränderten gesellschaftlichen Verhältnissen eine »politische Auswertung« erfahren könnte (GS VII/1, 370).

Nicht von ungefähr aber zentriert Benjamin seine Filmtheorie um die These vom Verfall der Aura und stellt sie damit in den erweiterten Kontext einer Theorie der Wahrnehmung. Wie Riegl aus den Relikten der spätrömischen Kunstindustrie die damals vorherrschende »Organisation der Wahrnehmung« (GS VII/1, 354) rekonstruiert habe, so meint Benjamin aus dem Film als der Kunstform der Gegenwart Rückschlüsse auf die gegenwärtige Organisation der Wahrnehmung ziehen zu dürfen. Wo Riegl es bei einer formalen Beschreibung der veränderten Wahrnehmung beließ, glaubt Benjamin deren gesellschaftliche Bedingungen aufzeigen zu können. Vor diesem Hintergrund gewinnt der Vergleich der Kameratechnik mit der Psychoanalyse in seiner Übertragung auf das Kollektiv seine entscheidende soziale Tragweite. Wie die Psychoanalyse das triebhaft Unbewußte erhellt, so dringt die Kamera in das Optisch-Unbewußte ein und erkundet die Auswirkungen der als Bedrohung empfundenen Technisierung auf die Ängste und Träume der Massen. Wenn die Technisierung die Gefahr von Massenpsychosen berge, so habe die Technik ihrerseits doch auch die »Möglichkeit psychischer Impfung durch gewisse Filme geschaffen [...], in denen eine forcierte Entwicklung sadistischer Phantasien oder masochistischer Wahnvorstellungen deren natürliches und gefährliches Reifen in den Massen verhindern« könne. Den vorzeitigen und heilsamen Ausbruch derartiger Massenpsychosen stelle das kollektive Gelächter dar. Eine solche »therapeutische Sprengung des Unbewußten« leisten nach Benjamins Überzeugung die »amerikanischen Groteskfilme und die Filme Disneys« (GS VII/1, 377).

Diese Funktion erfüllt der Film als Ausdruck und Agent einer Wahrnehmungsform, die derjenigen diametral entgegengesetzt ist, die das traditionelle Kunstwerk dem Betrachter abverlangt. Wo die Aura Kontemplation erheischt, bedient der Film das Massenbedürfnis der Zerstreuung. Wenn Benjamin diesen Gegensatz abschließend in dem antagonistischen Begriffspaar »taktisch und optisch« (GS VII/1, 381) beschreibt, greift er ein weiteres Mal auf zentrale Kategorien der Kunsttheorie Riegls zurück (Riegl 1901, 23-37), um sie seinen eigenen Überlegungen dienstbar zu machen. Die ›taktile‹ Chockwirkung des Films macht diesen zu einem Instrument der Gewöhnung an die Zumutungen, mit denen die Technik in der Moderne sich den Alltag unterworfen hat. Auf der Spitze der Moderne reformulieren die Thesen den Mythos des Telephos: »Die Wunde schließt / der Speer nur, der sie schlug«. Nur die Technik selbst hält die Mittel bereit, den von ihr ausgehenden Herausforderungen und Drohungen zu begegnen. Ohne gesellschaftliche Veränderungen aber ist diese Aufgabe nicht zu lösen.

Am Vorabend des Zweiten Weltkriegs beobachtet Benjamin in den faschistischen Staaten die Tendenz, die Massen nicht zu ihrem

Recht, sondern lediglich zu ihrem Ausdruck kommen zu lassen. Diese
»Ästhetisierung des politischen Lebens« sieht er in der Mobilisierung
für den Krieg gipfeln. »Der imperialistische Krieg ist ein Aufstand
der Technik, der am ›Menschenmaterial‹ die Ansprüche eintreibt,
denen die Gesellschaft ihr natürliches Material entzogen hat« (GS
VII/1, 383). Nietzsche war überzeugt, daß »noch die Griechen
ihren Göttern keine angenehmere Zukost zu ihrem Glücke zu bie-
ten wussten, als die Freuden der Grausamkeit«, und daß noch bei
Homer die trojanischen Kriege im Grunde »als Festspiele für die
Götter gemeint« waren (Nietzsche, V, 304). Bei Marinetti, der den
Krieg als ein ästhetisches Phänomen feiert, hat die Menschheit für
Benjamin jenen Grad der Selbstentfremdung erreicht, »der sie ihre
eigene Vernichtung als ästhetischen Genuß ersten Ranges erleben
läßt (GS VII/1, 384). Die berühmte Schlußformel der Thesen, die
der faschistischen »Ästhetisierung der Politik« die kommunistische
»Politisierung der Ästhetik« entgegenhält, ist nicht als ein *fait
accompli* zu lesen, sondern vielmehr als ein beschwörender Appell
an die kommunistischen Gegner des Faschismus.

Mit seiner brieflichen Kritik an den Thesen setzt Adorno die
Reihe der intensiven kritischen Auseinandersetzungen mit Benjamins
ihm im Manuskript vorliegenden Arbeiten fort, die beginnend mit
dem Essay über Kafka und dem Exposé der *Passagenarbeit* deren
Drucklegung von nun an begleiten und nicht selten erheblich beein-
flussen werden. Im Fall der Thesen über *Das Kunstwerk im Zeitalter
seiner technischen Reproduzierbarkeit* nehmen Adornos Einwände
zwei Gesichtspunkte vorweg, die in der Rezeptionsgeschichte eine
erhebliche Rolle gespielt haben. Sie lassen sich knapp in zwei eng
zusammenhängenden Vorwürfen resümieren: Zum einen unter-
schätze Benjamin die Technizität des auratischen Kunstwerks und
überschätze die der abhängigen Kunst, will sagen: des Kinos. Zum
anderen setze er ein unangebrachtes Vertrauen in die Spontaneität
des Proletariats (in Gestalt des Kinopublikums), an die Adorno
selbst unter Berufung auf Lenin, der bekanntlich bei der revolutionären Mobilisierung der Massen der Intelligenz eine führende
Rolle zugedacht hatte, nicht zu glauben vermag (BwA, 168-171).
Für die beiden von ihm monierten Auffassungen macht Adorno
den in seinen Augen bedenklichen Einfluß Brechts verantwortlich,
den er auch in seinen späteren Kritiken zu beklagen nicht müde
wird. Der Einwand, daß es sich dabei weniger um einen fremden
Einfluß, sondern um einen genuinen Bestandteil von Benjamins
eigener Theoriebildung handeln könnte, nimmt Adornos Kritik
nichts von ihrem sachlichen Recht.

Literatur: Bolz 1990, 67-110; Fürnkäs 2000, 95-146; Fuld 1979, 352-370; Geulen 2002, 88-116; Gnam 1999, 251-267; Hansen 1987, 179-224; Hansen 1999, 306-343; Lindner 1972, 14-36; Raulet 1997, 25-81.

3. Restitution des Epischen

Im Dezember 1933 erschien unter dem Titel *Erfahrung und Armut* in der von Willy Haas im Prager Exil herausgegebenen *Welt im Wort*, der kurzlebigen Nachfolgerin der *Literarischen Welt*, ein kleiner Essay Benjamins, in dem er eine Art Zwischenbilanz seiner Zeit zieht. Obwohl Zeit und Anlaß der Niederschrift unbekannt sind, erscheint das erklärte Anliegen des Aufsatzes, nämlich »einen neuen, positiven Begriff des Barbarentums einzuführen« (GS II/1, 215), mit Blick auf die damaligen Ereignisse in Deutschland zumal für den heutigen Leser in einem unbehaglichen, womöglich fatalen Licht. Aber gerade vor dem Hintergrund der faschistischen Machtübernahme erinnert die Benjamin selbst wohl bewußte Provokation an die Schlußformel der *Kunstwerk*-Thesen. So wie die Thesen eine zeitgemäße Umwertung des Begriffs des Kunstwerks auf die Tagesordnung setzen, so unterzieht der Essay das »Wort« Erfahrung einer kritischen Revision.

Den Befund, daß die »Erfahrung [...] im Kurse gefallen« und mit der ungeheuren Entfaltung der Technik, die der Weltkrieg bezeuge, eine »neue Armseligkeit über die Menschen gekommen« sei (GS II/1, 214), wertet Benjamin indes nicht als Verlust. Im Zeichen der neuen Erfahrungsarmut wird zur Tugend, was aus dem Blickwinkel tradierter Wertvorstellungen als Barbarei erscheinen muß. Mit der Befreiung vom Ballast nutzlos gewordener Bildungsgüter schlägt die Stunde der konstruktiven Geister, der Genies des Neuanfangs und Vonvornbeginnens. »Gänzliche Illusionslosigkeit über das Zeitalter und dennoch ein rückhaltloses Bekenntnis zu ihm« (GS II/1, 216) ist das Kennzeichen des positiven Barbaren. In den Werken von Loos und Klee, bei Brecht und einmal mehr bei Scheerbart hat diese Tugend für Benjamin paradigmatische Gestalt angenommen. Das Glas und die Glasarchitektur Scheerbarts und Le Corbusiers werden ihm zum Inbegriff dieser konstruktiven Armut. »Dinge aus Glas haben keine ›Aura‹« (GS II/1, 217), heißt es in dem Essay, und Transparenz kenne kein Geheimnis. Wo sich der Bürger im Intérieur von der Außenwelt abschirmt und sich in privater Abgeschiedenheit einrichtet, werden im Glashaus Wohnen und Besitz zur öffentlichen Angelegenheit.

Der Ausblick auf ein post-humanes Menschentum, das der Essay am Leitbild des positiven Barbaren entwirft, läßt sich als Gegenbild

zur Vision des Übermenschen dechiffrieren, den Nietzsche als Heros
imaginierte. Von einer »anderen[n] Art Barbaren«, die aus der Höhe
kommen, ist in einem Aphorismus des *Willen zur Macht* die Rede.
Nietzsche beschreibt sie als »erobernde und herrschende Naturen,
welche nach einem Stoffe suchen, den sie gestalten können«. Ihm
zufolge war Prometheus ein solcher Barbar (Nietzsche, XI, 457f.).
Aus dem Blickwinkel der Technik ist Benjamins positives Barbarentum demgegenüber anti-heroisch konzipiert. Im Schlußsatz
seines Essays fordert er den einzelnen dazu auf, bisweilen »ein wenig
Menschlichkeit an jene Masse« abzugeben, »die sie eines Tages ihm
mit Zins und Zinseszinsen wiedergibt« (GS II/1, 219).

Als Gegenbegriff zum barbarischen Neubeginn wird ›Erfahrung‹
in Benjamins Essay zum Inbegriff der Kontinuität. Weniger eine
Form des Wissens als vielmehr eine Form der Überlieferung ist
»Mitteilbarkeit« ihr Kennzeichen. Als Sprichwort, das mit der Autorität des Alters an die folgende Generation weitergegeben wird,
oder als Erzählung, die »vom Mund zum Ohr strömt« (GS II/1,
214), nimmt Erfahrung Gestalt an. In dieser Gestalt liegt sie einer
Theorie des Epischen zugrunde, die Benjamin zu Beginn der dreißiger Jahre in einer Reihe von Essays bruchstückhaft entwickelt.
Deren Wurzeln lassen sich bis auf den in einem Lebenslauf von
1928 erwähnten Plan zu einer Arbeit über das Märchen (GS VI,
219) und die Beschäftigung mit Hebel zurückverfolgen, den der
ihm gewidmete Essay von 1926 als Erzähler würdigt. Benjamin hat
seine Überlegungen zur Kunst der mündlichen Erzählung und
ihres Gegensatzes zum Roman, die Aufzeichnungen aus dem Jahre
1928/29 festhalten (GS IV/1, 436-8), gelegentlich in die konkur-
rierende Nähe von Lukács' *Theorie des Romans* (GB III, 420) gerückt.
Dennoch erfolgt die verbindliche Formulierung dieser Betrachtungen in den dreißiger Jahren in engstem Anschluß an die theoretischen
Kontexte, die ihn zu dieser Zeit auch in seinen anderen Arbeiten
beschäftigen.

In seiner Rezension von Alfred Döblins *Berlin Alexanderplatz*,
die 1930 in *Der Gesellschaft* erschien, wird dies deutlich. Döblin
(1878-1957) habe auf die Krise, in die der Roman in der Gegenwart
geraten sei, mit der Forderung einer »Befreiung des epischen Werks
vom Buch« reagiert und auf diese Weise Benjamins Befund bestätigt,
daß »das mündlich Tradierbare, das Gut der Epik«, von anderer
Beschaffenheit sei, als das, was den Bestand des Romans ausmache
(GS III, 231). Die Geburtskammer des Romans sei das Individuum,
das seine Einsamkeit durch seine Teilnahme am Schicksal des Helden
und durch den Akt des stummen Lesens gleichermaßen besiegle.
Diese Gemütlichkeit des Lesers habe Döblin in seinem neuesten

Buch, das ihn auf der Höhe seiner theoretischen Einsichten zeige, in Frage gestellt. Mit seiner Wiederentdeckung der wirklichen, nicht der geschriebenen, sondern der gesprochenen Sprache wird er Benjamin zum Zeugen einer »Restitution des Epischen [...], der wir allerorten und bis ins Drama begegnen« (GS III, 231).

In der Montage entdeckt Benjamin das Stilprinzip, das Döblins Roman im Aufbau und auch stilistisch sprenge und ihm »neue, sehr epische Möglichkeiten« eröffne (GS III, 232). An das Material der Montage, an die »Alleinherrschaft des Authentischen«, so Benjamin, habe uns der »Film in seinen besten Augenblicken« gewöhnt. Zwar vergleicht er die »Bibelverse, Statistiken, Schlagertexte [...], kraft deren Döblin dem epischen Vorgang Autorität verleiht, [...] den formelhaften Versen der alten Epik« (GS III, 233).

Im Zeichen der neuen Medien aber erweisen sich die von Döblin eröffneten neuen epischen Möglichkeiten als episch zunächst und vor allem im Sinne Brechts. Die von Döblin geforderte »Befreiung des epischen Werkes vom Buch« vollzieht sich in seiner *Geschichte vom Franz Biberkopf* durchaus innerhalb der Grenzen des Mediums Buch. Nicht daran nimmt Benjamins Rezension Anstoß, sondern vielmehr daran, daß Döblins Held zuletzt aufhöre, exemplarisch zu sein und mit einem persönlichen Schicksal ausgestattet schließlich zu einer Romanfigur werde. Auf diese Weise aber werde der Roman nicht gesprengt, sondern umgekehrt das Epische den Gesetzen der Romanform unterworfen. *Berlin Alexanderplatz* dokumentiert in Benjamins Augen zwar die »Krisis des Romans«, wie der Titel seiner Rezension lautet, aber nicht schon ihre Überwindung.

Als Benjamin zu Beginn des Jahres 1936 den Auftrag angenommen hatte, eine Arbeit über den russischen Dichter Nikolai Lesskow (1831-1895) zu schreiben, spürte er gleichwohl wenig Neigung, sich bei dieser Gelegenheit auf Betrachtungen der russischen Literaturgeschichte einzulassen. Statt dessen werde er, wie er in einem Brief ankündigt, »ein altes Steckenpferd aus dem Stall holen« und versuchen, seine »wiederholten Betrachtungen über den Gegensatz von Romancier und Erzähler und meine alte Vorliebe für den letzteren an den Mann zu bringen« (GB V, 275). Die Abfassung der Arbeit hatte Benjamin mit dem politisch weit links stehenden Schweizer Theologen Fritz Lieb (1892-1970) verabredet, den er im Pariser Exil kennengelernt hatte. Tatsächlich sind in seinem Aufsatz über den Erzähler Nikolai Lesskow, der im Oktober 1936 in der von Lieb mitherausgegebenen Zeitschrift *Orient und Occident* in der Schweiz erschien, die im Brief erwähnten Betrachtungen in Gestalt von Selbstzitaten sowohl aus den frühen Aufzeichnungen als auch aus *Erfahrung und Armut* gegenwärtig.

Wenigstens auf den ersten Blick scheint der Essay über den
Erzähler einen ganz anderen Ton anzuschlagen, als man es mit
Blick auf die im gleichen Jahr im Druck erschienenen *Kunstwerk*-
Thesen erwarten sollte. Und in der Tat wird die Auffassung von
der Janusgesichtigkeit Benjamins zumeist durch den Hinwies auf
diese beiden zeitlich eng benachbarten und offenbar doch so un-
vereinbaren Arbeiten belegt. Bereits Alfred Cohn hatte den »alten
und anheimelnden Ton«, den er im *Erzähler* fand (GB V, 606),
gegen den ansonsten in Benjamins Arbeiten vorherrschenden ›bösen Blick‹ des historischen Materialismus ausgespielt. Diesen Ton,
so ein zugleich erfreut und nachdenklich gestimmter Benjamin in
seinem Antwortschreiben, habe er seinem Essay mitgegeben und
auch mitgeben wollen,

»aber doch nicht ohne das Bewußtsein, ihn mit gewissen Opfern erkauft zu
haben. Ich glaube, daß seine Einsichten grundsätzlich noch unverderblicher
hätten aufbewahrt werden können – nur daß dies *mir*, und vorläufig waren
es meine Einsichten, nicht möglich war. Eben diese hochgradige Unver-
derblichkeit möchte ich aber den Formulierungen der Reproduktionsarbeit
zusprechen« (GB V, 606f.).

Demnach sind es dieselben Einsichten, die beide Arbeiten unter-
schiedlich, wenn auch nicht gleichermaßen unmißverständlich
formulieren. Auf eine für den Essay über Lesskow maßgebliche
Weise hat Brecht diese Einsichten 1931 in seinen *Versuchen* zum
Ausdruck gebracht. Die alten Formen der Übermittlung, heißt
es im *Dreigroschenprozeß*, »bleiben durch neu auftauchende nicht
unverändert und nicht neben ihnen bestehen. Der Filmsehende
liest Erzählungen anders. Aber auch der Erzählungen schreibt, ist
seinerseits ein Filmsehender. Die Technifizierung der literarischen
Produktion ist nicht mehr rückgängig zu machen« (Brecht, XVIII,
156).
    Ein solcher ›Filmsehender, der Erzählungen anders liest‹, ist
Benjamin, der zu Beginn seines Essays betont, einen Lesskow als
Erzähler darzustellen, heiße nicht, »ihn uns näher zu bringen«,
sondern vielmehr, »den Abstand zu ihm zu vergrößern«. Denn erst
aus der Entfernung betrachtet, »gewinnen die großen einfachen
Züge, die den Erzähler ausmachen, in ihm die Oberhand« (GS
II/2, 438f.). Die zu Beginn des Essays wiederholte Diagnose vom
Verlust des Vermögens, Erfahrungen mündlich auszutauschen,
markiert die Distanz, durch die die Gegenwart vom Lebensquell der
Erzählung getrennt ist. Aus der Quelle mündlicher Tradition aber
schöpfen auch noch die Erzähler, die, wie Lesskow, ihre Geschichten
niedergeschrieben haben.

In Benjamins Auffassung erschöpft sich das Erzählen demnach nicht in lebendiger Rede. Vielmehr bewahrt die Erzählung noch im Medium der Schrift den Gestus der Mitteilbarkeit, der sie zugleich fundamental vom Roman unterscheidet. Ebenso ist der Rat, als Inbegriff dessen, was der Erzähler mitteilt, nicht an sich, sondern als eine Form der Mitteilung von Bedeutung: »Rat ist ja minder Antwort auf eine Frage als ein Vorschlag, die Fortsetzung einer [...] Geschichte angehend« (GS II/2, 442). Die Kunst, Geschichten zu erzählen, besteht demnach im wesentlichen darin, »sie weiter zu erzählen« (GS II/2, 447). Aufgrund dieser ebenso medien- wie generationsübergreifenden, intermittierenden Struktur wird die Erzählung Benjamin zum »Bild einer Kollektiverfahrung, für die selbst der tiefste Chock jeder individuellen, der Tod, keinerlei Anstoß und Schranke darstellt« (GS II/2, 457).

Wo der Roman die Schilderung individuellen Lebens in die Schranken des Todes bannt, liegt der Erzählung der Rhythmus nicht individuellen, sondern kollektiven Lebens zugrunde, erzählt sie nicht von historischem, sondern von kreatürlichem Geschehen. Die Geschichte, die alle Geschichten letztlich erzählen, ist Naturgeschichte, ist die Geschichte der Menschheit. In diesem Sinne ist und bleibt der »erste wahre Erzähler [...] der von Märchen« (GS II/2, 457). Benjamin zufolge gibt das Märchen

»uns Kunde von den frühesten Veranstaltungen, die die Menschheit getroffen hat, um den Alp, den der Mythos auf ihre Brust gelegt hatte, abzuschütteln. [...] Der befreiende Zauber, über den das Märchen verfügt, bringt nicht auf mythische Art die Natur ins Spiel, sondern ist die Hindeutung auf ihre Komplizität mit dem befreiten Menschen. Diese Komplizität empfindet der reife Mensch nur bisweilen, nämlich im Glück; dem Kind aber tritt sie zuerst im Märchen entgegen und stimmt es glücklich« (GS II/2, 458).

Soweit, so nostalgisch – und so mißverständlich. Wenn nicht der Erzähler-Essay in seinen Reflexionen zum Märchen den zentralen Gedanken der Kunstwerk-Thesen wiederholen würde, den Gedanken nämlich einer durch das technische Medium des Films ermöglichten Einübung in das »Zusammenspiel zwischen der Natur und der Menschheit« (GS VII/1, 359). Zu erinnern ist ferner daran, daß Benjamin mit seinem Hinweis auf das Glück den Schlüsselbegriff des anthropologischen Materialismus und damit seiner Politik aufgreift. Nicht erst dieser Kontext legt es nahe, die im Erzähler-Essay in mehr idealtypischem als geschichtsphilosophischem Interesse beobachtete »Umwandlung von epischen Formen« (GS II/2, 443) über die dort gewahrte Grenze hinaus weiterzudenken. Bereits in Erfahrung und Armut gibt eine Lesart, die die Herausgeber im kritischen Apparat

mitteilen, die Richtung des Gedankens vor. Das neue Barbarentum,
dem Benjamin dort das Wort redet, sei

»in manchem der Barbarei von Kindern verwandt [...]. Man kann ihnen
auch wieder Märchen erzählen, in denen die Welt so neu und frisch ist
wie nur Kinder. Am besten Filmmärchen. Wer hätte schon Erfahrungen
bestätigen können, wie Micky Maus sie in ihren Filmen macht. Ein Micky Maus Film ist [dem?] einzelnen heute vielleicht noch unverständlich,
aber nicht einem Publikum. Und ein Micky Maus Film kann ein ganzes
Publikum rhythmisch regieren« (GS II/3, 962).

In nachgelassenen Aufzeichnungen aus dem Umkreis des *Erzähler*-
Essays wählt Benjamin einen dem Essay entgegengesetzten Aus-
gangspunkt und betrachtet die Erzählung aus dezidiert zeitgemäßer
Perspektive. Die Furcht sei durchaus begründet, daß die als ewig
angesehenen Formen des Erzählens längst desavouiert seien: »die
Schilderung durch den Fernseher, die Worte des Helden durch das
Grammophon, die Moral von der Geschichte durch die nächste
Statistik, die Person des Erzählers durch alles, was man von ihr
erfährt«. Dennoch lautet die Prognose: »Das Erzählen – das wird
schon bleiben. Aber nicht in seiner ›ewigen‹ Form, der heimli-
chen, herrlichen Wärme, sondern in frechen, verwegnen [Formen],
von denen wir noch nichts wissen« (GS II/3, 1282-3). Eine der
denkbaren Formen künftigen Erzählens hatte bereits die Döblin-
Rezension erwähnt. Neben der Möglichkeit der »Wechselwirkung
zwischen dem Verfall des Erzählens und der neuen Schreibweise
in Romanen«, für die in den Aufzeichnungen neben Döblin auch
James Joyce einsteht, faßt Benjamin aber auch die Möglichkeit einer
Substitution der Erzählung durch den Film ins Auge: »Film statt
Erzählung« (GS II/3, 1282).
      Was Benjamin über die Erzählung sagt, gilt nicht minder von
der Erfahrung. Als Inbegriff der Tradition, des formalen Prinzips der
Mitteilbarkeit, findet sie in den neuen Formen des Epischen: dem
episodischen Charakter und dem Strukturprinzip der Unterbrechung,
ihre den technischen Medien Kino und Rundfunk entsprechende
und also zeitgemäße Form. Sie unterliegt einer Dialektik, die sie
den neuen Formen des Erzählens in dem Maße verbindet, in dem
diese auf der Spitze der Moderne die ältesten Verheißungen der
Menschheit erneuern. Das Subjekt dieser Erfahrung aber ist nicht
mehr das Individuum, sondern das Kollektiv.
      In diesem Kontext gehört auch Benjamins Beschäftigung mit
Franz Kafka (1883-1924), die in dem großen, zu Lebzeiten nur
in Auszügen veröffentlichten Essay zur zehnten Wiederkehr seines
Todestages von 1934 ihren bedeutendsten Ausdruck fand. Bereits

in seinem Rundfunkvortrag bei Gelegenheit der Veröffentlichung
des Nachlaßbandes *Beim Bau der chinesischen Mauer* von 1931
charakterisiert er Kafkas Bücher als Erzählungen, »die mit einer
Moral schwanger gehen, ohne sie je zur Welt zu bringen« (GS II/2,
679). Auf Kafka war Benjamin schon früh aufmerksam geworden.
Eine Briefstelle (GB III, 64) legt die Lektüre der Erzählung *Vor
dem Gesetz* unmittelbar nach ihrem Erscheinen in dem Band *Ein
Landarzt. Kleine Erzählungen* im Jahre 1919 nahe. Zu unausgeführt
gebliebenen Plänen, sich öffentlich über Kafka zu äußern, gehört
ein Aufsatz für den mit Rowohlt 1928 vereinbarten Essayband
sowie ein Vortrag über Kafka im Rahmen der 1934 im Pariser Exil
konzipierten Vortragsreihe.

Sowohl in Gesprächen mit Brecht als auch in der Korrespondenz mit Scholem ist seit Beginn der dreißiger Jahre wiederholt
und ausführlich von Kafka die Rede. Den Auftrag, für die *Jüdische
Rundschau* aus Anlaß des zehnten Todestages eine Arbeit über den
1924 verstorbenen Dichter zu verfassen, verdankte Benjamin der
Intervention Scholems bei Robert Weltsch, dem Chefredakteur des
zweimal wöchentlich erscheinenden Blattes. Von dem umfangreichen Manuskript erschienen dort jedoch lediglich der erste und
der vorletzte Abschnitt. Nicht nur wegen dieser fragmentarischen
Publikation dachte Benjamin an eine erweiterte Fassung des Essays
in Buchform. Zum Teil mit direktem Bezug auf die ausführlichen,
brieflich geführten Diskussionen über den Essay mit Kraft, Adorno
und Scholem sowie auf die Gespräche mit Brecht haben sich im
Nachlaß eine Fülle von Aufzeichnungen erhalten, die ein anhaltendes,
intensives Interesse dokumentieren.

Der abermals mit Hilfe von Scholem unternommene Versuch, den
Schocken-Verlag, bei dem seit 1935 die von Max Brod und Heinz
Politzer herausgegebenen *Gesammelten Schriften* Kafkas erschienen,
für ein von Benjamin zu verfassendes Buch über Kafka zu gewinnen,
scheiterte am Desinteresse des Verlegers. Das ist der Hintergrund
des Briefes vom 12. Juni 1938 (GB VI, 105-114), der *de facto* an
Scholem adressiert ist, implizit aber Salman Schocken zugedacht
war. In diesem Schreiben, das den Schlußstein seiner insgesamt
fragmentarisch gebliebenen Beschäftigung mit Kafka bildet, skizziert Benjamin die Grundlinien eines weiteren, nie geschriebenen
Buches in polemischer Abgrenzung gegen die jüngst erschienene
Darstellung von Leben und Werk aus der Feder von Max Brod:
Franz Kafka. Eine Biographie. Erinnerungen und Dokumente (1937)
(vgl. GS III, 526-529).

Die lange Zeit vorherrschende Auffassung, daß Kafka zu Lebzeiten und unmittelbar nach seinem Tod weitgehend unbekannt

gewesen sei, hat sich längst als unhaltbar erwiesen: »Gemessen an der geringen Zahl seiner Veröffentlichungen, dem fast völligen Fehlen publizistischer Arbeiten, war sein Ruhm sogar ganz ungewöhnlich« (Binder 1979, 609). Zu denjenigen, die zu Kafkas posthumen Ruhm nicht unerheblich beitrugen, gehörten aus Benjamins Bekanntenkreis Willy Haas und Siegfried Kracauer.

Kracauer begleitete die Publikation der drei von Max Brod herausgegebenen Romane Kafkas: *Der Prozeß* (1925), *Das Schloß* (1926), *Amerika* (1927), und das Erscheinen des Nachlaßbandes mit Erzählungen und Prosastücken von 1931, der auch den Anlaß zu Benjamins Rundfunkvortrag gab, mit ausführlichen Rezensionen in der *Frankfurter Zeitung*. In seinen Besprechungen wandte er sich gegen die theologische Deutung, die insbesondere von Brod und dem Mitherausgeber des Nachlaßbandes, Hans-Joachim Schoeps, mit Nachdruck und von Brod zudem mit der Autorität der persönlichen Bekanntschaft mit dem Dichter vertreten wurde. Statt dessen betonte Kracauer die Rolle einer nicht psychologisch mißzudeutenden Angst in Kafkas Romanen (Born 1983, 101) und ihre zugleich märchen- und traumhaft entstellte Sicht des Irdischen, das von der Wahrheit verlassen sei (ebd., 141). Zu Kafkas Beschreibung des Weltzustandes als eines Wachtraums gibt ihm schließlich der Nachlaßband das Stichwort von den menschlichen Organisationen, die in der Gegen-wart ihr bedrohliches Potential entfalten (ebd., 304). Ebenfalls mit Bezug auf die Erzählung *Beim Bau der chinesischen Mauer* macht Benjamin in seinem Essay geltend, daß Kafka in Abwandlung des berühmten Goethe-Wortes von der Politik als dem Fatum der Zeit die »Organisation als Schicksal« hätte definieren können. Dies um so mehr, als ihm »die Frage der Organisation des Lebens und der Arbeit in der menschlichen Gemeinschaft« undurchschaubar geworden sei (GS II/2, 420).

Haas, der mit Kafka persönlich bekannt war, sorgte dafür, daß der Dichter in der Berliner Literaturszene schnell bekannt wurde. Im Juni 1926 widmete die von ihm herausgegebene *Literarische Welt* Kafka eine ganze Nummer, zu der Haas selbst einen seiner zahlreichen Aufsätze beisteuerte. In der Essaysammlung *Gestalten der Zeit*, die Haas 1930 veröffentlichte, hat Benjamin in den Texten zu Kafka und Hofmannsthal zu Recht das Zentrum des Buches erkannt. Allerdings folgt der Rezensent der theologischen Kritik, die er den Aufsätzen des Bandes zugrunde liegen sieht, nicht ohne Vorbehalte, so sehr er der künftigen Exegese Kafkas »hier in einer Deutung, die mit der höchsten Energie überall zu den theologischen Sachverhalten hindurchstößt, die Wege gewiesen« sieht (GS III, 277). Seine Sympathie gehört weniger der theologischen Deutung

als vielmehr der Konsequenz, mit der die theologische die rein
ästhetische Betrachtungsweise zurückweist. Mit dieser destruktiven
Wendung gegen die Kunst nämlich sieht er sie ihrem Gegenpol,
der historisch-materialistischen Haltung, verbunden. In seinem
Kafka-Essay von 1934 zählt Benjamin die theologische Auslegung
gemeinsam mit der psychoanalytischen zu den beiden Wegen, die
geeignet sind, Kafkas Schriften grundsätzlich zu verfehlen (GS II/2,
425). Dieses Verdikt gilt ausdrücklich auch für Haas. Dennoch
wird Benjamin sich dessen Hinweis auf das Motiv des Vergessens
in seiner eigenen Deutung ausdrücklich, wenn auch in spezifischer
Weise zu eigen machen (GS II/2, 429f.).

Noch im Vorfeld der Abfassung seines Essays sieht Benjamin
sich mit Blick auf den Publikationsort genötigt, Scholems Hilfe für
den Fall zu erbitten, daß er Kafkas Position im Judentum explizit
zu behandeln hätte (GB IV, 410). Als er wenige Tage später von
der *Jüdischen Rundschau* offiziell den Auftrag erteilt bekommt, hält
er es in seinem Antwortschreiben an Robert Weltsch für loyal und
zweckmäßig, darauf hinzuweisen, daß er »die gradlinig theologische
Auslegung Kafkas (die, wie ich wohl weiß, nahe genug liegt)« sich in
keiner Weise zu eigen zu machen vermöge. Sein Versuch, sich Kafka
zu nähern, habe ihn Wege geführt, »die von seiner gewissermaßen
›offiziellen‹ Reception verschieden« seien (GB IV, 423).

Als ihn nach der Fertigstellung seines Essays Scholem in Gestalt
eines Lehrgedichts, das 1935 ebenfalls in der *Jüdischen Rundschau*
gedruckt wurde, mit einer explizit theologischen Deutung Kafkas
aus jüdischer Sicht konfrontiert, erkennt Benjamin jedoch »nicht
nur die theologische Möglichkeit als solche unumwunden an«, sondern betont, daß auch seine Arbeit »ihre breite – freilich beschattete
– theologische Seite« habe:

»Gewandt habe ich mich gegen den unerträglichen Gestus des theologischen
professional, der – wie Du nicht bestreiten wirst – die bisherige Kafka-In-
terpretation auf der ganzen Linie beherrscht und uns seine süffisantesten
Manifestationen noch zugedacht hat« (GB, IV, 459).

Statt den Büchern Kafkas ein letztlich weder überzeugendes noch
widerlegbares religionsphilosophisches Schema unterzuschieben,
beansprucht Benjamin, in seinen Arbeiten eine »Deutung des Dichters aus der Mitte seiner Bilderwelt« (GS II/2, 678) vorzutragen.
Kafkas Dichtung habe einen zentralen Gegenstand: die Entstellung
des Daseins. In allen Bereichen des Daseins verraten sich ihm diese
Entstellungen als »Zeichen, Anzeichen und Symptome von Verschie-
bungen«, ohne daß der Dichter selbst den so sich ankündigenden
neuen Ordnungen, auf die er mit Staunen und Entsetzen reagiere,

sich einfügen könne (GS II/2, 678). Diese Beobachtung führt
Benjamin zu der für seine Deutung entscheidenden Einsicht, »daß
Kafka mit einer rein dichterischen Prosa gebrochen hat« (GS II/2,
679). Ohne deshalb bereits beweisenden Charakter zu besitzen,
lasse sich ihre Struktur in Analogie zu dem Verhältnis begreifen,
in dem in der jüdischen Tradition die Haggada zur Halakha stehe.
Während jedoch traditionell die Haggada der anekdotischen Erläuterung und Illustration der in der Halakha kodifizierten Lehre
diene, zeichnen sich Kafkas Erzählungen dadurch aus, daß sie den
Bezug auf die Lehre suspendieren. Seine Bücher seien »Erzählungen,
eine Haggadah, die immerfort innehält, in den ausführlichsten
Beschreibungen sich verweilt, immer in der Hoffnung und Angst
zugleich, die halachische Order und Formel, die Lehre könnte ihr
unterwegs zustoßen« (GS II/2, 679).

Es ist diese Struktur, dieser Gestus der Verzögerung, der gänzlich unabhängig von den spezifisch jüdischen Kontexten, an denen
Benjamin ihn zunächst illustriert, Kafkas Prosa in seinen Augen das
Prädikat des Erzählerischen sichert. In dem das Episodische dergestalt
zum Zentrum seiner Erzählkunst werde, seien Kafkas Bücher keine
Romane, sondern »Erzählungen, die mit einer Moral schwanger
gehen, ohne sie je zur Welt zu bringen« (GS II/2, 679). Auf diese
genuin fragmentarische Struktur von Kafkas Prosa sieht Benjamin
noch die theologischen Gehalte reduziert. So besteht die Gnade bei
ihm darin, daß das Gesetz sich nirgends ausspricht und die Sühne
darin, daß sie lediglich auf die Schuld verweist – eine Schuld freilich,
die einzig im Vergessen Gestalt gewinnt (GS II/2, 682).

Mehr noch als in dem Rundfunkvortrag ist Benjamin in dem
Essay von 1934 bemüht, die von ihm in der theologischen Deutung aufgedeckten Strukturen in profane Kontexte zu übersetzen.
So dechiffriert er die in Kafkas Werken beschriebene, entstellte
Welt als ein vormythisches Weltalter, zu dessen Beschreibung er
auf die Kategorie der schicksalhaften Zweideutigkeit zurückgreift
(GS II/2, 412), die er in den Essays über die *Wahlverwandtschaften*
und über *Schicksal und Charakter* entwickelt hatte. Ohne greifbare Ordnungen und Hierarchien erscheint diese Vorwelt als eine
kreatürliche Welt, aus der Erlösung allein nach dem Schema des
Märchens denkbar ist. Aus dieser Perspektive verwandeln sich in
Kafkas Hand die griechischen Sagen in »Märchen für Dialektiker«
(GS II/2, 415). Das Märchen sei die Überlieferung vom Sieg noch
über die Gewalten des Mythos, der die Erlösung nicht war, als
die er sich ausgab. Was in Kafkas Werken die Gegenwart dieses
im Sinne Benjamins epischen Zusammenhangs gewährleistet, ist
die Bedeutung, die das Gestische bei ihm hat. Die »Auflösung des

Geschehens ins Gestische«, die in Kafkas letztem Roman, *Amerika*, in der Schilderung des Naturtheaters von Oklahoma zu beobachten ist, verdeutlicht lediglich, daß »Kafkas ganzes Werk einen Kodex von Gesten darstellt, die keineswegs von Hause aus für den Verfasser eine sichere symbolische Bedeutung haben, vielmehr in immer wieder anderen Zusammenhängen und Versuchsanordnungen um eine solche angegangen werden« (GS II/2, 418).

Wie im Rundfunkvortrag ist es der Gestus des Zitats, die Gebärde des Hinweises auf die Lehre, ohne daß die Lehre selbst da wäre, in der sich für Benjamin die Besonderheit der gleichnishaften Prosa Kafkas manifestiert. Diese Lehre aber handelt von der für den Dichter undurchschaubar gewordenen Frage der Organisation des Lebens. In der jüdischen Überlieferung hatte die Haggada in ihrer Stellung zur Halakha, dem in religiösen Satzungen gegründeten Rechtssystem des Judentums, diese Frage lebendig gehalten (GS II/2, 420). Denselben Grundtatbestand des episodisch fragmentarischen Bezugs auf die abhanden gekommene Lehre variiert die Figur des Vergessens, in der Benjamin eine andere, wenn nicht die zentrale Geste von Kafkas Werk erkennt. Im Vergessen findet er zugleich eine existentielle Erfahrung der Moderne ausgedrückt:

»Im Zeitalter der aufs Höchste gesteigerten Entfremdung der Menschen voneinander, der unabsehbar vermittelten Beziehungen, die ihre einzigen wurden, sind Film und Grammophon erfunden worden. Im Film erkennt der Mensch den eigenen Gang nicht, im Grammophon nicht die eigene Stimme. Experimente beweisen das. Die Lage der Versuchsperson in diesen Experimenten ist Kafkas Lage« (GS II/2, 436).

Daß einzig aus der Zuwendung zum Vergessenen Rettung zu erhoffen wäre, ist die Überzeugung, die Kafka Benjamin zufolge dem »Grund des deutschen Volkstums so gut wie des jüdischen« (GS II/2, 432) abgewonnen habe.

In dem Brief, in dem Benjamin 1938 die Grundgedanken seines geplanten Buches skizziert, hält er an den Überlegungen der beiden früheren Arbeiten fest, expliziert sie jedoch nunmehr in enger Anlehnung an die Kategorien, die er in dem zwischenzeitlich geschriebenen *Erzähler*-Essay entwickelt hat. Kafkas Dichtung sei von zwei Polen beherrscht, der Erfahrung der mystischen Tradition einerseits und der des modernen Großstadtmenschen andererseits. Das im präzisen Sinne »*Tolle*« an Kafka sei, »daß diese allerjüngste Erfahrungswelt ihm gerade durch die mystische Tradition zugetragen wurde« (GB VI, 111). Kafkas Appell an die Kräfte dieser Tradition aber folge der Einsicht, daß die moderne Wirklichkeit »für den *Einzelnen* kaum mehr erfahrbar« sei (GB VI, 112).

Die Pointe von Benjamins Interpretation besteht darin, daß er
Kafka im Zeichen dieser Rückwendung zur Tradition ausdrücklich
als einen Gescheiterten begreift. Das Scheitern Kafkas intendiert
indes zunächst keine Wertung, sondern vielmehr eine Beschreibung
seines Werkes. Kafkas Werk stelle eine »Erkrankung der Tradition«
dar, auf die er mit der Preisgabe der Wahrheit reagiert habe, »um
an der Tradierbarkeit, an dem hagadischen Element festzuhalten«
(GB VI, 112f.). Was von der Tradition bleibt, ist die Geste, in Benjamins Verständnis das Epische schlechthin. Einzig in der Gestalt
der Unterbrechung, als die Benjamin im Anschluß an Brecht das
Prinzip des Epischen begreift, kann der Einzelne die Verbindung
zur Tradition bewahren und einzig nach demselben Prinzip der
Unterbrechung kann das Kollektiv hoffen, in den neuen Formen des
Epischen den Anschluß an die Tradition im Sinne ihrer produktiven
Fortsetzung zu gewinnen.

Auch wenn der Brief gewiß nicht als Benjamins letztes Wort
zu Kafka zu betrachten ist, enthält er doch zwischen den Zeilen
auch eine Antwort auf Scholems Lehrgedicht (GS II/3, 1161-2),
das den Dichter entschieden in einen jüdisch theologischen Kontext zurückstellt. Auch in Adornos Auseinandersetzung mit dem
Kafka-Essay, den dieser ebenso wie Scholem in der ungekürzten
Manuskriptfassung las, spielen theologische Fragen eine zentrale
Rolle. Bezeichnenderweise meint Adorno das Bild der »inverse[n]
Theologie«, das er in Benjamins Essay vorgezeichnet findet, und
in dem er »gerne unsere Gedanken verschwinden sähe« (BwA, 90),
zugleich nachdrücklich gegen Brecht wenden zu müssen.

Bereits in einem früheren Schreiben hatte er mit Blick auf die
Passagen seiner Hoffnung Ausdruck gegeben, daß Benjamin in der
Wiederaufnahme dieser Arbeit deren ursprünglich theologischen
Gehalt realisieren möge, »ohne Rücksicht nämlich auf die Einwände jenes Brechtischen Atheismus, den als inverse Theologie zu
retten uns vielleicht einmal zu retten ansteht aber keinesfalls zu
rezipieren!« (BwA, 74). Entsprechend kritisiert er in Benjamins
Kafka-Essay die »Hereinnahme von Kategorien des epischen Theaters« als »materialfremd« und insistiert ausdrücklich darauf, daß
Kafkas Kunstform »zur theatralischen in der äußersten Antithese
steht und Roman ist« (BwA, 94f.). In seinem Antwortschreiben
spart Benjamin theologische Fragen gänzlich aus und konzediert
hinsichtlich der Frage der Romanform bei Kafka diplomatisch, daß
hier eine nähere Bestimmung nötig und auf Umwegen erreichbar
sei. Demgegenüber erwies sich der von Benjamin aufgegriffene
Hinweis Adornos auf die »mangelnde Bewältigung des Archaischen«
(GB V, 12), mithin auf das Problem der Urgeschichte, als ein The-

ma, das ihn in seiner Arbeit an den *Passagen* intensiv beschäftigen sollte.

Literatur: Gagnebin 1994/2001; Honold 2000, 277-413; Jäger 1992, 96-111; Kramer 1991; Mosès 1986, 237-256; Müller, B. 1996; Reschke 1992, 303-339; Wohlfarth 1988, 121-176.

VI. Urgeschichte der Moderne 1931 – 1940

1. Berliner Kindheit um Neunzehnhundert

Anfang September 1932 berichtet Benjamin in einem Brief an Scholem, daß er »eine kleine Folge begonnen« habe, von der schon die Hälfte vorliege: »›Berliner Kindheit um 1900‹ – eine Darstellung meiner frühesten Erinnerungen« (GB IV, 131). Nicht zuletzt die biographischen Umstände ihrer Niederschrift scheinen der *Berliner Kindheit* einen besonderen Stellenwert im Werk Benjamins zu geben. Wenige Wochen zuvor hatte Benjamin unter dem Eindruck des gescheiterten Versuchs, den politisch und ökonomisch drückenden Verhältnissen in Deutschland durch die Emigration zu entkommen, den Entschluß gefaßt, sich das Leben zu nehmen. So nahe es liegen mag, in diesem persönlichen Hintergrund einen Anlaß zur Niederschrift autobiographischer Erinnerungen zu vermuten, so wenig halten der Text selbst und seine Entstehungsgeschichte dieser Vermutung stand. »Erinnerungen, selbst wenn sie in die Breite gehen, stellen nicht immer eine Autobiographie dar. Und dies hier ist gewiß keine«, hatte Benjamin bereits in der *Berliner Chronik* betont, aus der die *Berliner Kindheit* durch eingreifende Umarbeitung hervorging. Wie das Vorwort zur Fassung letzter Hand belegt, gilt dies erst recht für den späteren Text. In dem Maße, in dem, wie es dort heißt, »die biographischen Züge [...] in diesen Versuchen ganz zurücktreten« (GS VII/1, 385), rücken sie den zeitgleich entstandenen, eher theoretisch orientierten Texten um so aufschlußreicher an die Seite. Und umgekehrt verdeutlicht die *Berliner Kindheit*, wie wenig die großen theoretischen Entwürfe von den Erfahrungen dessen zu trennen sind, der sie unter den politisch und persönlich schwierigsten Bedingungen des Exils zu formulieren unternahm.

Aus dem Pariser Exil auf die Niederschrift rückblickend, steht Benjamin die *Berliner Kindheit* für diese, die Grenzen des Autobiographischen sprengende Erfahrung ein. Als er sich 1932 zunächst eher unbewußt Rechenschaft darüber ablegte, daß das Exil für ihn vor der Tür stand, habe er mit den Aufzeichnungen begonnen. Mit einem später im Vorwort aufgegriffenen Bild vergleicht er die Arbeit an dem Text mit einer »Art Impfung [...], die mich gegen das Heimweh nach der Stadt immun machen sollte, in der ich meine

Kinderzeit verbracht hatte« (GB V, 629). Wie die *Berliner Kindheit*
geht auch die Konzeption der *Passagen* auf die Zeit vor dem Exil
zurück. Als ihn das Institut für Sozialforschung im Frühjahr 1935
aufforderte, ein Exposé des Projekts zu verfassen, markiert Benjamin das neue Arbeitsstadium, in welches das Projekt damit für ihn
getreten war, durch einen neuen Titel: »Paris die Hauptstadt des
neunzehnten Jahrhunderts« (GB V, 83). Mit dem gemeinsamen
Bezug auf das vergangene Jahrhundert teilt der Entwurf mit der
Berliner Kindheit aber nicht nur ein historisches, sondern zugleich
ein theoretisches Interesse: das an einer Urgeschichte der Moderne.
Allerdings verfolgen die beiden Texte, wie Benjamin mit Blick auf
das Exposé betont, dieses Interesse auf unterschiedliche Weise:

»Formen, wie die ›Berliner Kindheit‹ sie mir darbietet, darf gerade dieses
Buch an keiner einzigen Stelle und nicht im geringsten Grade in Anspruch
nehmen [...]. Die Urgeschichte des 19ten Jahrhunderts, die im Blick des
auf seiner Schwelle spielenden Kindes sich spiegelt, hat darin ein ganz anderes Gesicht, als in den Zeichen welche sie auf der Karte der Geschichte
eingraben« (GB V, 144).

In diese Konstellation konnte die *Berliner Kindheit* nicht zuletzt aufgrund ihrer langwierigen und komplizierten Entstehungsgeschichte
eintreten. Im Oktober 1931 hatte Benjamin mit der *Literarischen
Welt* einen Vertrag über die Abfassung einer »Berliner Chronik«
abgeschlossen (GB IV, 54 bzw. 58). Mit der Niederschrift dieser
»Folge von Glossen über alles was mir an Berlin von Tag zu Tag
bemerkenswert erscheine in loser, subjektiver Form« (GS VI, 476),
hatte er offenbar erst kurz vor Ablauf der vereinbarten Frist im Februar 1932 in Berlin begonnen und sie in der Zeit seines Aufenthaltes
auf Ibiza und in Italien in der zweiten Jahreshälfte fortgesetzt. Die
Berliner Chronik, die 1970 in einer vom Herausgeber festgelegten
Texteinrichtung aus dem Nachlaß publiziert wurde, bildet die Keimzelle der *Berliner Kindheit*, in die jedoch nur etwa zwei Fünftel des
älteren Textes und zudem in grundlegend veränderter Textgestalt
Eingang fanden. Von einem »winzigen« Buch dieses Titels, aus
dem dann im folgenden Frühjahr insgesamt zwölf Stücke in der
Frankfurter Zeitung abgedruckt wurden, ist erstmals im November
bzw. Dezember 1932 die Rede (GB IV, 144 bzw. 145). Während
des Exils unternahm Benjamin verschiedene vergebliche Versuche
zur Publikation seines Buches. Zwischenzeitlich erweiterte er das
1933 mit dreißig Stücken als abgeschlossen betrachtete Manuskript
und veränderte die Anordnung der Stücke. Angesichts der von ihm
selbst betonten Bedeutung des »Beieinander[s] der einzelnen Teile«
(GB IV, 395), kommt dem aus einer späteren Umarbeitungsphase

von 1938 stammenden Manuskript, der erst 1981 entdeckten, vom Autor selbst eingerichteten »Fassung letzter Hand«, besondere Bedeutung zu. Neben dieser im Nachtragsband der *Gesammelten Schriften* gedruckten Fassung (GS VII/1, 385-432) und einer Version, die auf ein früher zu datierendes umfangreicheres Manuskript zurückgeht (GS IV/1, 253-304), ist die *Berliner Kindheit* in einer weiteren, noch früheren Handschrift überliefert. Diese nach dem Aufbewahrungsort des Manuskripts »Gießener Fassung« genannte Version erschien 2000 separat im Druck.

Eine Autobiographie mochte Benjamin seine Erinnerungen deshalb nicht nennen, weil sie es nicht »mit der Zeit, dem Ablauf«, und nicht mit dem zu tun haben, »was den stetigen Fluß des Lebens ausmacht«. Vielmehr sei in ihnen »von einem Raum, von Augenblicken und vom Unstetigen die Rede«. In den Erinnerungen, die der Text in der Gestalt bewahrt, die sie »im Augenblick des Eingedenkens« (GS VI, 488) haben, verschmilzt die Zeit der Kindheit mit dem Raum der Stadt, in der Benjamin sie in der zweiten Hälfte des 19. Jahrhunderts verbrachte. Es sei ihm darum gegangen, erläutert er im Vorwort zur *Fassung letzter Hand*, »der *Bilder* habhaft zu werden, in denen die Erfahrung der Großstadt in einem Kinde der Bürgerklasse sich niederschlägt« (GS VII/1, 385).

Die episodische Form der *Berliner Kindheit* begründet sich aber nicht allein aus der von Benjamin betonten topographischen Struktur der Erinnerung. In der *Berliner Chronik* macht er es sich ausdrücklich zur Auflage, mit den Bildern der Erinnerung zugleich von dem Medium Rechenschaft abzulegen, in dem sie »allein sich darstellen und eine Transparenz annehmen, in welcher, wenn auch noch so schleierhaft, die Linien des Kommenden wie Gipfelzüge sich abzeichnen«. Die »Gegenwart des Schreibenden« sei dieses Medium (GS VI, 471). Engstens mit den von ihm beschworenen Bildern der Stadt verbunden, ist diese durchaus doppelsinnig zu verstehende »Gegenwart« des Schreibenden in der *Berliner Kindheit* überall spürbar. Wie der Erwachsene seiner Kindheit in der zweiten Hälfte des 19. Jahrhunderts, so wird die Gegenwart im vergangenen Jahrhundert ihrer Vorgeschichte inne. Der Gegenwartsbezug ist ein unverzichtbarer Bestandteil der Archäologie des Jüngstvergangenen, die Benjamin nicht nur in der *Berliner Kindheit* verfolgt. Er gibt der Erinnerung jene spezifische raumzeitliche Struktur, die er in dem der *Berliner Chronik* (GS VI, 486-7) entnommenen Denkbild *Ausgraben und Erinnern* (GS IV/1, 400-1) erläutert.

Das Gedächtnis, heißt es in dem Denkbild, sei nicht ein Instrument für die Erkundung des Vergangenen, sondern deren Schauplatz oder Medium. Wie bei einer archäologischen Grabung

sei die Bezeichnung von Ort und Stelle der Funde im heutigen
Boden ebenso wichtig wie deren Inventar. So prägnant das Bild den
Gedanken erläutert, so aufschlußreich verbindet sich in ihm die von
Benjamin benutzte Begrifflichkeit mit seiner ja keineswegs auf eine
Erzähltheorie zu verkürzenden Theorie des Epischen:

»Im strengsten Sinne episch und rhapsodisch muß daher wirkliche Erinnerung ein Bild zugleich vom dem der sich erinnert geben, wie ein guter
archäologischer Bericht nicht nur die Schichten angeben muß, aus denen
seine Fundobjekte stammen, sondern jene anderen vor allem, welche vorher
zu durchstoßen waren« (GS IV/1, 401).

In der *Berliner Kindheit* markiert die Gegenwart des Schreibenden
den zugleich historischen und subjektiven Fixpunkt der Erinnerung.
Die nicht geringe Schwierigkeit, auf die Benjamin im Exposé der
Passagen eine theoretische Antwort zu finden sucht, besteht in der
Übertragung dieses Ansatzes auf ein kollektives historisches Sub-
jekt, das es unternimmt, die Rätselbilder des Vergangenen auf der
Landkarte der Geschichte zu entziffern.

Im Vorwort zur »Fassung letzter Hand« der *Berliner Kindheit*
steht einer etwaigen nostalgischen Versuchung die Einsicht »in die
notwendige gesellschaftliche Unwiederbringlichkeit des Vergangenen« entgegen (GS VII/1, 385). Auch die Bilder, in denen die
Kindheit in der Erinnerung Gestalt gewinnt, möchte Benjamin den
Schranken des zufällig Biographischen enthoben wissen. Er halte es
für möglich, daß ihnen ihr eigenes Schicksal vorbehalten sei. Wie
eine auf dem Land verbrachte Kindheit im Naturgefühl geprägte
Formen vorfinde, die der Erinnerung zu Gebote stehen, könnten
die Bilder seiner Großstadtkindheit vielleicht befähigt sein, »in
ihrem Innern spätere geschichtliche Erfahrung zu präformieren«
(GS VII/1, 385).

In seinen Gedichten hatte Charles Baudelaire die Großstadt Paris
zur Anschauung und in seiner Poetik die Moderne auf den Begriff
gebracht. Auf den Spuren Baudelaires und der Surrealisten wird die
Großstadt Benjamin zum privilegierten Bildraum einer Erfahrung
der Moderne. Bereits Baudelaire hatte der Moderne am Gegenbild
der Antike Gestalt zu geben versucht; Aragons *Paysan de Paris*
(1926) konnte Benjamin das Programm einer modernen Mythologie
entnehmen. In der kritischen Nachfolge der Surrealisten hatte ihn
der Flaneur Franz Hessel, der in der *Berliner Kindheit* namentlich
ungenannte »Bauer von Berlin« (GS VII/1, 394), gelehrt, auch seine
Heimatstadt Berlin als eine Landschaft zu sehen.

Als Bewohner der Straßen hütet der Flaneur das Wissen vom
Wohnen. Die Stadt dergestalt als Wohnraum zu erfahren, heißt

für Benjamin, sich klar zu machen, daß nicht nur Menschen und Tiere, sondern »vor allem die Bilder wohnen« (GS III, 196). Solchen Bildern, Denkmalen einer dem vorigen Jahrhundert zugehörenden Wohnkultur, begegnet der Flaneur im antiken Dekors der Wohnhäuser des alten Berliner Westens, der um so älter wirkt, als die architektonische Moderne zu Beginn des 20. Jahrhunderts mit Adolf Loos dem Ornament den Kampf angesagt hatte. Wie Benjamin betont, ist es kein pietätvoller, am Musealen haftender Blick, der die Antike des ›Alten Westens‹ entdeckt: »Nur ein Mann, in dem das Neue sich, wenn auch still, so sehr deutlich ankündigt, kann einen so originalen, so frühen Blick auf dies eben erst Alte tun« (GS III, 197).

Es ist dieser Blick, mit dem Benjamin die Stadt seiner Kindheit in Augenschein nimmt. Nicht zufällig fällt er zunächst auf die mit Karyatiden geschmückten Loggien. Nach einer in der »Fassung letzter Hand« dann befolgten Erwägung hätte der so überschriebene Text die Reihe der Erinnerungsbilder der *Berliner Kindheit* eröffnen sollen (GB IV, 275). An der rückwärtigen Seite des großbürgerlichen Mietshauses gelegen, öffnen sich die Loggien zu den Höfen und Hinterhäusern, dem Reich des Personals und den Wohnungen der weniger Wohlhabenden. Nicht nur soziologisch, sondern auch topographisch markieren sie eine Schwelle: »An ihnen hat die Behausung des Berliners ihre Grenze. Berlin – der Stadtgott selber – beginnt in ihnen« (GS VII/1, 387f.). Auf diese Weise aber werden die Loggien in ihrer »Unbewohnbarkeit« nicht nur zum Sinnbild der sich wandelnden Wohnkultur, sondern auch zu einem Trostbild für den aus dem Exil ihrer Gedenkenden, »der selber nicht mehr recht zum Wohnen kommt« (GS VII/1, 387).

In den Überlegungen zur Abfolge der Erinnerungsbilder erhält dieses Stück, in dem Benjamin eine »Art von Selbstporträt« erblickte, in der »Fassung letzter Hand« den Vortritt vor jenem »photographischen, das in der ›Mummerehlen‹ enthalten ist« (GB IV, 275). In der »Fassung letzter Hand« hat Benjamin allerdings den Passus gestrichen, in dem er schildert, wie das photographische Antlitz des Knaben den Betrachter um so entfremdeter anblickt, je mehr der Porträtierte mit den Dingen verschmilzt, die ihn im Atelier umgeben (GS IV/1, 261). Die Betrachtung des Kinderphotos wiederholt eine Erfahrung, die dem Kind ebenso selbstverständlich wie sie dem Erwachsenen fremd geworden ist. Das Kind besaß die Gabe, im Spiel den Dingen, den Möbeln und Kleidern, ähnlich zu werden, in sie sich zu vermummen. Auf diese Fähigkeit verweist der Titel des Stücks, eigentlich ein produktives sprachliches Mißverständnis, das aus der ›Muhme Rehlen‹ eines Kinderverses, der dem Kind unverständlich war, lautmalerisch einen Geist entstehen ließ: die ›Mummerehlen‹. Die *Berliner Kindheit* ist voll von diesen häufig sprachlichen Mißverständnissen und Entstellungen, die etwa aus dem unbekannten Wort Kupferstich den »Kopf-verstich« (GS IV/1, 261), aus dem Berliner Vorort Steglitz den »Stieglitz« (GS VII/1, 399), aus der »gnädigen Frau«, als die das Mädchen die Mutter anredete, die »Näh-Frau« (GS VII/1, 425) und aus der Markthalle, in die das Kind die Mutter begleitete, mit der gleichen entstellenden Logik die »Mark-Thalle« (GS VII/1, 402) hervorzuzaubern. Wie sich in diesen Mißverständnissen der kindlichen Phantasie eine eigene Welt auftat, so eröffnen sie dem Erwachsenen in der Erinnerung den Zugang zur Welt des Kindes.

In der »Mummerehlen« führt Benjamin diese Erfahrung auf die »Gabe, Ähnlichkeiten zu erkennen« zurück, die nichts sei »als ein schwaches Überbleibsel des alten Zwanges, ähnlich zu werden und sich zu verhalten« (GS VII/1, 417). Von der Gabe, Ähnlichkeiten zu erkennen, handelt ein theoretischer Text, der in zwei voneinander abweichenden Versionen als *Lehre vom Ähnlichen* und als *Über das mimetische Vermögen* überliefert ist. Eine Briefstelle belegt, daß der frühere Text, den Benjamin als eine »neue – vier kleine handschriftenseiten umfassende – Sprachtheorie« bezeichnet, »bei Studien zum ersten Stück der ›Berliner Kindheit‹ [i.e. die ›Mummerehlen‹] fixiert wurde« (GB IV, 163).

Im Zentrum beider Texte steht der Begriff der »unsinnlichen Ähnlichkeit« (GS II/1, 207). Benjamin führt ihn auf ein »mimetisches Vermögen« (GS II/1, 204) zurück, eine Fähigkeit im Produzieren von Ähnlichkeiten, die eine sowohl phylogenetische als auch ontogenetische Geschichte habe. So bezeuge sich mimetisches Verhalten noch heute in Kinderspielen darin, daß ein Kind nicht nur Kaufmann, sondern auch Windmühle oder Eisenbahn spiele. Phylogenetisch führt Benjamin das Horoskop als ein Relikt der Fähigkeit urzeitlicher Menschen an, »natürliche Korrespondenzen« wahrzunehmen (GS II/1, 205). In das sprachtheoretische Zentrum seiner Überlegungen führt der Gedanke, daß dieses ursprüngliche anthropologische Vermögen im Laufe der Geschichte nicht etwa verlorengegangen sei, sondern sich vielmehr gewandelt habe. Wenn man davon ausgehe, daß das Herauslesen aus Sternen, Eingeweiden und Zufällen für die Menschen der Urzeit das Lesen schlechthin war, dann läge

»die Annahme sehr nahe, jene mimetische Begabung, welche früher das Fundament der Hellsicht gewesen ist, sei in jahrtausendlangem Gange der Entwicklung ganz allmählich in Sprache und Schrift hineingewandert und habe sich in ihnen das vollkommenste Archiv unsinnlicher Ähnlichkeit geschaffen« (GS II/1, 209).

Mit diesen Überlegungen knüpft Benjamin an seinen frühen Sprachaufsatz und die dort entwickelte Theorie der Sprachmagie an. Das ursprünglich Mimetische der Sprache, ihre, wenn man so wolle, »magische Seite«, heißt es in der *Lehre vom Ähnlichen*, könne »überhaupt nur an etwas Fremdem, eben dem Semiotischen, Mitteilenden der Sprache als ihrem Fundus in Erscheinung treten« (GS II/1, 208). Der Zusammenhang zwischen den beiden Seiten der Sprache wird durch einen Zeitmodus gestiftet. Epistemologisch ist die Fähigkeit, Ähnlichkeiten zu gewahren, vom Tempo oder der Schnelligkeit des Lesens abhängig, von einem kritischen Augenblick, in dem »Ähnlichkeiten, flüchtig und um sogleich wieder zu versinken, aus dem Fluß der Dinge hervorblitzen« (GS II/1, 209).

Wenn Benjamin in der späteren Fassung seines Textes, in *Über das mimetische Vermögen*, die von ihm hypostasierte Entwicklung des mimetischen Vermögens und seiner Transformation in Sprache und Schrift in einer Liquidation der Magie gipfeln sieht (GS II/1, 213), scheint es kaum statthaft, darin einen grundlegenden Wandel seiner Auffassung zu erblicken. Wie bereits im frühen Sprachaufsatz geht es Benjamin auch in dieser Fassung seiner Sprachtheorie um einen nicht-instrumentellen Begriff von Sprache und damit entscheidend um ein epistemologisches Problem, in dessen Kontext theologische oder magische Sprachauffassungen als Gegenstände der Theorie und nicht als Bekenntnisse des Theoretikers zur Debatte stehen.

Nicht zufällig haben die Erinnerungsbilder der *Berliner Kindheit* Benjamin den Anlaß zu diesen theoretischen Überlegungen gegeben. Weniger in sprachtheoretischer Hinsicht als vielmehr im Sinne einer historischen Epistemologie sind sie als deren Anwendungsfall zu verstehen. Darauf enthält der Text den entscheidenden Hinweis, der in allen Fassungen der *Berliner Kindheit* deren Abschluß bildet. Er ist dem »bucklichten Männlein« gewidmet, das Benjamin bereits im Kafka-Essay als eine Figur der Entstellung und des Vergessens eingeführt hatte. Wie das Männlein dem Kind als Inbegriff seines Mißgeschicks und seiner Selbstvergessenheit begegnet, so steht es dem Erwachsenen für alles in Vergessenheit Geratene ein. Er denke sich, so Benjamin im letzten Stück der *Berliner Kindheit*,

»daß jenes ›ganze Leben‹, von dem man sich erzählt, daß es vorm Blick der Sterbenden vorbeizieht, aus solchen Bildern sich zusammensetzt, wie sie das Männlein von uns allen hat. Sie flitzen rasch vorbei wie jene Blätter der straff gebundnen Büchlein, die einmal Vorläufer unserer Kinematographen waren« (GS IV/1, 304).

In diesen Bildern die eigene Kindheit zu entziffern aber setzt ein bestimmtes Lesetempo voraus, wie es die Theorie des mimetischen Vermögens zur Voraussetzung für die Wahrnehmung von Ähnlichkeiten gemacht hatte. Daß Benjamin die Erinnerungsbilder der *Berliner Kindheit* dem Ablauf der Bilder im Kino vergleicht, betont einmal mehr die im strengen Sinne epische und rhapsodische Gestalt, die er seinem Erinnerungsbuch gegeben hat. Wenn die Kindheitsbilder auf diese Weise zum geschichtsphilosophischen Modellfall werden, dann gilt auch für sie die Einsicht, die Benjamin im Kafka-Essay bei Gelegenheit des bucklichten Männleins formuliert hat. Das Vergessene, hatte er dort notiert, sei »niemals ein nur individuelles«, sondern mische sich »mit dem Vergessenen der Vorwelt« (GS II/2, 430). In diesem Sinne spiegelt sich in den Bildern der Kindheit, die Benjamin um die Jahrhundertwende in Berlin verbrachte, die Urgeschichte des 19. Jahrhunderts.

Literatur. Adorno 1970, 30-32; Bolz/Witte 1984; Gnam 1999, 141-174; Lindner 1989, 445-450; Richter 2002, 163-229; Schneider 1986, 105-149; Schöttker 1999, 221-243; Stüssi 1977; Szondi 1961/1978, 275-294; Witte 1985, 26-37.

2. Pariser Passagen

Daß es ihm in der *Passagenarbeit* »vor allem um die ›Urgeschichte des 19ten Jahrhunderts‹« gehe (GB V, 98), betont Benjamin in einem Brief an Adorno, mit dem er diesem und seiner Frau Ende Mai 1935 das Exposé einer Arbeit übersandte, die ihn mit Unterbrechungen seit der Mitte der zwanziger Jahre beschäftigt hatte. In dem umfangreichen Schreiben läßt er die Entstehungsstadien eines Projektes Revue passieren, an dem Adorno schon früh so intensiven Anteil genommen hatte, daß er gelegentlich von den *Passagen* als von dem »uns aufgegebenen Stück prima philosophia« sprach (BwA, 73). Dieses von ihm mit Nachdruck betonte philosophische Anliegen der Arbeit sah Adorno durch das Interesse gefährdet, welches das Institut für Sozialforschung daran zu nehmen begann, als es auf Betreiben Benjamins ein Exposé des Projektes einforderte. Schien ihm doch unter diesen Umständen das gemeinsame Projekt einer »prima philosophia Ihres besonderen Sinnes« (BwA, 111) nunmehr einer historisch-soziologischen Untersuchung geopfert zu werden, wie sie dem Institut und seiner Zeitung einzig adaptierbar sei. Fast beschwörend drängte er Benjamin, die aus früheren Arbeiten übernommenen Themen und Motive, deren abschließende Behandlung

er immer wieder den *Passagen* vorbehalten habe, nicht aufzugeben:
»Die Urgeschichte des neunzehnten Jahrhunderts; die These vom
immer wieder selben, vom Neuesten als dem Ältesten, der Spieler,
das Plüsch – all das gehört ins Bereich der philosophischen Theorie« (BwA, 111-2). Mit der Betonung des Zusammenhangs der
Passagen mit früheren Arbeiten Benjamins, von denen Adorno den
Surrealismus-Aufsatz und die *Kleine Geschichte der Photographie*
ausdrücklich nennt, scheint ihm der damit umrissene Anspruch
der Arbeit einer weiteren Gefahr ausgesetzt. Er hielte es »für ein
wahres Unglück«, so Adorno, »wenn Brecht auf diese Arbeit Einfluß
gewänne« (BwA, 112).

In seinem Antwortschreiben versichert ihm Benjamin, daß es sich
bei dem Exposé um das der »großen philosophischen Arbeit« handle,
wenn ihm diese Bezeichnung »auch nicht die angelegentlichste«
sei. In jedem Fall aber werde in ihr »die entscheidende Frage des
geschichtlichen Bildes« in aller Breite behandelt, von der Benjamin
sich verspricht, mit seiner Arbeit in der marxistischen Diskussion
einen soliden Stand zu haben (GB V, 98). Auf die Anfänge der
Passagen rückblickend, tritt er auch den Befürchtungen Adornos
entgegen. Die ersten Aufzeichnungen gingen auf die Jahre seiner
Lektüre von Aragons *Paysan de Paris* zurück, den er mit klopfendem
Herzen gelesen habe. In diese Zeit dürfte auch seine Übersetzung
von Auszügen aus dem Buch fallen, die 1928 erschien (GS Suppl
I, 16-33). Seiner Freundschaft mit Franz Hessel habe die Arbeit
den inzwischen überholten Untertitel »Eine dialektische Feerie«
zu verdanken, der den rhapsodischen Charakter der Darstellung
andeute, der ihm damals vorschwebte. Diese »romantische Form
der Darstellung« sei in der Folge der ›historischen‹ Gespräche mit
Asja Lacis, Horkheimer, Adorno und dessen Frau im Herbst 1929
überholt gewesen. Schließlich folgte aus der »einschneidenden Begegnung mit Brecht« der Höhepunkt aller Aporien für seine Arbeit:
»Was aus dieser jüngsten Epoche für die Arbeit Bedeutung gewinnen
konnte – und es ist nicht gering – das konnte allerdings keine Gestalt
gewinnen, ehe nicht die Grenzen dieser Bedeutung unzweifelhaft
bei mir fest standen und also ›Direktiven‹ auch von dieser Seite ganz
außer Betracht fielen« (GB V, 97). In der Folge dieser Begrenzung
externer Einflüsse sieht Benjamin in seinem Exposé im Gegenzug
insbesondere erkenntnistheoretische Analogien zum Trauerspielbuch
hervortreten. Sie gelten ihm als eine »besonders bedeutsame Bestätigung des Umschmelzungsprozesses [...], der die ganze, ursprünglich
metaphysisch bewegte Gedankenmasse einem Aggregatszustand ent-
gegengeführt hat, in dem die Welt der dialektischen Bilder gegen alle
Einreden gesichert ist, welche die Metaphysik provoziert« (GB V, 98).

Tatsächlich gehen erste Aufzeichnungen zu den *Passagen* auf einen gemeinsam mit Hessel geplanten Zeitschriftenaufsatz zurück, aus dem in der Folgezeit der Plan eines umfangreicheren Essays erwuchs. Über einen Essay mit dem Titel »Pariser Passagen. Eine dialektische Feerie« berichtet Benjamin Ende Januar 1928 in einem Brief an Scholem als von einer Arbeit »von wenigen Wochen«, mit der er den Produktionskreis der *Einbahnstraße* abzuschließen gedenke (GB III, 322f.). Bis auf weiteres verbleiben die *Passagen* in Benjamins Denken im Bannkreis der *Einbahnstraße*. Das gilt zunächst von der äußeren Form der geplanten Arbeit, über die es gelegentlich heißt, daß im Falle ihres Gelingens die *Einbahnstraße* »erst in ihr die in ihr vorgesehene Form herausstellt« (GB III, 342). Wie das Aphorismenbuch aber geraten auf diese Weise erst recht die *Passagen* in das geistige Gravitationsfeld des Surrealismus. Wenn Benjamin diese Nähe »verständlich und gegründet« nennt, dann doch im Bewußtsein, daß eine »allzu ostentative Nachbarschaft zum mouvement surréaliste« ihm fatal werden könnte. Statt in den vorgegebenen Bahnen zu verbleiben, werde die »mit allen Machtvollkommenheiten eines philosophischen Fortinbras die *Erbschaft* des Surrealismus antreten« (GB III, 420).

Wie man sich diesen Balanceakt vorzustellen hat, darüber gibt der Surrealismus-Aufsatz einen ersten Aufschluß. Benjamin nennt ihn einen »Paravent vor den ›Pariser Passagen‹«, der vorerst verberge, was dahinter vorgehe. Immerhin könne er brieflich soviel verraten, als daß es ihm, wie in der *Einbahnstraße*, darum gehe, »die äußerste Konkretheit, wie sie dort [...] für Kinderspiele, für ein Gebäude, eine Lebenslage in Erscheinung trat, für ein Zeitalter zu gewinnen« (GB III, 454). Zu den prominenten Gegenständen, an denen diese Konkretion in Erscheinung tritt, gehört die Mode. Um deren »philosophische Darstellung und Ergründung« bemüht sich Benjamin in dem erkenntnistheoretischen Interesse, herauszufinden, »was es mit diesem natürlichen und ganz irrationalen Zeitmaßstab des Geschichtsverlaufs eigentlich auf sich hat« (GB III, 353).

Weder ist das theoretische Anliegen noch sind die zentralen Motive und Gegenstände aufgegeben, wenn Benjamin Anfang 1930, offenbar unter dem Eindruck von Gesprächen mit Adorno und Horkheimer, ein Zwischenresümee seiner Arbeit zieht, die sich inzwischen zu einem Buchplan entwickelt hat. Bis zur Wiederaufnahme des Projektes Anfang 1934 sollte dieses Resümee jedoch dessen vorläufiges Ende bedeuten. Ihm sei klar geworden, erläutert er Scholem in einem in französischer Sprache abgefaßten Brief, daß es des Studiums Hegels und des *Kapitals* bedürfe, um sowohl dem Material als auch der Metaphysik im Rahmen der geplanten Arbeit ein hinreichend tragfähiges Fundament zu verleihen. Denn es stehe fest, daß dieses Buch ebenso wie das Trauerspielbuch nicht ohne eine Erkenntnistheorie auskommen werde – wobei es sich dieses Mal vor allem um eine Erkenntnistheorie der Geschichte handeln müsse (»cette fois, surtout sur la théorie de la connaissance de l'histoire«) (GB III, 503). Zu einer Auseinandersetzung mit Hegel, geschweige denn mit Heidegger, die ihm höchstwahrscheinlich Adorno als in dieser Perspektive unvermeidbar vorgestellt haben dürfte, ist es weder im Exposé noch in den überlieferten Aufzeichnungen je gekommen – auch dies ein Beleg dafür, wie erfolgreich Benjamin fremden Einflüssen auf seine Arbeit wenn nicht zu wehren, so doch sie letztendlich seinen eigenen Interessen unterzuordnen wußte.

Aus dieser Arbeitsphase an den *Passagen* haben sich eine Reihe von Notizen und erste Aufzeichnungen erhalten, aus denen zwar kein Gesamtplan ersichtlich ist, die aber eine Reihe zentraler Motive und theoretischer Überlegungen versammeln, an die das Exposé von 1935 anknüpfen wird. So nehmen die beiden durchformulierten Entwürfe (GS V/2, 1041-43 bzw. 1044-1059) ihren Ausgang jeweils von einer Beschreibung der für das ursprüngliche Projekt titelgebenden Passagen. Im historischen Rückblick stellen sie sich dem Betrachter als die »Hohlform« dar, »aus der das Bild der ›Moderne‹ gegossen wurde«, als der Spiegel, in dem »mit Süffisanz das Jahrhundert seine allerneueste Vergangenheit« spiegelte (GS V/2, 1045). Ihr Reiz ergibt sich aus der »Zweideutigkeit des Raumes« (GS V/2, 1050). Unversehens nämlich verwandeln sich die überdachten Straßenzüge in einen Innenraum, und diese Zweideutigkeit lassen sie den Straßen von Paris zugute kommen. Umgekehrt erscheinen so die Straßen als »die Wohnung des Kollektivs«, und die Passage werde zum Salon (GS V/2, 1051-2). Wo das Bürgertum des Second Empire versucht, diese Erfahrung in den Innenraum des Salons zu bannen, verwandelt sich die Stadt dem Flaneur, der sie träumerisch durchstreift, zur Landschaft. Der Glamour der Stadt aber erweist sich als die Kehrseite destruktiver Energien, die im Lauf des Jahrhunderts immer wieder explosiv an die Oberfläche drängen:

»Paris ist in der sozialen Ordnung ein Gegenbild von dem, was in der geographischen der Vesuv ist. Ein drohendes gefährliches Massiv, ein immer tätiger Juni der Revolution. Wie aber die Abhänge des Vesuvs dank der sie deckenden Lavaschichten zu paradiesischen Fruchtgärten wurden, so blühen aus der Lava der Revolution Kunst, das festliche Leben, die Mode wie nirgends sonst« (GS V/2, 1056).

Es scheint, als habe Benjamin dieser Innenansicht des Jahrhunderts eine Perspektive entgegenstellen wollen, die aus dem zum

»Zeit-traum« gewordenen Zeitraum (GS V/1, 491) herausführt. In seinem Konzept markiert diesen Fluchtpunkt der Surrealismus. Dessen Vater war Benjamin zufolge Dada; »seine Mutter aber war eine Passage« – die »Passage de l'Opéra« nämlich, in der, wie es Aragon im *Paysan de Paris* schildert, ein Café sich befand, das den Surrealisten als Treffpunkt diente, bis die Passage dem Durchbruch des Boulevard Haussmann zum Opfer fiel (GS V/2, 1057). Bereits in den frühen Aufzeichnungen aber betont Benjamin auch die »Abgrenzung der Tendenz dieser Arbeit gegen Aragon: Während Aragon im Traumbereiche beharrt, soll hier die Konstellation des Erwachens gefunden werden« (GS V/2, 1014). Die Grundlinien dieser kritischen Indienstnahme des Surrealismus zeichnet der Surrealismus-Aufsatz von 1929 vor. An ihn knüpfen Fragmente an, die den Surrealisten zwar zugute halten, daß sie aus dem narkotischen Historismus und der Maskensucht des 19. Jahrhunderts als erste das Signal wahrer historischer Existenz aufgefangen hätten, das aus dem vergangenen Jahrhundert in die Gegenwart drang. Seinem eigenen Versuch stellt Benjamin die Aufgabe, »dieses Signal zu dechiffrieren«. Die »revolutionäre, materialistische Basis des Surrealismus«, die er in seinem Essay offengelegt hatte, sei eine hinreichende Bürgschaft dafür, daß in den Traumbildern des Jahrhunderts die ökonomische Basis zum höchsten Ausdruck gelange (GS V/1, 494).

Bereits in den frühen Notizen weitet sich seine aus diesem Kontext stammende Theorie des Erwachens zu einer Erkenntnistheorie der Geschichte, in der Benjamin zugleich Anschluß an seine politische Philosophie sucht. Die dialektische Struktur des Erwachens wird zum Modellfall sowohl für die geschichtliche Erkenntnis als auch für das politische Handeln. Wie erst das Erwachen die Traumbilder fixiere, so erschließe sich das Gewesene erst aus der Gegenwart. In diesem Sinne spricht Benjamin von der »kopernikanischen Wendung in der geschichtlichen Anschauung«. Während man bisher das Gewesene für den fixen Punkt hielt und die Gegenwart bemüht sah, die Erkenntnis tastend an dieses Feste heranzuführen, gelte es nun, dieses Verhältnis umzukehren und das Gewesene von der Gegenwart aus allererst zu fixieren. Auf diese Weise erhalte »Politik [...] den Primat über die Geschichte. Und zwar werden die historischen ›Fakten‹ zu einem uns soeben Zugestoßenen: sie festzustellen ist die Sache der Erinnerung« (GS V/2, 1057). In diesem »Akt der politischen Besinnung« (GS V/2, 1058) sollte Benjamins materiale Geschichte des 19. Jahrhunderts am Leitfaden der Passagen enden.

Es ist davon auszugehen, daß das Projekt in diesen Grundzügen den Gesprächen zugrunde lag, die im Herbst 1929 zur Einsicht in die Notwendigkeit der Revision seiner Grundlagen und damit

zum vorläufigen Abbruch führten. Bevor Benjamin im Auftrag des
Instituts an die Abfassung des Exposés ging, wurde Adorno zum
unermüdlichen Sachwalter der Arbeit, deren Realisierung Benjamin
selbst unter den Bedingungen des Exils in immer weitere Fernen
rücken sah.

Nicht jedoch Adorno, sondern zunächst Scholem berichtet er
über das neue Stadium, das die Arbeit im Mai 1935 mit dem Exposé
für ihn erreicht habe. Aus dem Essay ist ein Buch mit dem Titel
»Paris die Hauptstadt des neunzehnten Jahrhunderts«, dessen französische Übersetzung Benjamin im Stillen dem deutschen vorzieht.
Detaillierter noch als in dem späteren Brief an Adorno rückt er es in
die Nähe des Trauerspielbuchs: Wie im Barockbuch die Entfaltung
des überkommenen Begriffs des Trauerspiels im Mittelpunkt stand,
so würde es nunmehr der des »Fetischcharakters der Ware« sein.
Neben der Notwendigkeit einer eigenen Erkenntnistheorie deutet
Benjamin eine weitere Analogie an: »wie das Trauerspielbuch das
siebzehnte Jahrhundert von Deutschland aus, so würde dieses das
neunzehnte von Frankreich aus aufrollen« (GB V, 83f.).

Diesem historischen Interesse trägt das Exposé im Rekurs auf eine
eigentümliche historische Erfahrung Rechnung. Als Vorgeschichte der
eigenen Gegenwart rückt das vergangene Jahrhundert, das den Begriff
der Moderne so emphatisch für sich in Anspruch nahm, nicht etwa
näher, sondern vielmehr in eine unendliche, vorgeschichtliche Ferne.
Das Zeitmaß dieser Erfahrung ist die Mode. Nicht nur erscheint jeder
Generation die gerade verflossene Mode, wie Benjamin notiert, »als
das gründlichste Antiaphrodisiacum«, das man sich denken könne
(GS V/1, 113). Vielmehr illustriert das Schauspiel der Mode eine
grundlegende historische Dialektik, insofern in ihr das Neueste nur
da tonangebend wird, »wo es im Medium des Ältesten, Gewesen-
sten, Gewohntesten« auftaucht (GS V/1, 112). An diese Erfahrung
knüpft Benjamin im Exposé an. In dem Bestreben, »sich gegen das
Veraltete – das heißt aber: gegen das Jüngstvergangene – abzuset-
zen«, werde jede Gegenwart an das Urvergangene zurückverwiesen.

»In dem Traum, in dem jeder Epoche die ihr folgende in Bildern vor Augen tritt, erscheint die letztere vermählt mit Elementen der Urgeschichte,
das heißt einer klassenlosen Gesellschaft. Deren Erfahrungen, welche im
Unbewußten des Kollektivs ihr Depot haben, erzeugen in Durchdringung
mit dem Neuen die Utopie, die in tausend Konfigurationen des Lebens, von
den dauernden Bauten bis zu den flüchtigen Moden, ihre Spur hinterlassen
hat« (GS V/1, 47).

Um die Darstellung dieser »Phantasmagorien«, wie sie sich im Schoße
der kapitalistischen, warenproduzierenden Gesellschaft bilden, als

die sich das Bürgertum im 19. Jahrhundert in Frankreich etablierte, sollte es in den sechs Abschnitten des Buches gehen, dessen Grundriß das Exposé entwirft.

Auch in dem Exposé erschließt sich Paris, die Hauptstadt des 19. Jahrhunderts, zunächst am Leitfaden seiner Architektur, für die paradigmatisch die Passagen stehen. Bautechnisch verdanken sie ihre Entstehung der Verwendung von Glas und Eisen. Mit den künstlichen Baustoffen beginnt das konstruktive Prinzip in der Architektur zu dominieren; der Ingenieur steht im Begriff, dem Architekten das Terrain streitig zu machen. Statt nun aber der funktionellen Natur des Eisens in der Bauweise zu entsprechen, setzten die Baumeister alles daran, den neuen Baustoff hinter antikisierenden Fassaden zu verdecken. Das Empire sah in der neuen Technik »einen Beitrag zur Erneuerung der Baukunst im altgriechischen Sinne« (GS V/1, 45) und unterwarf auf diese Weise noch die Architektur den Gesetzen der Mode.

Denselben gedanklichen Mechanismus entdeckt Benjamin in den utopischen Entwürfen des Sozialtheoretikers und Sozialisten Charles Fouriers (1772-1837), dessen Namen der erste Abschnitt des Exposés den Passagen an die Seite stellt. Fourier habe in den Passagen »den architektonischen Kanon des phalanstère gesehen« (GS V/1, 47). In seiner Utopie, in der er die Leidenschaften des Menschen wie die Teile einer großen Maschine aufeinander abstimmt, um aus dieser »Maschinerie aus Menschen« das Schlaraffenland zu produzieren, fungieren die Passagen als Wohnstätten. Das *phalanstère* sei als eine »Stadt aus Passagen« imaginiert (GS V/1, 47). Auf diese Weise verbindet sich bei Fourier die visionäre Wahrnehmung der Technik als der Quintessenz der Moderne mit dem Rückgriff auf die urgeschichtliche Wunschvorstellung vom Schlaraffenland.

Bei aller Sympathie für Fourier schließt sich das Exposé der Kritik an, die Marx im *Kommunistischen Manifest* (1848) und in anderen Schriften am utopischen Sozialismus übte. Erst in der Gegenwart, so Benjamin, fänden sich »die gesellschaftlichen Voraussetzungen« für die gesteigerte Verwendung von Glas als Baustoff (GS V/1, 46). Noch bei Scheerbart trete das Glas als Baustoff in den Zusammenhängen der Utopie auf. Auch wenn der Gedanke einer an spezifische gesellschaftliche Voraussetzungen gebundenen Verwertung der Baumaterialien in der Gegenwart an dieser Stelle ohne nähere Erläuterung bleibt, belegt er, daß die vormals an das Konzept des Erwachens geknüpfte Ausrichtung der Arbeit auf die Gegenwart auch in dem neuen Arbeitsstadium nicht außer Kraft gesetzt wurde.

Das bestätigt der Schlußabsatz, in dem Benjamin Balzacs Wort von den »Ruinen der Bourgeoisie« aufgreift, auf welche die Surrea-

listen als erste den Blick freigegeben hätten. Die »Entwicklung der
Produktivkräfte«, so deutet er das Bild, »legte die Wunschsymbole
des vorigen Jahrhunderts in Trümmer noch ehe die sie darstellenden
Monumente zerfallen waren«. In der Folge dieser Entwicklung, die
das Exposé in seinen einzelnen Abschnitten exemplarisch behandelt,
hätten sich im Laufe des 19. Jahrhunderts »die Gestaltungsformen
von der Kunst emanzipiert« (GS V/1, 59).

Die Unterwanderung der Architektur durch die Ingenieurs-
konstruktion läßt sich an den Passagen beobachten, denen der
erste Abschnitt gewidmet ist. Eine andere folgenreiche Facette der
Konfrontation der Kunst mit der Technik behandelt der Abschnitt
über »Daguerre oder die Panoramen«. Wie die Photographie in der
Naturwiedergabe ihre Überlegenheit über die Malerei erweist, so
beginnt die Phantasie mit der Reklame den Bereich der Kunst zu
verlassen und erschafft sich in der Mode und in den Weltausstellungen eine Scheinwelt. Der Phantasmagorie der Vergnügungsindustrie,
von der Benjamin im dritten Abschnitt die Kunst des Karikaturisten
Grandville (1803-1847) inspiriert sieht, stellt der folgende vierte
Abschnitt die des Interieurs an die Seite, in die sich der Privatmann als
Sammler zurückzieht und mit der Ausschmückung des Wohnraums
im Geschmack des Jugendstils sein privates Universum gestaltet.
Von der generellen Entwicklung bleibt auch die Dichtkunst nicht
verschont. Sie findet im Feuilleton eine Herausforderung, auf die
Baudelaire mit seiner Theorie der ›nouveauté‹ als oberstem Wert der
Poesie antwortet. In seiner Dichtung macht er die Phantasmagorie
der Moderne in Bildern zum Gegenstand, in denen sich die moderne
Großstadt mit solchen des Verfalls und des Untergangs durchdringen.

Als treibendes Motiv der von Benjamin beobachteten Entwicklun-
gen erweist sich das kapitalistische Verwertungsinteresse. Alle diese
Produkte, so resümiert er, seien »im Begriff, sich als Waren auf den
Markt zu begeben« (GS V/1, 59). In dem Zwischenstadium, in dem
sie dem Beobachter im 19. Jahrhundert noch begegnen, entfalten sie
ihr träumerisches Potential. Vorerst aber fand diese Entwicklung ihr
Fanal in der Kommune. Zwar wurde dieser erste Arbeiteraufstand
blutig niedergeschlagen. Aber er bereitete zwei Phantasmagorien
ein Ende: In den Straßenkämpfen und im Brand von Paris, in dem
der Aufstand gipfelte, ging die steingewordene Phantasmagorie der
Stadt als Inbegriff der Kultur in Flammen auf. Zugleich machte die
Kommune mit der Phantasmagorie ein Ende, »daß es Aufgabe der
proletarischen Revolution sei, Hand in Hand mit der Bourgeoisie
das Werk von 1789 zu vollenden« (GS V/1, 58).

Mit diesem Janusgesicht, oder wenn man so will: in dieser halb-
fertigen, entstellten Gestalt präsentiert sich die Dingwelt des 19.

Jahrhunderts dem Betrachter, der aus dem 20. auf das vergangene
Jahrhundert zurückschaut. Seiner Zeit ist die Aufgabe gestellt, die
Rückstände dieser Traumwelt beim Erwachen zu verwerten. Das
Organ des geschichtlichen Erwachens sei das dialektische Denken:
»Mit der Erschütterung der Warenwirtschaft beginnen wir, die
Monumente der Bourgeoisie als Ruinen zu erkennen noch ehe sie
zerfallen sind« (GS V/1, 59).

Im März 1939 gibt die Bitte Horkheimers, eine Übersetzung
des Exposés für einen potentiellen Mäzen des Projekts zu erstellen,
Benjamin die Gelegenheit, das Exposé bei dieser Gelegenheit zu
revidieren. Die neue Fassung (GS V/1, 60-77) beschränkt sich über
weite Strecken auf eine Übersetzung der Vorlage, nimmt aber einige
Veränderungen vor. So ist, möglicherweise mit Blick auf den *Kunstwerk*-Aufsatz, der Absatz über die Photographie weggefallen. Statt
dessen hat Benjamin dieser Fassung eine Einleitung vorangestellt,
die in Anlehnung an den Schlußabsatz des alten Exposés einen
Aufriß der Arbeit entwirft, in deren Zentrum sie die Phantasmagorie
der Kulturgeschichte rückt (GS V/2, 1255f.). Die entscheidende
Neuerung stellt die Integration eines Textes dar, in dem Benjamin
die Krönung der Phantasmagorien des Jahrhunderts erblickt, die
»insgeheim die bitterste Kritik an den anderen einschließt« (GS
V/2, 1256). Bei dem Text handelt es sich um eine kosmologische
Spekulation, die der Revolutionär und Verschwörer Auguste Blanqui
(1805-1881) als Gefangener der Konterrevolution während der Kommune unter dem Titel *L'éternité par les astres* (1872) niederschrieb.
Das Buch, in dem Blanqui zehn Jahre vor Nietzsches *Zarathustra*
der Fortschrittsideologie seine auf die neuesten Erkenntnisse der
Naturwissenschaften gestützte Vision der ewigen Wiederkehr des
Gleichen entgegenhält, gilt Benjamin als ein »fundamentales Exempel
der Urgeschichte des neunzehnten Jahrhunderts« (GS V/1, 177).
Benjamin führt Blanquis resignierte Vision als Beleg dafür an, daß
es das Jahrhundert nicht vermocht habe,

»den neuen technischen Möglichkeiten mit einer neuen gesellschaftlichen
Ordnung zu entsprechen [...]. So erhielten die trügerischen Vermittlungen
des Alten und des Neuen die Oberhand, welche der Term seiner Phantasmagorien waren. Die von diesen Phantasmagorien beherrschte Welt ist – mit
einem Schlüsselwort, das Baudelaire für sie gefunden hat – die Moderne«
(GS V/2, 1257f.).

Wenn Benjamin die Bildphantasie der Moderne in ihrem Rückgriff
auf die Urgeschichte auf die klassenlose Gesellschaft stoßen läßt, so
stand bei diesem Gedanken ganz offensichtlich der Anthropologe
und Mythenforscher Johann Jakob Bachofen (1815-1887) Pate. Mit

dessen Schriften hatte sich Benjamin schon Mitte der zwanziger
Jahre beschäftigt. Kurz vor der Niederschrift des *Passagen-Exposés*
bemühte er sich vergeblich um die Publikation eines in französischer
Sprache verfaßten Essays, in dem er den Schweizer Gelehrten in
Frankreich vorstellen wollte (GS II/1, 219-233). Benjamin kennt
Alfred Baeumlers umfangreiche Einleitung in die von diesem besorgte
Bachofen-Ausgabe (1926), und er hat Friedrich Engels *Ursprung der
Familie, des Privateigenthums und des Staats* (1884) studiert, in der
Bachofen als Zeuge für die Konstruktion einer kommunistischen
Gesellschaft im Morgengrauen der Geschichte in Anspruch ge-
nommen wird. Im Spannungsfeld einer zugleich faschistischen und
kommunistischen Inanspruchnahme des Gelehrten verbleibt auch
Benjamins Begriff der Urgeschichte und erst recht seine Annahme,
daß urgeschichtliche Erfahrungen im »Unbewußten des Kollektivs«
(GS V/1, 47) ihr Depot haben, schillernd ambivalent. Gemeinsam
mit dem zentralen epistemologischen Konzept des Projekts, dem
Begriff des dialektischen Bildes, steht er im Zentrum der brieflichen
Diskussion mit Adorno, die sich an die Übersendung des Exposés
anschließt.

Adornos zentraler Einwand lautete, daß Benjamin im Exposé
das Verhältnis des Ältesten zum Neuesten als eines »der utopischen
Bezugnahme auf ›klassenlose Gesellschaft‹« (BwA, 141) konstruiere.
Auf diese Weise werde aber das Archaische zu einem komplemen-
tär Hinzugefügten, anstatt das ›Neue‹ selbst zu sein. Indem das
Exposé hier eine dialektische Vermittlung unterlasse, verfolge es
eine »mythologisierende oder archaistische Tendenz« (BwA, 146).
Später resümiert Adorno seine Kritik dahingehend, daß »anstelle
der Urgeschichte *des* neunzehnten Jahrhunderts die Urgeschichte
im neunzehnten Jahrhundert« trete (BwA, 366). Wenn nämlich
die Archaik geschichtlich produziert, mithin dialektisch und nicht
prähistorisch sei (BwA, 54), dann, so läßt sich im Sinne Adornos
verkürzt sagen, trage sie ebenso wie die auf ihre Bilder zurückgrei-
fende Utopie das Stigma falschen Bewußtseins. Der so produzierte
universelle Verblendungszusammenhang aber sei immanent nicht
zu durchbrechen. Adornos Alternative zu Benjamins Versuch, das
dialektische Bild immanent, als einen kollektiven Bewußtseinsinhalt
zu fassen, rekurriert ausdrücklich auf den theologischen Begriff
der Hölle.

Die hier gestreifte Diskussion greift bereits zwei Arbeiten vor,
die beide aus dem Kontext der *Passagen* erwachsen sind, aber auf
je spezifische Weise Eigenständigkeit beanspruchen dürfen. In der
umfangreichen Notizen- und Exzerptensammlung, als die sich
das *Passagen-Projekt* in Benjamins Nachlaß erhalten hat, kommt

den Konvoluten »J« und »N« nicht nur quantitativ ein besonderer Status zu. Aus dem Baudelaire gewidmeten »Konvolut J« erwuchs der Plan eines ebenfalls nur bruchstückhaften überlieferten Buches über den Dichter. Das den Stichworten »Erkenntnistheoretisches, Theorie des Fortschritts« gewidmete »Konvolut N« aber bildet die Basis für die Thesen *Über den Begriff der Geschichte.*

Literatur: Asholt 1999, 1017-1031; Bolz/Witte 1984; Brüggemann 1996, 443-474; Brüggemann 2002, 573-618; Buck-Morss 1989/2000; Faber 1979; Grossheim 1997, 494-517; Hillach 2000, 186-230; Jauß 1989, 189-215; Menninghaus 1986; Müller, Michael 1985, 278-323; Pauen 1999, 693-716; Raulet 1997, 86-130; Schöttker 1999, 204-223; Tiedemann 1983; Weidmann 1992; Wohlfarth 1984, 70-94.

3. Charles Baudelaire.
Ein Lyriker im Zeitalter des Hochkapitalismus

Daß Benjamin sich knapp zwei Jahre nach der Vorlage des *Passagen*-Exposés einer Studie über Baudelaire zuwandte, entsprach eher einer Verlegenheit als einem vorsätzlichen Entschluß. Mit dem Abschluß des Fuchs-Essays im Frühjahr 1937 schien dem Beginn der Arbeit an den *Passagen* nichts mehr im Weg zu stehen. Durchaus im Sinne der Kritik Adornos am Exposé und mit dessen nachdrücklicher Unterstützung erachtete Benjamin die Ausarbeitung der methodologischen und erkenntnistheoretischen Grundlagen des Buches, nämlich »die Auseinandersetzung des dialektischen Bildes mit dem archaischen« (GB V, 531), als vordringlich. Dies hätte vor allem eine kritische Beschäftigung mit den Theorien von Ludwig Klages (1872-1956) und Carl Gustav Jung (1875-1961) bedeutet, zu der es aber nicht kam. Statt dessen gab Horkheimer der von Benjamin vorgeschlagenen Alternative den Vorzug und sprach sich dafür aus, zunächst das Baudelaire-Kapitel in Angriff zunehmen. Es sollte in Gestalt eines selbständigen Aufsatzes in der *ZfS* zu publiziert werden.

Bis in den Sommer scheint sich Benjamin desungeachtet mit Vorstudien zu dem von ihm und Adorno favorisierten Thema befaßt zu haben. Noch im Juli 1937 berichtet er Scholem davon, daß er Jung mit der Absicht studiere, die methodischen Fundamente der *Pariser Passagen* durch eine Abgrenzung gegen dessen Lehren zu sichern, »besonders die von den archaischen Bildern und vom kollektiven Unbewußten«. Das hätte, so Benjamin weiter, »neben seiner internen methodischen Bedeutung eine öffentlichere politi-

sche«. Das Studium der Essaybände Jungs habe ihn darüber belehrt,
daß dessen »Hilfsdienste am Nationalsozialismus von langer Hand
vorbereitet waren« (GB V, 544). Der Bezug zu den politischen
Vorgängen in der eigenen Gegenwart ist aus keiner der Arbeiten
wegzudenken, die Benjamin im Exil in Angriff nahm und erst recht
nicht aus solchen aus dem Umkreis der *Passagen*.

Ebenso deutlich aber ist, daß diese Verbindung sich ihm aus dem
historischen Interesse selbst, dem Gegenstand und der Methode
seiner Darstellung, unmittelbar ergab. Bereits im Exposé hatte er
die Beschäftigung mit der poetischen Bilderwelt Baudelaires in den
Kontext der Dialektik von Antike und Moderne, von Urgeschichte
und Moderne, gestellt, aus der sie ihre maßgebliche Inspiration
beziehe. Als oberster Begriff der Poetik Baudelaires sei die *nouveauté* der Ursprung des Scheins, den das kollektive Unbewußte
hervorbringe, die »Quintessenz des falschen Bewußtseins«. Dieser
Schein des Neuen reflektiere sich, »wie ein Spiegel im andern, im
Schein des immer wieder Gleichen« (GS V/1, 55). Diesen Aspekt
sah Benjamin in Blanquis *L'éternité par les astres* bekräftigt, über
dessen Entdeckung er Horkheimer im Januar 1938 berichtet. Mit
seinem Thema: der ewigen Wiederkunft, habe Blanquis Text die
merkwürdigste Beziehung zu Nietzsche; »eine verborgenere und
tiefere zu Baudelaire, an den es an einigen großartigen Stellen fast
wörtlich anklingt. Diese letzte Beziehung werde ich mich bemühen,
ins Licht zu setzen« (GB VI, 10). Drei Monate später umreißt er das
Anliegen der geplanten Arbeit in einem Brief an Scholem einmal
mehr aus der Perspektive der Gegenwart: Er wolle Baudelaire,

»wie er ins neunzehnte Jahrhundert eingebettet ist, zeigen und der Anblick
davon muß ebenso neu erscheinen, auch eine ebenso schwer definie[rba]re
Anziehung ausüben, wie die eines seit Jahrzehnten im Waldboden ruhenden
Steins, dessen Abdruck, nachdem wir ihn mit mehr oder weniger Mühe
von der Stelle gewälzt haben, überaus deutlich und unberührt vor uns
liegt« (GB VI, 57).

Auf dieses Bild kommt er in seinem Brief vom 16.4.1938 wörtlich
zurück, in dem er Horkheimer einen ersten detaillierten Aufriß der
Arbeit gibt. Insofern die Arbeit ursprünglich als zentraler Abschnitt
der *Passagen* geplant gewesen sei, konvergierten in ihr »wesentlichste
Motive« des Buches, so daß sie die Tendenz zeige, sich zu dessen
»Miniaturmodell« zu entwickeln (GB VI, 64). Auf der Grundlage
von erst 1981 in der Bibliothèque nationale in Paris aufgefundenen
Manuskripten, die eine detaillierte Rekonstruktion der einzelnen
Stadien der Entstehung des Manuskripts und zudem der Arbeits-
weise Benjamins erlauben, läßt sich ersehen, in welchem Umfang

er für die Disposition und Ausarbeitung des Textes tatsächlich auf die Materialkonvolute der *Passagen* zurückgriff. Aus diesem Kontext erklärt sich auch der Status der von Benjamin selbst so betitelten *Zentralpark*-Fragmente (GS I/2, 655-90). Sie sind als erste Formulierungen zentraler Überlegungen sowie als Notizen zu verstehen, die Anweisungen über die Verwendung von Motiven und Materialien aus dem Dokumentationsfundus der *Passagen*-Konvolute im Kontext des *Baudelaire*-Projekts festhalten. Demgemäß nehmen sie eine Zwischenstellung zwischen den *Passagen* und den *Baudelaire*-Notizen im engeren Sinn ein (Espagne/Werner 1984, 624-7). Eine vergleichbare Textgenese läßt sich auch am Beispiel des an Horkheimer übermittelten Aufrisses der Arbeit studieren, zu dem eine frühe Schematisierung (GS VII/2, 739) und ein als unmittelbare Vorstufe zu dem Brief zu betrachtender, durchgängig ausformulierter Konspekt (GS I/3, 1150-2) überliefert sind. Demnach sollte sich der umfangreiche Aufsatz in drei Teile gliedern.

Der erste Teil, so führt Benjamin in seinem Schreiben an Horkheimer (GB VI, 65-7) aus, werde unter dem Titel »Idee und Bild« die maßgebende Bedeutung der Allegorie für die *Fleurs du mal* darlegen und die Grundlagen der allegorischen Anlagen Baudelaires rekonstruieren.

Unter dem Titel »Antike und Moderne« werde im zweiten Teil das zentrale Formelement der allegorischen Anschauung entwickelt: die Überblendung von Antike und Moderne, wie sie den lyrischen und prosaischen *Tableaux parisiens* zugrunde liege. In diese poetische Transposition von Paris wirke die Masse, wie sie dem Flaneur auf seinen Wegen durch die Stadt allgegenwärtig sei, in entscheidender Weise hinein. Das Bild der auf diese Weise sich präsentierenden Stadt festzuhalten, mit anderen Worten: »der Moderne Gestalt zu geben«, habe Baudelaire als Aufgabe vor Augen gestanden, und diese Aufgabe habe er als eine heroische definiert.

Der dritte, »Das Neue und Immergleiche« betitelte Teil des Aufsatzes behandele »die Ware als die Erfüllung der allegorischen Anschauung bei Baudelaire«. Es erweise sich, »daß das Neue, welches die Erscheinung des Immergleichen, in deren Bann der spleen den Dichter geschlagen hat, sprengt, nichts anderes als die Aureole der Ware ist« (GB VI, 66).

In zwei Exkursen solle zum einen die Relevanz dieser Konzeption für den Jugendstil nachgewiesen und zum anderen gezeigt werden, inwiefern die Dirne als die Ware zu betrachten sei, in der sich die allegorische Anschauung am vollkommensten erfülle und in der Erfüllung zugleich zerstreue. Die einzigartige Bedeutung Baudelaires, so Benjamins Resümee, bestehe darin, »als erster und am unbeirrbarsten die Produktivkraft des sich selbst entfremdeten Menschen im doppelten Sinne des Wortes dingfest – agnosziert und durch die Verdinglichung gesteigert – zu haben«(GB VI, 66). Während der Dichter im ersten Teil der Arbeit in monographischer Isolierung erscheine, konfrontiere ihn der zweite mit den Zeitgenossen Edgar Allan Poe (1809-1849), Charles Méryon (1821-1868) und Victor Hugo (1802-1885); im abschließenden dritten Teil schließlich trete er nach Maßgabe der *idée fixe* des Neuen und Immergleichen mit Blanqui und Nietzsche in eine historische Konfiguration.

Noch geht Benjamin von einem Aufsatz aus. Anfang August jedoch veranlaßt ihn dessen absehbarer, die Grenzen des Üblichen weit sprengender Umfang, Horkheimer die separate Publikation einzelner Abschnitte der Arbeit vorzuschlagen. Dabei hat er den zweiten Teil im Auge, in dem es, wie er Horkheimer mit Blick auf den ihm übersandten Aufriß erinnert, um zwei Gegenstände gehe: zum einen um Baudelaires »Konzeption der Moderne in ihrem Verhältnis zur Antike« und zum anderen um »das erste Auftreten der großstädtischen Masse in der neueren Literatur« (GB VI, 150). Wenige Wochen später ist aus dem geplanten Aufsatz, in dem ursprünglich ein vorab zu verfassendes Kapitel der *Passagen* Gestalt annehmen sollte, ein eigenständiges Buchprojekt geworden.

Für das Buch mit dem Titel *Charles Baudelaire – ein Lyriker im Zeitalter des Hochkapitalismus* bleibt der dreiteilige Abriß von Mitte April bis auf weiteres in Kraft. Mit Blick auf seine Verpflichtungen dem Institut und seiner Zeitschrift gegenüber stellt Benjamin, wie er es bereits Horkheimer vorgeschlagen hatte, die Ausarbeitung des zweiten Teiles des Gesamtmanuskripts in Aussicht. Dieser Teil trage den provisorischen Titel »das second empire in der Dichtung Baudelaires« und sei »vollkommen selbstständig« (GB VI, 159).

Diesen wiederum in drei Abschnitte untergliederten Teil des Buches übersendet er am 28.9.1938 an Horkheimer zur Publikation in der *ZfS*, nicht ohne diesem noch einmal ausführlich die Genese des Gesamtprojekts und den Stellenwert des nun vorliegenden Teiles in seinem Rahmen zu erläutern. So sei vor allem Gewicht darauf zu legen, »daß die philosophischen Grundlagen des *gesamten* Buches [i.e. des geplanten Buches über Baudelaire, US] von dem vorliegenden zweiten Teil nicht zu überschauen sind und nicht überschaubar sein sollten«. Das sei durch den Aufbau des Buches bedingt. In dessen Kontext bringe »der erste Teil – Baudelaire als Allegoriker – die Fragestellung; der dritte Teil die Auflösung. Der zweite bringt die für diese Auflösung erforderlichen Daten bei«. Er habe also, allgemein gesprochen, die Funktion einer Antithesis und beinhalte die Kritik an Baudelaire, insofern er die Grenzen seiner

Leistung klarstelle. Die Interpretation derselben sei dem letzten Teil vorbehalten, in dem dann auch »das Grundthema der alten ›Passagen‹-Arbeit« zur Geltung komme: das Neue und Immergleiche als Grundlage des Begriffs der *nouveauté,* der Baudelaires Schaffen bis auf den Grund determiniere (GB VI, 162f.).

Benjamins Bemerkung, daß die geplante *Baudelaire*-Studie »im Falle des Gelingens ein sehr genaues Modell der Passagenarbeit« sein werde (GB VI, 131), betont nicht nur die inhaltliche Nähe zu den *Passagen,* sondern hebt umgekehrt die methodologische und kompositorische Vorbildhaftigkeit des *Baudelaire*-Buches für das Projekt hervor, aus dessen Kontext es erwuchs. Für den Aufbau des Buches verweist er seinerseits auf ein Vorbild: Er möchte, »daß er an dialektischer Strenge dem der Wahlverwandtschaften-Arbeit nichts nachgibt« (GB VI, 62). Die hohe Bedeutung, die Benjamin für seine Arbeit am *Baudelaire* und damit eben auch an den *Passagen* Fragen der Materialdisposition und der Darstellung beimaß, wird durch die Pariser Manuskriptfunde eindringlich bestätigt, auch wenn man sich den weitergehenden Schlußfolgerungen ihrer ersten Kommentatoren, Michel Espagne und Michael Werner, nicht vorbehaltlos anschließen mag. Nicht zufällig aber spielt der beharrliche Hinweis auf die Komposition in Benjamins Erwiderung auf Adornos folgenreiche Kritik an seinem im Herbst 1938 vorgelegten Text eine entscheidende Rolle.

Der umfangreiche Essay, den Benjamin nach einer enormen Kraftanstrengung in einem »Wettrennen mit dem Krieg«, Aug' in Aug' mit der Sudetenkrise und dem Münchner Abkommen, rechtzeitig »vor dem Weltuntergang unter Dach und Fach gebracht« hatte (GB VI, 168), ist zu seinen Lebzeiten nie im Druck erschienen. Noch in der vorliegenden Druckfassung ist *Das Paris des Second Empire bei Baudelaire* unvollständig. In dem Aufsatz, dem mittleren Teil des dreiteilig konzipierten Buches, der sich seinerseits in die drei Teile: »Die Bohème«, »Der Flaneur« und »Die Moderne« gliedert, fehlen im ersten Teil zwei Abschnitte (GS I/3, 1193f.). Getreu der ursprünglichen Disposition treten in dem gesamten Text übergreifende theoretische Reflexionen zugunsten einer detaillierten Darstellung von sozialhistorischen Data und der Interpretation einzelner Gedichte weitgehend in den Hintergrund.

Von einem sozialhistorischen Befund nimmt die Darstellung ihren Ausgangspunkt. Mehr noch als in den Themen einzelner Gedichte Baudelaires habe sich der Gestus des Aufruhrs und der Verschwörung der formalen Gestalt seiner Poesie und der Argumentationsstruktur seiner theoretischen Schriften eingeschrieben. Deren Sprunghaftigkeit, Widersprüchlichkeit und ironische Undurchdringlichkeit

ebenso wie die Geheimniskrämerei der Allegorie verliehen seiner
Produktion konspirative Züge, die den Dichter in die Nähe der
Berufsverschwörer rückten, deren Lebenskreis im Paris zur Zeit
des zweiten Kaiserreiches die Bohème gewesen sei und als deren
Haupt Blanqui galt. Daß Baudelaire den großstädtischen Alltag
und soziales Außenseitertum zum Gegenstand seiner Lyrik machte
und sich selbst bisweilen als sozialer Dichter verstand, gehört indes
ebenso zu seinem Selbstverständnis wie das Bekenntnis zum *l'art
pour l'art*. Benjamin deutet die Inkaufnahme dieses Widerspruchs als
den Versuch Baudelaires, den Spielraum auszuschöpfen, der ihm zur
Verfügung stand, um sich angesichts der Krise der lyrischen Poesie
als Lyriker auf dem literarischen Markt zu positionieren. Durch
die Entstehung des Feuilletons, das der schönen Literatur einen
gänzlich neuen Absatzmarkt schuf, hatte sich der Literaturbetrieb
revolutioniert. Vor diesem Hintergrund zeichnet sich für Benjamin
die Gestalt Baudelaires ab: Er habe gewußt, wie es um den Literaten
in Wahrheit stand: »als Flaneur begibt er sich auf den Markt; wie er
meint, um ihn anzusehen, und in Wahrheit doch schon, um einen
Käufer zu finden« (GS I/2, 536).

Damit ist das Stichwort gefallen, das im Zentrum des zweiten
Abschnitts steht und dort Benjamin *en passant* den Hinweis gestat-
tet, daß die Flanerie sich »zu ihrer Bedeutung schwerlich ohne die
Passagen« hätte entwickeln können (GS I/2, 538). Auf der Straße,
die ihm zur Wohnung wird, begegnet der Flaneur der Menschenmenge, deren Allgegenwart die Erfahrung der modernen Großstadt
entscheidend prägt. In den Physiologien, die sich in der ersten Hälfte
des Jahrhunderts großer Popularität erfreuten, erkennt Benjamin
den illusorischen Versuch, dieser beunruhigenden Erfahrung mit
gesteigerter Menschenkenntnis zu begegnen. Der bedrohlichen
Seite der großstädtischen Menschenmenge trägt demgegenüber die
Detektivgeschichte Rechnung, zu deren Verbreitung in Frankreich
Baudelaire mit seiner Poe-Übersetzung entscheidend beitrug. In den
Gedichten der *Fleurs du mal* lassen sich die konstitutiven Elemente
der Kriminalgeschichte: das Opfer, der Tatort und die Masse, als
disiecta membra nachweisen. Hingegen fehle das konstruktive Element des analytischen Verstandes, auf das Baudelaire zugunsten
eines destruktiven Impulses verzichtet habe, der methodisch der
Allegorese zugute komme und seinen Gedichten einen grausam-sa-
distischen Zug verleihe (GS I/2, 545). Näher betrachtet also verbirgt
sich hinter der Maske des Müßiggangs die gesteigerte Wachsamkeit
des Beobachters, als der sich der Flaneur in der Menge bewegt.
Jederzeit auf eine Entdeckung eingestellt, bildet er eine Form des
Regierens aus, die sich dem Tempo der Großstadt angepaßt hat.

Dieser chockhaften Erfahrung hat Baudelaire in dem Sonett *A une passante* ein Denkmal gesetzt (GS I/2, 547f.).

Der anonyme Held von Poes Kurzerzählung *The Man of the Crowd* (1850), den Baudelaire als Flaneur verstand, und Hugos Verklärung der Masse zur Menge der Klienten und *citoyens* dienen Benjamin als Kontrastfolien, das Bild der Großstadt näher zu bestimmen, das in den *Fleurs du mal* Gestalt gewinnt. Zwar habe Baudelaire mit der genießerischen Haltung des Flaneurs das Schauspiel der Menge auf sich wirken lassen. Deren tiefste Faszination aber habe darin gelegen, »ihm im Rausch, in welchen es ihn versetzte, die schreckliche gesellschaftliche Wirklichkeit nicht zu entrücken« (GS I/2, 562). Letztlich aber habe auch der Dichter »den gesellschaftlichen Schein [...], welcher sich in der Menge niederschlägt«, nicht durchschaut (GS I/2, 569). Während sich Hugo als *citoyen* in die Masse der Großstadt versetze, sondere Baudelaire sich als Heros von ihr ab.

Nach dem Leitbild des Heros, so Benjamins zentrale These im dritten und letzten Teil seines Aufsatzes, habe Baudelaire das Bild des Künstlers entworfen. In der Metapher des Fechters habe er für die Tätigkeit des Dichters einen gültigen Ausdruck gefunden. Gleichwohl ist es eine spezifisch moderne Erfahrung, die im Bild des antiken Fechtersklaven, des Gladiators, Gestalt annimmt. Die Überzeugung, daß es einer »heroischen Verfassung« bedürfe, um die Moderne zu leben, macht den Heros zum wahren Subjekt der *modernité* (GS I/2, 577). In den sozial Deklassierten der modernen Großstadt, den Proletariern, den Lumpensammlern und den Apachen, prägen sich für Baudelaire die Spielarten dieses Heroismus aus, deren Züge sich nicht selten mit denen des Dichters durchdringen. Nach Maßgabe dieses Selbstverständnisses ist dem Dichter eine den »Arbeiten« des Herakles vergleichbare »Aufgabe« auferlegt, nämlich: »der Moderne Gestalt zu geben« (GS I/2, 584).

Während Benjamin den theoretischen Äußerungen Baudelaires wenig Bedeutung beimißt, findet er das Gesetz seiner Poesie programmatisch in der Bildersprache seiner Gedichte ausgedrückt. Unter diesen stehe das Gedicht *Le cygne* voran. Nicht umsonst handele es sich um ein allegorisches Gedicht. Denn wie in den Radierungen des ihm wahlverwandten Radierers Charles Méryon vollziehe sich die Durchdringung von Moderne und Antike auch in Baudelaires Poesie in der Form der Allegorie (GS I/2, 591). Zugleich veranschaulicht der Versuch, der Moderne am Leitbild der Antike Gestalt zu geben, in Benjamins Augen die Grenzen des Dichters. Die immer neuen Gestalten, die der Heros in seiner Dichtung annimmt, illustrieren zuletzt den Tatbestand, daß in der Moderne für diesen kein Platz vorgesehen ist. Die Moderne liefert

ihn dem ewigen Nichtstun aus und läßt ihn im Dandy seine letzte
Verkörperung finden. Angesichts des Scheiterns des Versuchs, der
Moderne ein antikes Antlitz zu verleihen, gewinnt der Sprachgestus
der Gedichte für Benjamin um so größere Aussagekraft: »Baudelaire
konspiriert mit der Sprache selbst« (GS I/2, 601). Indem er noch der
städtischen Alltagssprache handstreichartig Allegorien abgewinnt,
erweise sich seine Technik als eine putschistische. Abschließend löst
der Aufsatz mit Blick auf Blanqui seine Ausgangsthese ein, derzufolge
sich die Physiognomie Baudelaires aus der Ähnlichkeit erschließe,
die er mit dem politischen Typ des Berufsverschwörers aufweise
(GS I/2, 513). Tiefer als die Verschiedenheit zwischen Baudelaire
und Blanqui »reicht, was ihnen gemeinsam gewesen ist, reicht der
Trotz und die Ungeduld, reicht die Kraft der Empörung und die
des Hasses – reicht auch die Ohnmacht«. In diesem Sinne lautet
Benjamins Resümee: »Blanquis Tat ist die Schwester von Baudelaires
Traum gewesen« (GS I/2, 604).

An der Entscheidung, den Aufsatz in der vorliegenden Form
nicht in der *ZfS* erscheinen zu lassen, hatte die ausführliche Kritik
entscheidenden Anteil, die Adorno in seinem Brief an Benjamin
vom 10.11.1938 darlegt. Er macht aus seiner Enttäuschung keinen Hehl, die die Lektüre bei ihm hinterließ. Der Aufsatz, so sein
zentraler Einwand, versammle alle zentralen Motive der Passagen
»*ohne* theoretische Interpretation« (BwA, 365). Dieses Aussparen
der Theorie beeinträchtige letztlich auch die dargestellte Empirie.
Wie bereits gegenüber dem *Passagen*-Exposé moniert Adorno, daß
an die Stelle der Urgeschichte *des* 19. Jahrhunderts ihre Darstellung
im 19. Jahrhundert trete, mit anderen Worten, die Phantasmagorie
nicht »als objektiv geschichtsphilosophische Kategorie«, sondern als
»›Ansicht‹ von Sozialcharakteren« gefaßt werde (BwA, 366). Auf diese
Weise schlage Benjamins Aufsatz tendenziell um »in die staunende
Darstellung der Faktizität. Wollte man sehr drastisch reden, so
könnte man sagen, die Arbeit sei am Kreuzweg von Magie und Positivismus angesiedelt« (BwA, 368). Für den Mangel an theoretischer
Vermittlung macht Adorno einmal mehr den »anthropologischen
Materialismus« verantwortlich, auf dessen Basis Benjamins Versuch,
aus »Solidarität mit dem Institut [...] dem Marxismus Tribute zu
zollen«, notwendig scheitern mußte (BwA, 369). Insofern die Arbeit
demnach Benjamin nicht so repräsentiere, wie gerade diese Arbeit
ihn repräsentieren müsse, bittet er ihn, »auf die Publikation der
Arbeit in der gegenwärtigen Form zu verzichten und jene andere
Arbeit zu schreiben« (BwA, 371).

Auch wenn es sich, wie Adorno betonte, dabei um keinen Re-
daktionsbeschluß handelte, kam sein Schreiben für Benjamin, dem

der Brief, wie er am 9.12.1938 schrieb, »einen Stoß versetzte« (GB VI, 181), einer Ablehnung gleich. In seiner Erwiderung begründet Benjamin das von Adorno monierte Theoriedefizit zunächst mit dem Hinweis auf den Stellenwert seines Aufsatzes im Gesamtkontext des Buches. Mit seinem Vorwurf der ›staunenden Darstellung der Faktizität‹ charakterisiere Adorno zutreffend »die echt philologische Haltung« (GB VI, 184). Mit Blick auf seine Kritik der *Wahlverwandtschaften* erinnert er ihn daran, daß die Kritik an der Haltung des Philologen zunächst die philologische Leistung selbst provoziere. Nach Maßgabe der in der früheren Arbeit entwickelten Terminologie dringe die Kritik »auf die Herausstellung der Sachgehalte, in denen der Wahrheitsgehalt historisch entblättert wird« (GB VI, 186).

Mit seinem beharrlichen Hinweis auf die »Konstruktion« verweist Benjamin demnach nicht nur auf die vordergründige Tatsache, daß es sich bei dem Text um ein Kapitel einer größeren Arbeit handelt. Vielmehr involviert die Rede von der »Konstruktion« des Sachgehalts das Problem seiner angemessenen historischen Darstellung. Der Schein der geschlossenen Faktizität, der an der philologischen Darstellung hafte, schwinde »in dem Grade, in dem der Gegenstand in der historischen Perspektive konstruiert wird. Die Fluchtlinien dieser Konstruktion«, so Benjamin weiter, »laufen in unserer eigenen historischen Erfahrung zusammen« (GB VI, 185). Deshalb verwahrt er sich auch nachdrücklich gegen Adornos Unterstellung, er habe dem Marxismus aus bloßer Solidarität mit dem Institut Tribute gezollt. Nicht allein Solidarität mit dem Institut noch bloße Treue zum dialektischen Materialismus, »sondern Solidarität mit den Erfahrungen, die wir alle in den letzten fünfzehn Jahren gemacht haben« und also seine eigensten produktiven Interessen hätten zu der Weigerung geführt, sich weiterhin einer esoterischen Gedankenentwicklung zu verschreiben (GB VI, 184).

Obwohl er, wie er in einem späteren Schreiben an Scholem die gegen sein Manuskript vorgebrachten Einwände »zum Teil raisonnable« nennt, klagt er bei gleicher Gelegenheit wie bereits in seiner Replik auf Adornos Kritik über die Isolierung, in der er lebe und die »eine anormale Abhängigkeit von der Aufnahme« schaffe, die seine Arbeit finde (GB VI, 217). Dem hätte freilich die Drucklegung des Aufsatzes abhelfen können, die Adornos Intervention verhindert hatte.

Was das weitere Schicksal seines Manuskripts anbelangt, so schlägt Benjamin vor, dessen mittleres Kapitel – also den Abschnitt über den Flaneur und damit, wie er betont, einen integrierenden Teil des geplanten Buches – für eine separate Publikation gründlich zu überarbeiten. Als Zentrum dieses als durchaus selbständig zu betrachtenden Aufsatzes werde »die Kritik des Begriffs der Masse, wie die moderne Großstadt sie sinnfällig macht,« sich herausheben. Baudelaire, so Benjamin, sei den Erfahrungen am weitesten entgegengekommen, »die die Gegenwart mit der Masse macht«. Wie dies zu verstehen ist, verdeutlicht die sich unmittelbar daran anschließende Bemerkung, daß die Demagogie ein Bestandteil seines Genies gewesen sei (GB VI, 187). Sie findet ein Echo in Adornos Beobachtung bei Gelegenheit der Einnahme Barcelonas durch die Truppen Francos im Januar 1939. In der katalanischen Hauptstadt wiederhole sich, was schon vor einem Jahr in Wien geschah: »daß die gleichen Massen den faszistischen Eroberern zujubelten, die am Tage zuvor noch den Opponenten zujubelten« (BwA, 396).

Auch für die Revision des Textes verlor Benjamin dessen Zusammenhang mit dem Gesamtkomplex des geplanten Buches nicht aus den Augen. Der Neuansatz bringt aber darüber hinaus die gesamte Gedankenmasse in Bewegung, der das Buch seine Entstehung verdankt. So heißt es in einem Brief knapp zwei Monate vor dem Abschluß des Manuskripts, das er Anfang September 1939 an Horkheimer schickt: »Das Flaneurkapitel – es ist ja dessen Ausarbeitung allein, die mich beschäftigt – wird in der neuen Fassung entscheidende Motive der Reproduktionsarbeit und des Erzählers, vereint mit solchen der Passagen zu integrieren suchen«. Bei keiner früheren Arbeit, so Benjamin weiter, sei er sich »in dem Grade des Fluchtpunkts gewiß gewesen, auf welchem (wie mir nun scheint: seit jeher) meine sämtlichen und von divergentesten Punkten ausgehenden Reflexionen zusammenlaufen« (GB VI, 308).

In der Tat rückt Benjamin in *Über einige Motive bei Baudelaire* ein Thema in den Vordergrund, das ihn bereits in seinen frühesten Arbeiten und zum Teil an diese anknüpfend in den Schriften der Exilzeit entscheidend beschäftigt hatte: die Struktur der Erfahrung und der Wandel, dem sie seit dem 19. Jahrhundert unterworfen ist. Wie es in einem Resümee des Aufsatzes heißt, gebe Baudelaires Lyrik einer Erfahrung Ausdruck, deren Ursprung »die Existenz inmitten von Massen« sei: »Es ist also eine der Großstadt spezifische« (GS I/3, 1186). Der Begriff dieser Erfahrung bilde den Gegensatz zu jenem philosophischen Begriff der Erfahrung, den der Philosoph Henri Bergson (1851-1941) in seiner Theorie des Gedächtnisses entwickelt und den Proust seiner *Recherche* zugrundegelegt habe. Während Prousts Roman den imposanten Versuch darstelle, eine Erfahrung, die im Zeitalter der Information unwiederbringlich verloren gegangen sei, auf synthetischem Wege wiederherzustellen, rechne demgegenüber der Lyriker Baudelaire mit Lesern, deren Erfahrung vom »genormten, denaturierten Dasein der zivilisierten

Massen« geprägt sei (GS I/2, 610). Der Begriff der *mémoire involontaire* signalisiere jedoch, daß Proust gezwungen gewesen sei,
sein Experiment, das dem Versuch gleichkomme, »der Gegenwart
die Figur des Erzählers zu restaurieren«, auf den Privatbereich zu
beschränken und im übrigen sein Gelingen dem Zufall anheimzu-
stellen (GS I/2, 611).

Im Gegensatz dazu stellen die Überlegungen Freuds zum Verhältnis von Gedächtnis und Bewußtsein in *Jenseits des Lustprinzips*
(1920) das begriffliche Instrumentarium, mit dessen Hilfe Benjamin die Struktur der spezifisch modernen Erfahrung beschreibt.
Demnach kann Bestandteil des Gedächtnisses (und damit der
mémoire involontaire im Sinne Prousts) nur werden, was nicht mit
Bewußtsein erlebt wurde. Aufgabe des Bewußtseins nämlich sei die
Reizbewältigung, die Bewahrung des Organismus vor der traumati-
schen Wirkung von Chocks, denen zumal der Großstadtbewohner
permanent ausgesetzt sei. Eine Dichtung, die wie die Baudelaires
in einer Erfahrung fundiert sei, »der das Chockerlebnis zur Norm
geworden« sei, müßte demnach »ein hohes Maß von Bewußtheit
erwarten lassen« (GS I/2, 614). Eindrücke, die mit Bewußtsein
verarbeitet werden, gehen nach Maßgabe dieser Überlegung nicht
in die Erfahrung ein, sondern erfüllen im strengen Sinne den Begriff
des Erlebnisses.

Nicht als Gegenstand einer realistischen Schilderung, wohl aber
als »verborgene Figur« habe das Chockerlebnis sich dem Schaffen
Baudelaires eingeprägt (GS I/2, 618). Auf dieser Folie kann Benjamin auf die das Erlebnis der Menge betreffenden Analysen des
ersten Essays zurückgreifen, nicht ohne auf den Zusammenhang des
reflektorischen Verhaltens, das in der Begegnung mit den großstädtischen Massen eingeübt wird, mit der Technik hinzuweisen, die »das
menschliche Sensorium einem Training komplexer Art« unterwarf.
Heutzutage komme im Film »die chockförmige Wahrnehmung als
formales Prinzip zur Geltung. Was am Fließband den Rhythmus
der Produktion bestimmt, liegt beim Film dem der Rezeption
zugrunde« (GS I/2, 631).

Aus dem Blickwinkel der Gegenwart läßt sich die historische
Stellung Baudelaires und damit zugleich die Struktur der geschichtlichen Erfahrung näher bestimmen, der Gestalt zu geben der Dichter
als die ihm zugedachte Aufgabe betrachtete. Die *Fleurs du mal*
kennen nämlich nicht nur den *spleen*, in dem sie die Zeiterfahrung
desjenigen bezeugen, der um seine Erfahrungen betrogen wurde.
In Benjamins Lektüre bezeichnet der *spleen*, das dem Englischen
entlehnte Modewort der französischen Romantik für Überdruß,
Melancholie, den Gemütszustand des modernen Großstädters. Dem

spleen steht in den *correspondances* unvermittelt eine Zeiterfahrung gegenüber, die im *idéal*, dem Schönen der Kunst, eine Heimstatt gefunden hat. *Spleen et idéal* lautet der Titel des Gedichtkreises, der die *Fleurs du mal* eröffnet. Die Erfahrung des *idéal* gelte einem unwiederbringlich Verlorenen, der Erinnerung an eine erfüllte Zeit vor aller historischen Zeit. Sie schließe kultische Elemente in sich. »Nur indem er sich diese Elemente zu eigen machte, konnte Baudelaire voll ermessen, was der Zusammenbruch eigentlich bedeutete, dessen er, als ein Moderner, Zeuge war« (GS I/2, 638).

Die hier als eine unwiederbringlich verloren beschriebene, in einen kollektiven Traditionszusammenhang eingebettete Erfahrung ist keine andere als die Erfahrung der Aura, und Baudelaire wird Benjamin zum prominentesten Zeugen ihres Verfalls in der Moderne. In den *Fleurs du mal*, dem letzten lyrischen Werk, das eine europäische Wirkung getan hat, gehört das Bewußtsein von der Problematik lyrischer Poesie zur irreversiblen Einsicht des Lyrikers, der das Prädikat der Moderne für seine Dichtung so emphatisch in Anspruch nahm. Benjamin zufolge ist es dieses »Erlebnis« – nämlich der »Zertrümmerung der Aura im Chockerlebnis« – »dem Baudelaire das Gewicht einer Erfahrung gegeben hat« (GS I/2, 653).

Bevor der Text Anfang Januar 1940 unter dem Titel *Über einige Motive bei Baudelaire* gemeinsam mit der Jochmann-Einleitung in einem Doppelheft der *ZfS* erschien, wurde Benjamin im September 1939 vom Kriegsausbruch überrascht, der seine zeitweilige Internierung mit sich brachte. Erst Mitte November konnte er nach Paris zurückkehren, von wo aus er in einem Brief an Scholem seiner Hoffnung Ausdruck gibt, den *Baudelaire* nun beenden zu können. Im übrigen, heißt es in dem Schreiben weiter, zweifle hier niemand am baldigen Ende Hitlers (GB VI, 358). Beide Hoffnungen sollten sich als trügerisch erweisen.

Literatur: Espagne/Werner 1984, 593-657; Fietkau 1978; Gnam 1999, 211-249; Jauß 1970, 57-66; Menninghaus 1980, 134-178; Raulet 1997, 131-184; Raulet 1998, 115-142; Schöttker 1999, 204-223; Tiedemann 1983; Weidmann 1992.

4. Der Begriff der Geschichte

»Jede Zeile, die wir heute können erscheinen lassen, ist – so ungewiß die Zukunft, der wir sie überantworten – ein Sieg, der den Mächten der Finsternis abgerungen« (GB VI, 379). Die beiden soeben in der *ZfS* erschienenen Essays, auf deren Publikation Benjamin Scholem mit diesen Worten hinweist, sollten die letzten größeren Arbeiten sein, die zu seinen Lebzeiten im Druck erschienen. In dem Brief von Anfang Januar 1940 an den eben von einer Vortragsreise aus den U.S.A. zurückgekehrten Freund in Jerusalem, ist zugleich von dem Plan die Rede, sich nun ernsthaft an das Erlernen der englischen Sprache zu machen. Am 26. Mai 1939 hatte die Gestapo die deutsche Botschaft in Paris von der Aberkennung seiner Staatsbürgerschaft in Kenntnis gesetzt. Die deutschen Behörden bekräftigten mit ihrem Vorgehen Benjamins Einsicht, daß es für ihn in Frankreich auf die Dauer keine Wirkungsmöglichkeiten mehr gebe. Noch vor Kriegsausbruch erschien es ihm als eine »selbstverständliche Sicherungsmaßnahme [...], bewegliches Gut – sei es geistiges oder materielles – nach Amerika herüberzuschaffen« (GB VI, 247). Das Problem sei, schreibt er am 20. März 1939 an Gretel Adorno, »Amerika *noch zu erreichen*« (GB VI, 239).

Über das ihm in Europa drohendes Schicksal hegte er keine Illusionen. In einem Brief an den Schriftsteller und Kunsthistoriker Stephan Lackner (1910-2000) vom 4. Juni 1939 kolportiert er eine aus Wien kommende Geschichte, die ihren wahren Chronisten in Karl Kraus besessen hätte:

»man hat dort den jüdischen Haushaltungen, zumindest vorübergehend, das Gas gesperrt. Es wurde für die Gasgesellschaften zu teuer, jüdische Abbonnenten zu beliefern. Sie verbrauchten zu große Mengen. Und da dies zum Zweck des Selbstmords geschah, so blieb die Gasrechnung nachher in vielen Fällen unbeglichen« (GB VI, 288).

In demselben Schreiben bittet er Lackner, die Chancen eines Verkaufs seiner Klee-Zeichnung, des *Angelus Novus*, in den U.S.A. zu sondieren. Zunächst schien er daran gedacht zu haben, mit dem Erlös zumindest teilweise seinen Aufenthalt in Amerika zu bestreiten. Im Lauf der dramatisch sich zuspitzenden Ereignisse dieses Jahres sollte sich das Bild jedoch als das einzige Habe erweisen, das er noch in die Waagschale werfen konnte, um die Kosten einer Passage in die Neue Welt zu finanzieren. Aber der Versuch, die Erbschaft des Surrealismus materiell zu liquidieren, scheiterte ebenso wie der, sein geistiges Erbe einzulösen.

Am 22. Februar 1940, knapp zwei Monate bevor die deutschen Truppen ihren Angriff auf Frankreich begannen, berichtet Benjamin in einem in französischer Sprache abgefaßten Brief an Horkheimer von der Fertigstellung einer Reihe von Thesen über den Begriff der Geschichte. Diese Thesen schlössen sich einerseits an die Betrachtungen an, die sich im ersten Kapitel des *Fuchs*-Aufsatzes dargelegt fänden. Zum anderen dienten sie als theoretische Armatur des zweiten *Baudelaire*-Essays. Sie stellten einen ersten Versuch dar, einen Aspekt der Geschichte festzuhalten, der einen irreparablen Bruch zwischen unserer Betrachtungsweise und den Überbleibseln des Positivismus herbeiführe, der in Benjamins Überzeugung noch diejenigen Sichtweisen der Geschichte bestimme, die uns am nächsten und vertrautesten seien. Der unfertige Charakter der Thesen stehe ihrer Mitteilung vorerst entgegen. Dennoch kündige er sie Horkheimer an, um ihn wissen zu lassen, daß die historischen Studien, mit denen dieser ihn beschäftigt wisse, ihn nicht daran hinderten, sich ebenso lebhaft wie die Freunde in Amerika von den theoretischen Problemen betroffen zu fühlen, die die Weltlage ihnen allen unausweichlich stelle (GB VI, 400-1).

Der Zusammenhang der Thesen mit der Fortsetzung der *Baudelaire*-Studien ebenso wir ihr Bezug auf die gegenwärtige politische Lage bleibt auch noch in einem weiteren Schreiben gewahrt, in dem Benjamin von ihnen als von einer jüngst abgeschlossenen Arbeit spricht. Darüber hinaus aber rückt der Ende April / Anfang Mai 1940 zu datierende Brief an Gretel Adorno die von Benjamin selbst in einer Typoskriptversion so betitelten Thesen *Über den Begriff der Geschichte* in den erweiterten Kontext seines Gesamtwerks ein. »Der Krieg und die Konstellation, die ihn mit sich brachte, hat mich dazu geführt«, so Benjamin, »einige Gedanken niederzulegen, von denen ich sagen kann, daß ich sie an die zwanzig Jahre bei mir verwahrt, ja, verwahrt vor mir selber gehalten habe«. Insbesondere weist er die Adressatin auf die »17te Reflexion« hin. Sie sei es, »die den verborgenen aber schlüssigen Zusammenhang dieser Betrachtungen« mit seinen bisherigen Arbeiten müßte erkennen lassen, »indem sie sich bündig über die Methode der letzteren ausläßt«. So sehr den Betrachtungen der Charakter des Experiments eigne, so dienten sie nicht methodisch allein zur Vorbereitung einer Folge des *Baudelaire*. Vielmehr vermutet Benjamin, »daß das Problem der Erinnerung (und des Vergessens), das in ihnen auf anderer Ebene erscheint«, ihn noch für lange beschäftigen werde. Nur allzu weitsichtig sollte sich die Warnung erweisen, die er der angekündigten Übersendung des Manuskripts abschließend vorausschickt: »Daß mir nichts ferner liegt als der Gedanke an eine Publikation dieser Aufzeichnungen (nicht zu reden von einer in der Dir vorliegenden Form) brauche ich Dir nicht zu sagen. Sie würde dem enthusiastischen Mißverständnis Tor und Tür öffnen« (GB VI, 436).

Scholem, der in den geschichtsphilosophischen Thesen Benjamins »Erwachen aus dem Schock des Hitler-Stalin Paktes« sich vollziehen sah (Scholem 1983, 64), hat mit dieser Vermutung den historischen Kontext sicher zu eng gefaßt. Zwar hat der am 23. August 1938 unterzeichnete deutsch-sowjetische Nichtangriffspakt außenpolitisch unmittelbar zur Schaffung der Konstellation beigetragen, die den deutschen Überfall auf Polen und damit den Ausbruch des Zweiten Weltkrieges möglich machte. Dennoch dürfte Benjamin eine andere Konstellation im Sinn gehabt haben. So spricht er in einem Brief vom Juni 1939 von der tiefen »Zerklüftung« unter den Antifaschisten, »die eine der Ursachen und in noch höherem Grade eine der Folgen der Niederlage gewesen« sei (GB VI, 304). Noch deutlicher ist in einem Schreiben an den Sohn zwei Monate später von den Plagen die Rede, »die Hitler bezw. seine sozialdemokratischen und kommunistischen Geburtshelfer in die Welt gesetzt haben« (GB VI, 319). Und schließlich stellt seine Bemerkung vom Dezember 1939 über den »optimisme béat de nos leaders de gauche«, der seine erbitterte Gegnerschaft gelte (GB VI, 374-5), unmittelbar den Bezug zur X. These her, die gegen den »sturen Fortschrittsglauben« der Politiker polemisiert, »auf die die Gegner des Faschismus gehofft hatten« (GS I/2, 698).

Zwar findet Benjamin im historisch-politischen Kontext der Weimarer Zeit den unmittelbaren Anlaß für die Revision des tradierten Begriffs der Geschichte, den er in seinen Thesen unternimmt. Das theoretische und begriffliche Fundament, auf dem er diese Revision vollzieht, ist jedoch in seinen Schriften längst vorbereitet. Adorno zufolge fassen die Thesen die »erkenntnistheoretischen Erwägungen« zusammen, »deren Entwicklung die des Passagenentwurfs begleitet hat« (Adorno 1970, 26). Es scheint wenig sinnvoll, diesen Zusammenhang gegen die von Benjamin selbst betonte Zugehörigkeit der Thesen zum *Baudelaire* auszuspielen, der ja doch selbst dem Kontext der *Passagen* entwuchs. Aufschlußreich hingegen ist, daß Adorno auch das von ihm so betitelte *Theologisch-politische Fragment* zeitlich in die Nähe der *Passagen* rückt (ebd., 29). Auch wenn einiges dafür spricht, das Fragment mit Scholem und den Herausgebern der *Gesammelten Schriften* erheblich früher zu datieren und es den Fragmenten aus dem Umkreis der zu Beginn der zwanziger Jahre geplanten großen Arbeit über Politik zuzurechnen, so ist seine sachliche Nähe zu den Thesen *Über den Begriff der Geschichte* gleichwohl nicht zu bestreiten.

Benjamins Bemerkung, daß er die Gedanken, denen die Thesen Ausdruck geben, an die zwanzig Jahre bei sich, ja, vor sich selber verwahrt habe (GB VI, 435), sind durchaus wörtlich zu nehmen. Der philologische Befund erschöpft sich nämlich nicht im Nachweis von Entlehnungen aus dem *Fuchs*-Aufsatz, die sich in verschiedenen Thesen finden. So greift zwar die XVII. These, in der, wie Benjamin an Gretel Adorno schreibt, der Zusammenhang der *Thesen* mit

seinen bisherigen Arbeiten in methodischer Hinsicht sich erkennen
lassen müsse, wörtlich einen Passus aus dem Einleitungskapitel der
früheren Arbeit auf. Bereits dort hatte Benjamin der Geschichtsschreibung des Historismus, die keine theoretische Armatur habe,
das konstruktive Prinzip entgegengehalten, das der materialistischen
Geschichtsschreibung zugrunde liege. Der Gedanke aber, wonach
das konstruktive Prinzip die Epoche aus dem homogenen Verlauf
der Geschichte dergestalt heraussprenge, daß »*in* der Epoche der
gesamte Geschichtsverlauf aufbewahrt ist und aufgehoben« sei (GS
I/2, 703; vgl. GS II/2, 468), geht auf das Trauerspielbuch zurück. Wie
Benjamin in einer Fußnote zum *Fuchs*-Aufsatz erläutert, folgt seine
Überlegung der dialektischen Logik des Ursprungs, des zentralen
epistemologischen Begriffs des Barockbuches, dessen Nähe zu den
Passagen er mehr als einmal betont (GS II/2, 468).

Im Zeichen des Ursprungsbegriffs sind die beiden Arbeiten durch
einen auf die Gegenwart bezogenen Begriff der Geschichte verbunden.
Entsprechend heißt es in einer Arbeitsnotiz zu den *Passagen*: »Analog
aber deutlicher als das Barockbuch das 17te Jahrhundert durch die
Gegenwart belichtet, muß es hier mit dem 19ten geschehen« (GS V/1,
573). In der Konsequenz dieser methodologischen Vorgabe liegt die
»kopernikanische Wendung in der geschichtlichen Anschauung«, die
das Gewesene nicht länger als einen Fixpunkt ansieht, sondern es von
der Gegenwart aus betrachtet (GS V/1, 490f.). Auf diese Weise wird
die Geschichte, wie es in der XIV. These heißt, zum »Gegenstand
einer Konstruktion, deren Ort nicht die homogene und leere Zeit
sondern die von Jetztzeit erfüllte bildet« (GS I/2, 701). Insofern
Benjamin diese Revision der tradierten Sicht der Geschichte bereits
in den *Passagen* als einen kollektiven Vorgang begriff, war er ihm
gleichbedeutend mit einer Verdrängung des historischen Interesses
an der Geschichte durch ein politisches.

Nicht nur im Zeichen des Primats der Politik stehen diese Überlegungen seiner frühen politischen Philosophie nahe. Wie in den
frühen Schriften rückt Benjamin auch in den *Passagen* die Politik
in eine gespannte Nähe zur Theologie. So hält eine späte, aufgrund
des Bezugs zu einer brieflichen Bemerkung Horkheimers auf das
Jahr 1937 zu datierende Notiz fest, daß wir im Eingedenken eine
Erfahrung machen, die es uns verbiete, »die Geschichte grundsätzlich
atheologisch zu begreifen«. Allerdings steht für Benjamin zugleich
fest, daß wir gleichwohl nicht versuchen dürfen, »sie in unmittelbar
theologischen Begriffen zu schreiben« (GS V/1, 589). Mit diesen
und ähnlich lautenden Überlegungen umreißen die in den Konvoluten »J« und »N« versammelten Notizen den Problemhorizont
des von Adorno so betitelten *Theologisch-politischen Fragments*. An

dieses nicht weniger als an die einschlägigen Notizenkonvolute der *Passagen* knüpfen die Thesen *Über den Begriff der Geschichte* unmittelbar an. Mit dem Problemhorizont bleibt für die Thesen aber auch die Denkfigur der bestimmten Negation verbindlich, mit der das Fragment das Verhältnis von Theologie und Politik umschrieben hatte.

In Gestalt des Schach spielenden Automaten hat Benjamin in der ersten seiner Thesen *Über den Begriff der Geschichte* für dieses Verhältnis ein eindringliches Bild gefunden. Der Automat, eine Puppe in türkischer Tracht, die vor einem Schachbrett saß, das auf einem geräumigen Tisch ruhte, wurde im Jahr 1770 von seinem Konstrukteur Wolfgang von Kempelen am Hofe Maria Theresias erstmals öffentlich vorgeführt. Nach Kempelens Tod kam er in den Besitz des Erfinders Johann Nepomuk Maelzel, der den Türken durch unzählige Auftritte in Europa und in den Vereinigten Staaten berühmt machte. Benjamin dürfte den Automaten aus Poes Erzählung *Maelzel's Chess-Player* von 1836 kennen, dessen im Detail nicht ganz zutreffender Enthüllung des Rätsels des angeblichen Automaten er in seiner These folgt (Standage 2002, 176-221). Denn statt eines raffinierten Mechanismus erwies sich Benjamin zufolge ein im Inneren der Apparatur verborgener Zwerg als das Geheimnis des Erfolgs. Einer in den endgültigen Text nicht aufgenommenen Vorbemerkung zufolge illustriert das Schachspiel den »Streit um den wahren Begriff der Geschichte« (GS I/3, 1247). Gewinnen solle immer, heißt es in beiden Varianten der These weiter, »die Puppe, die man ›historischen Materialismus‹ nennt. Sie kann es ohne weiteres mit jedem aufnehmen, wenn sie die Theologie in ihren Dienst nimmt, die heute bekanntlich klein und häßlich ist und sich ohnehin nicht darf blicken lassen« (GS I/2, 693).

Den Popanz eines Fortschritts, der in der Vorstellung der Sozialdemokratie das Proletariat quasi automatisch zum Sieg führen wird, entlarvt Benjamin in den Thesen VIII bis XI. Für diese Auffassung, in der sich Determinismus mit einem handfesten Optimismus paart, hatte er bereits im *Fuchs*-Aufsatz einen traurig herabgekommenen Begriff der Selbsttätigkeit verantwortlich gemacht. Dieser habe im 18. Jahrhundert seine große Zeit gehabt: in der Philosophie bei Kant, in Gestalt der Spontaneität, und »in der Technik, in Gestalt der Automaten« (GS II/2, 488). Daran knüpfen die Thesen an. Die Ideologie eines Fortschritts, der als »selbsttätig« (GS I/2, 700) gedacht wurde, insofern er in der »technische[n] Entwicklung« (GS I/2, 698) seinen Garanten hat, erinnert also nicht von ungefähr an den vermeintlichen Schachautomaten. Sieghaft kann der historische Materialismus nach Benjamins Überzeugung jedoch nur sein, wenn

er von dieser Ideologie Abschied nimmt. Aber weder kann der
historische Materialismus, auf dessen Standpunkt sich die Thesen
stellen, mit einer seiner tatsächlichen historischen Ausprägungen
identifiziert werden noch ist die Theologie, die er in seinen Dienst
nehmen soll, *à la lettre* zu nehmen.

Der theologische Begriff der Erlösung, den die II. These umkreist,
erfährt dort eine profane Auslegung. Im Zentrum der These steht
mit dem »Bild vom Glück, das wir hegen«, der Zentralbegriff der
politischen Philosophie Benjamins. Mit der Überlegung, daß »in
der Vorstellung des Glücks unveräußerlich die der Erlösung« mit-
schwingt (GS I/2, 693), folgt Benjamin dem Philosophen Hermann
Lotze (1817-1881). Dessen *Mikrokosmos. Ideen zur Naturgeschichte
und Geschichte der Menschheit,* den der Untertitel als den »Versuch
einer Anthropologie« ausweist, hatte er für die *Passagen* ausführlich
exzerpiert (GS V/1, 599-602). Dennoch macht er sich Lotzes religiöse Geschichtsbetrachtung nicht zu eigen. Im Kontext der These
nämlich verbleibt die Vorstellung der Erlösung ebenso wie die von
der »schwache[n] messianische[n] Kraft«, die jedem Geschlecht mitgegeben ist und »an welche die Vergangenheit Anspruch hat« (GS I/2,
694), durchaus im Bannkreis der Geschichte. Um eine eben solche
innergeschichtliche und also profane Lesart theologischer Kategorien
geht es auch in einer Notiz der *Passagen.* Auf den Gedanken einer
»Aufbewahrung und Wiederbringung aller Dinge« war Benjamin
bei Lotze als Konsequenz einer religiösen Sicht der Geschichte
gestoßen (Lotze, III, 52). Demgegenüber spricht er in der Notiz
von einer »historischen Apokatastasis«, nach deren Logik die ganze
Vergangenheit in die Gegenwart einzubringen sei (GS V/1, 573).

Nicht um die heilsgeschichtliche Wiederherstellung aller Dinge
am Ende aller Zeiten, sondern um die innergeschichtliche, aktuell
politische Einlösung der unabgegoltenen Ansprüche der Vergangenheit, der Opfer und Niederlagen vergangener Generationen, ist es
Benjamin in den Thesen zu tun. Wenn wir uns Glück nur bezogen
auf unsere eigene Lebenszeit vorstellen können, so veranlassen uns
doch unsere Versäumnisse und Verfehlungen über diese Begrenzung
hinauszudenken. Aufgrund dieser Erfahrung fühlen wir uns mit
den vergangenen Geschlechtern solidarisch. Vor dem Hintergrund
dieser Überlegung wird das auf die Gegenwart beschränkte Streben
nach Glück, von dem die II. These spricht, zu einer Kategorie der
kopernikanisch gewendeten Sicht der Geschichte.

Wie der frühen politischen Philosophie Benjamins liegt auch
den Thesen eine inverse Lesart von Nietzsches *Vom Nutzen und
Nachtheil der Historie für das Leben* zugrunde. Die damit implizierte
Verabschiedung des antiquarischen Interesses an der Geschichte ist

für Benjamin gleichbedeutend mit seiner Forderung, der Politik den Primat über die Geschichte einzuräumen. In den Thesen rückt deshalb Marx an die Seite Nietzsches, wird der historische durch einen anthropologischen Materialismus ergänzt. Nietzsches Einsicht, daß wir Historie brauchen, »aber wir brauchen sie anders, als sie der verwöhnte Müssiggänger im Garten des Wissens braucht« (Nietzsche, I, 245), steht als Motto der XII. These voran. Das Subjekt, das auf diese Einsicht die Probe macht, ist, dem ersten Satz der These zufolge, »die kämpfende, unterdrückte Klasse selbst. Bei Marx tritt sie als die letzte geknechtete, als die rächende Klasse auf, die das Werk der Befreiung im Namen von Generationen Geschlagener zu Ende führt« (GS I/2, 700). Aber umgekehrt erfährt in dieser Konstellation auch die marxistische Revolutionstheorie eine Korrektur. Gegen das Diktum von Marx, demzufolge die Revolutionen die »Lokomotive der Weltgeschichte« seien, meldet Benjamin in einem Paralipomenon zu den Thesen seine Bedenken an: »Aber vielleicht ist dem gänzlich anders. Vielleicht sind die Revolutionen der Griff des in diesem Zuge reisenden Menschengeschlechts nach der Notbremse« (GS I/3, 1232).

Die Kritik des Fortschrittsbegriffs, den Benjamin auf dieser theoretischen Grundlage anstrengt, hat in der IX. These in der Gestalt des *Angelus Novus* und also in einer Allegorese der Zeichnung Klees einen die Forschung seit jeher faszinierenden Ausdruck gefunden. Der Engel der Geschichte, den Benjamin in der Zeichnung verkörpert sieht, ist keine Figur der Rettung oder der Erlösung. Vielmehr ist er ein Bote, der den wahren Begriff der Geschichte verkündet. Bereits im Kraus-Essay hatte Benjamin ihn als den Verkünder einer neuen Humanität eingeführt, einer »Humanität, [...] die sich an der Zerstörung bewährt« (GS II/1, 367). Diesen Gedanken variiert ein Fragment aus dem Umkreis der Arbeit am *Baudelaire*, das dazu auffordert, den Begriff des Fortschritts in der Idee der Katastrophe zu fundieren: »Daß es ›so weiter‹ geht, *ist* die Katastrophe. Sie ist nicht das jeweils Bevorstehende sondern das jeweils Gegebene« (GS I/2, 683). Diese Einsicht hält die IX. These dem Engel der Geschichte zugute: »Wo eine Kette von Begebenheiten vor *uns* erscheint, da sieht *er* eine einzige Katastrophe« (GS I/2, 697). Die Unvereinbarkeit der beiden Sichtweisen kulminiert in der Auffassung des Begriffs des Fortschritts. Was *wir* Fortschritt nennen, stellt *unsere* Sicht der Geschichte dar, die uns den wahren Begriff der Geschichte verstellt. Einmal mehr tritt die theologische Perspektive in den Dienst einer Revision überkommener Vorstellungen.

Zu einer veränderten Sicht der Geschichte nämlich war bereits die vorhergehende These am Leitfaden ihrer Aufdeckung der Dialektik von Ausnahme und Regel gelangt. Die im Glauben an den Fortschritt nicht für möglich gehaltene Katastrophe des Faschismus stellt für diejenigen keine Überraschung dar, für die der bisherige Verlauf der Geschichte keinen Fortschritt, sondern andauernde Unterdrückung bedeutet hatte. Ein Begriff der Geschichte, der dieser Erfahrung entspricht, würde »uns als unsere Aufgabe die Herbeiführung des wirklichen Ausnahmezustands vor Augen« stellen (GS I/2, 697). Nicht nur der Kontext legt es nahe, dieser Formulierung als eine Replik auf Carl Schmitts Definition der Souveränität zu lesen, dieser seiner *Politischen Theologie* vorangestellt hat (Schmitt 1922/1934, 11). Auch mit Blick auf diese Auseinandersetzung ist es entscheidend, daß die Thesen den Blick von der theologischen Spekulation zurück auf die profane und das heißt für Benjamin: die unter dem Primat des Politischen stehende Geschichte lenken.

Bevor Benjamin in den Thesen VIII bis XI den Bruch mit dem überkommenen Begriff des Fortschritts herbeiführt, setzt er sich in den Thesen V bis VII polemisch mit dem Historismus auseinander. Diese Auseinandersetzung scheint indes weniger zwingend als es auf den ersten Blick erscheinen mag. Denn der Geschichtssicht des Historismus, für die Benjamin Ranke und Lotze als Zeugen anführt, liegt die Ablehnung des Fortschrittsbegriffs zugrunde. Mit seinem bekannten Diktum, demzufolge die Epochen ›unmittelbar zu Gott stehen‹, wendet sich der als Begründer der modernen Geschichtsschreibung gefeierte Leopold von Ranke (1795-1886) gegen die spekulative Sicht der Geschichte im Zeichen des Fortschritts, wie er sie in der Tradition des Idealismus bei Lessing, Kant und Hegel vorfindet. Benjamin zitiert Rankes Diktum in einer Notiz zustimmend, um es einer Geschichtsdarstellung dienstbar zu machen, deren Aufgabe es wäre, das »zeitliche Kontinuum auf[zu]sprengen« (GS I/3, 1244). So würde denn Benjamin nicht nur in der gemeinsamen Frontstellung gegen den Fortschrittsbegriff dem Historismus näher stehen, als er selbst meinte (Kittsteiner 1984, 162-170).

Bei näherer Sicht erweist sich selbst der Begriff der Universalgeschichte, in der er den Historismus in der XVII. These »von rechtswegen« gipfeln sieht und gegen den er die materialistische Geschichtsschreibung entschieden abgrenzt, als ambivalent. Einer Notiz zu den Thesen zufolge muß nicht jede Universalgeschichte reaktionär sein. Nur eine Universalgeschichte ohne konstruktives Prinzip sei es. Im gleichen Atemzug weist Benjamin seiner eigenen, materialistischen Konstruktion der Geschichte, dem monadologischen Prinzip, die »Heilsgeschichte« als Vorbild zu (GS I/3, 1234).

In dieselbe Richtung deuten die Überlegungen der III. These, die der chronikalischen Erzählung der Geschichte zugute halten, der Wahrheit Rechnung zu tragen, »daß nichts was sich jemals ereignet hat, für die Geschichte verloren zu geben ist« (GS I/2, 694). Letztlich hat die Chronik ihr Modell in der Heilsgeschichte. Offenbar geht es Benjamin in seiner Kritik des Historismus nicht zuletzt um die Offenlegung der latenten theologischen Implikationen dieser Sicht der Geschichte. Während diese Implikationen bei Lotze offen zutage treten, sind sie bei Ranke unter ästhetischen Kategorien verborgen. Das Vergangene zu erkennen, »wie es denn eigentlich gewesen ist«, wie das von Benjamin in der VI. These zitierte Wort Rankes lautet, fordert zur Einfühlung in das Vergangene und zu dessen Nacherleben auf.

Gegenüber dieser Haltung ästhetischer Kontemplation insistiert Benjamin darauf, »Vergangenes historisch« zu artikulieren (GS I/2, 695). Während die Universalgeschichte in der ästhetischen Einstellung Gefahr läuft die Geschichte zu verfehlen, gewinnt Benjamin dem echten theologischen Begriff der Universalgeschichte eine innergeschichtliche Pointe ab. So insistiert er darauf, daß »erst der erlösten Menschheit ihre Vergangenheit vollauf zufalle«. Nicht um die Erlösung der Menschheit nämlich geht es in den Thesen, sondern darum, die Struktur der Geschichte so zu begreifen, wie sie in jedem ihrer Momente nach Maßgabe des Gedankens der Erlösung vorzustellen wäre. Wer wissen wollte, heißt es in einem Fragment zu den Thesen,

»in welcher Verfassung sich die ›erlöste Menschheit‹ befindet, welchen Bedingungen das Eintreten dieser Verfassung unterworfen ist und wann man mit ihm rechnen kann, der stellt Fragen, auf die es keine Antwort gibt. Ebensogut könnte er sich danach erkundigen, welche Farbe die ultravioletten Strahlen haben« (GS I/3, 1232).

Statt dessen möchte Benjamin in der diskontinuierlichen Struktur der Geschichte, wie sie sich einem Subjekt darstellt, für das jeder Tag der jüngste sein könnte, eine »revolutionäre Chance im Kampfe für die unterdrückte Vergangenheit« erkennen (GS I/2, 703). Die zentralen Kategorien der Thesen *Über den Begriff der Geschichte* verleugnen nirgends ihre theologische Herkunft. Zugleich aber finden sie sich in deren Kontext durchgängig in anthropologisch-materialistische und damit im Sinne Benjamins in politische Begriffe verwandelt.

Nicht nur aufgrund ihrer Stellung im Kontext seiner Schriften, sondern mehr noch mit Blick auf die historischen Umstände ihrer Niederschrift gelten die Thesen *Über den Begriff der Geschichte* im emphatischen Sinne als Benjamins Vermächtnis. Knapp einen Monat, nachdem er sie in der von ihm betonten vorläufigen Gestalt an Gretel Adorno geschickt hatte, mußte er nach der Kapitulation

Frankreichs am 21. Juni 1940 aus Paris fliehen. Vor der Flucht gelang
es ihm noch, einen Teil seiner Manuskripte an Georges Bataille zu
übergeben, der sie in der Bibliothèque nationale versteckte. Für
sich selbst sollte er bald keinen Ausweg mehr sehen. Am 26.9.1940
hinterläßt er seinen Begleitern, mit denen gemeinsam er versucht
hatte, in die Freiheit zu gelangen, ein Schreiben, in dem es heißt:
»Dans une situation sans issue, je n'ai d'autre choix que d'en finir.
C'est dans un petit village dans les Pyrénées où personne ne me
connaît ma vie va s'achever« (GB VI, 483).

Literatur: Adorno 1970, 11-29; Bulthaupt 1975; Gagnebin 2001; Habermas
1984, 336-376; Kaiser 1974, 1-77; Kaulen 1987, 198-255; Kittsteiner 1984,
163-197; Konersmann 1991; Lienkamp 1996, 63-78; Löwy 1998, 199-208;
Mosès 1994; Raulet 1997, 187-245; Weigel 1997, 52-79; Werckmeister
1976, 16-44; Werckmeister 1997, 19-57.

VII. Posthume Wirkung und Stationen der Rezeption

Die Thesen *Über den Begriff der Geschichte* waren der erste Text Benjamins, der posthum veröffentlicht wurde. Er erschien 1942 in dem hektographierten Band *Walter Benjamin zum Gedächtnis,* den das Institut für Sozialforschung als Sonderband der *Zeitschrift für Sozialforschung* herausgab. Die Zeitschrift hatte im Jahr zuvor ihr Erscheinen eingestellt. Neben Benjamins Text und einer bibliographischen Notiz zu seinen Schriften enthält die Broschüre zwei Aufsätze Horkheimers und einen Essay von Adorno.

Wie der Gedächtnisband blieb das Werk Benjamins bis in die fünfziger Jahre weitgehend unbekannt. Vorerst hatte es den Anschein, als sollte sich selbst seine gelegentlich geäußerte Hoffnung auf eine »apokryphe Wirksamkeit«, auf die er sich eingerichtet habe (GB IV, 372), als allzu optimistisch erweisen. Tatsächlich waren seine Arbeiten und war er selbst als Autor zu Lebzeiten auch in der Hochzeit seiner journalistischen Präsenz in führenden Zeitungen und Zeitschriften der Weimarer Republik eigentlich nicht bekannt. Dafür lassen sich verschiedene Gründe geltend machen: die thematische Heterogenität und die verstreute Publikation seiner Arbeiten, ihre sprachliche und gedankliche Komplexität und nicht zuletzt der fehlende Werkzusammenhang (Schöttker 1999, 19).

Die späteren Editionen konnten immerhin auf eine beträchtliche Zahl veröffentlichten Materials zurückgreifen: die großen Essays und Aufsätze, die Arbeiten für den Rundfunk und schließlich die Kritiken und Rezensionen. Was für die unselbständigen Publikationen gilt, trifft ebenso auf die Bücher und unter diesen auch auf die beiden akademischen Monographien zu.

Sowohl die Dissertation über den *Begriff der Kunstkritik in der deutschen Romantik* als auch die zurückgezogene Habilitationsschrift über den *Ursprung des deutschen Trauerspiels* entfalteten ihre Wirksamkeit erst im Zuge des Nachruhms. Die 1928 im gerade erst gegründeten Rowohlt-Verlag erschienene *Einbahnstraße* fand nicht die von ihrem Autor erwünschte öffentliche Aufmerksamkeit. Unter den erschwerten Bedingungen des Exils konnte Benjamin für die kommentierte Briefanthologie *Deutsche Menschen,* die er 1936 in der Schweiz unter einem Pseudonym veröffentlichte, kaum Leser erhoffen. Einen Sonderstatus wird man den Übertragungen der *Tableaux parisiens* einräumen müssen, die, mit der Einleitung über

Die Aufgabe des Übersetzers versehen, 1923 in einer Auflage von 500
Exemplaren erschienen war. Die aufwendig gestalteten schmalen
Bände der ersten Auflage waren zehn Jahre nach dem Erscheinen
immer noch beim Verlag erhältlich. Schließlich war auch dem
Proust-Übersetzer Benjamin kein nachhaltiger Erfolg beschieden.
Das aussichtsreich begonnene Unternehmen einer deutschen Proust-
Ausgabe wurde von seiten des Verlages bald nach dem Erscheinen
der ersten beiden von Benjamin gemeinsam mit Hessel übersetzten
Bände der *Recherche* eingestellt.

Nicht erst während des Exils hat Benjamin selbst durch die
Übersendung unveröffentlichter Arbeiten vor allem an Scholem
den Grundstein für die apokryphe Wirksamkeit seines Werks gelegt.
»Mich freut jedesmal, von der Obhut zu hören, die Du der Sammlung meiner Schriften zuteil werden läßt«, heißt es in einem Brief
an den Freund in Jerusalem aus dem Jahr 1937. »Bange Ahnungen
sagen mir, daß eine lückenlose Sammlung von ihnen heute vielleicht
nur unsere vereinten Archive darstellen können« (GB V, 506f.). Die
Bedeutung dieser im beiderseitigen Einverständnis zu Lebzeiten
angelegten und gepflegten Archive für den Nachlaß Benjamins sollte
sich bestätigen. Allerdings erwies sich auch die in dem Brief geäußerte
Sorge als nur allzu berechtigt. So exakt er auch in der Verwaltung
seines Teils des Archivs sei, so Benjamin weiter, so habe er »durch
den überstürzten Aufbruch aus Berlin und die unstete Existenz der
ersten Emigrationsjahre vermutlich doch einige Stücke eingebüßt.
Freilich von eignen Arbeiten gewiß nur sehr weniges. Dagegen eine
verhältnismäßig vollständige Sammlung der über mich erschienenen
öffentlichen Äußerungen vorläufig ganz« (GB V, 507).

Obwohl er offenbar einen Teil seiner Arbeiten anderen Freunden
anvertraut hatte, blieb doch der von ihm selbst verwahrte Teil des
Nachlasses neben der Sammlung Scholem der weitaus bedeutendste. Vor seiner Flucht aus Paris im Juni 1940 gelang es Benjamin,
einen Teil seiner Unterlagen mit Hilfe von Georges Bataille (1897-
1962), der als Bibliothekar in der Bibliothèque nationale tätig war,
in der Bibliothek zu deponieren. Von dort aus gelangten sie 1947
an Adorno. Allerdings hatte man damals offenbar nur einen Teil
der Unterlagen wiedergefunden. So konnten 1981 in der Bibliothèque nationale weitere Materialien entdeckt werden, die bisher
als verschollen galten. Komplizierter ist das Schicksal der von Benjamin in seiner Pariser Wohnung zurückgelassenen Schriften und
Unterlagen. Sie gelangten zu einem Teil aus dem besetzten Paris
über Umwege in die U.S.A. und damit ebenfalls an Adorno. Ein
anderer Teil, der von den deutschen Behörden beschlagnahmt
wurde, gelangte schließlich durch eine Verkettung abenteuerlich zu

nennender Umstände 1960 in das damalige Zentralarchiv der DDR in Potsdam. Es sollte etliche Jahre dauern, bis Scholem 1966 erste Einsicht in das dort befindliche Material erhielt und es Ende der siebziger Jahre für die 1980 im Druck erschienene Edition seiner Korrespondenz mit Benjamin in den Jahren 1933 bis 1940 verwerten konnte (BwS, 7-9).

Der von Scholem und Adorno verwahrte Nachlaß bildete den Grundstock der späteren Veröffentlichungen der Schriften Benjamins. Als von Benjamin selbst eingesetzter Verwalter seiner geistigen Hinterlassenschaft bemühte sich zunächst Adorno, der 1949 nach Deutschland zurückgekehrt war, um deren Veröffentlichung. Zehn Jahre nach Benjamins Tod erschien 1950 als eines der ersten Bücher des neu gegründeten Suhrkamp-Verlages die *Berliner Kindheit um Neunzehnhundert.* Adornos Plan einer mehrbändigen Ausgabe der Schriften Benjamins fand nach dem stockenden Absatz des Kindheitsbuches in den folgenden Jahren eher geringe Unterstützung von seiten Suhrkamps (Tiedemann 1989, 9). Darüber hinaus verzögerten Streitigkeiten um die Form der Publikation, insbesondere um die Notwendigkeit eines wissenschaftlichen Apparates, das Erscheinen einer von Adorno angeregten Auswahlausgabe. Als die schließlich auf zwei Bände geschrumpfte Ausgabe der *Schriften* im Jahr 1955 vorlag, ermöglichte sie der interessierten Öffentlichkeit einen ersten Überblick über Benjamins Werk.

In den sechziger Jahren wurde diese Ausgabe durch zwei Bände *Ausgewählter Schriften* ersetzt: 1961 erschien als erster Band dieser Ausgabe der Band *Illuminationen,* dem 1966 als zweiter der Band *Angelus Novus* folgte. Von dem wachsenden Interesse an Benjamin in den sechziger Jahren zeugen darüber hinaus die zahlreichen Einzelausgaben, die der Suhrkamp-Verlag parallel zu den *Ausgewählten Schriften* veranstaltete. Bald lagen Nachdrucke der zu Lebzeiten erschienenen Bücher vor sowie Ausgaben der Baudelaire-Studien (1963) und des Aufsatzes über die *Wahlverwandtschaften* (1964). Einen vorläufigen Abschluß fand diese erste Phase der Edition des Werkes 1966 in der von Adorno gemeinsam mit Scholem herausgegebenen zweibändigen Ausgabe der *Briefe.*

Zu diesem Zeitpunkt war Benjamin auch in der breiteren Öffentlichkeit längst kein Unbekannter mehr. Einige seiner Bücher, etwa *Das Kunstwerk im Zeitalter seiner technischen Reproduzierbarkeit* und die *Berliner Kindheit um Neunzehnhundert,* die als Einzelbände in der »edition suhrkamp« bzw. der »Bibliothek Suhrkamp« vorlagen, hatten ansehnliche Auflagenhöhen erzielt. So begann 1967 die Planung zu einer mehrbändigen Ausgabe von Benjamins Schriften, wie Adorno sie gewünscht hatte.

Der erste Band der *Gesammelten Schriften* konnte fünf Jahre später, zweiundzwanzig Jahre nach dem Tod Benjamins, im Jahr 1972 erscheinen. Mehr als ein Vierteljahrhundert sollte es dauern, bis diese Edition mit dem Erscheinen des letzten Supplementa-Bandes im Jahr 1999 ihren Abschluß fand. Die *Gesammelten Schriften* bilden mit ihren sieben Bänden, inklusive Teilbänden und Supplementa, die zwar keineswegs unumstrittene, gleichwohl bis auf weiteres unverzichtbare und verbindliche Grundlage jeder Beschäftigung mit Benjamin. Seit 1988 liegt diese Ausgabe (ohne die Supplementa) auch in einer zwölfbändigen Taschenbuchausgabe vor. Ergänzt wird die Edition durch die sechs Bände der *Gesammelten Briefe*, die in rascher Folge in den Jahren 1995 bis 2000 im Druck erschienen.

Bis vor kurzem wurde der Nachlaß Benjamins als Teil des Theodor W. Adorno Archivs in Frankfurt am Main verwahrt. Einer Initiative der Hamburger Stiftung zur Förderung von Wissenschaft und Kultur ist es zu verdanken, daß die bisher in Frankfurt aufbewahrten Materialien als Grundbestand eines neugegründeten Walter Benjamin Archivs nun in Benjamins Geburtstadt Berlin überführt werden. Ab Herbst 2004 sollen sie dort als Teil der Stiftung Archiv der Berliner Akademie der Künste eigene Räume beziehen und der interessierten Öffentlichkeit zugänglich sein.

Mit dem Erscheinen der *Gesammelten Schriften* war die Rezeption Benjamins unwiderruflich in ihre akademische Phase eingetreten und damit nicht zuletzt die Rezeption selbst zu einem Gegenstand der Forschung geworden. Das gilt zumal für den Streit um Werk und Person, der die erste Phase der Rezeption begleitete. Für diese öffentlich und erbittert geführten Auseinandersetzungen gab die Publikation der zweibändigen Briefausgabe den unmittelbaren Anlaß. Die Briefe, die die materielle Not Benjamins während des Exils und seine Abhängigkeit vom Institut für Sozialforschung belegten, schienen den Vorwurf einer tendenziösen Editionspraxis und eines manipulativen Umgangs mit seinem Werk zu rechtfertigen. Weitere Belege für diesen Vorwurf ergaben sich aus den Kürzungen und der Auswahl der Briefe in der von Adorno und Scholem gemeinsam verantworteten Briefausgabe (Schöttker 1999, 115). Nicht von ungefähr verlief der Streit in mancher Hinsicht in den Bahnen, die bereits zu Lebzeiten Benjamins durch die Namen Adornos und Brechts und die kontroversen Einflüsse, die sie auf sein Werk ausübten, vorgezeichnet worden waren. Unversehens war die von aktuellen politischen Interessen geleitete Wiederentdeckung Benjamins durch die Studentenbewegung auf diese Weise von den theoretischen und politischen Debatten der zwanziger und dreißiger Jahre geprägt.

Mit der Aufforderung, Benjamin kritischer zu lesen (Kurz 1976, 161-190), meldete die um ein differenzierteres Bild bemühte akademisch-philologische Rezeption ihren Vorbehalt nicht zuletzt gegen die im aktuell politischen Interesse erfolgende Einengung der Perspektive an. Die schnell wachsende Zahl der Dissertationen und Habilitationen, der Kongreßakten und Sammelbände sowie nicht zuletzt der Forschungsberichte, veranschaulicht nachdrücklich, daß es bald keine Alternative zur akademischen Behandlung Benjamins mehr gab, die in den *Gesammelten Schriften* ihre zwar unabdingbare, immer häufiger aber auch philologischer Kritik ausgesetzte Voraussetzung fand. Nach wie vor lädt Benjamins Werk zu kontroversen Deutungen ein und womöglich leistet es auf diese Weise erst recht dem anhaltenden Interesse an seinen Schriften Vorschub. Noch hat jede akademische Mode ihren eigenen Walter Benjamin entdeckt. Noch hat aber auch so manche akademische Mode in Benjamin neue, bisher übersehene Seiten entdeckt.

»Benjamin hat Konjunktur, aber ist er auch aktuell?« (Bolz 1992, 11) Norbert Bolz hatte die Frage zu Beginn der neunziger Jahre aufgeworfen, um sie nach Maßgabe der strengen Maßstäbe, die Benjamin selbst an den Begriff der Aktualität anlegte, zu verneinen. Jedem geschichtlichen Augenblick, so hatte es bei Benjamin geheißen, stellt sich die »Chance einer ganz neuen Lösung im Angesicht einer ganz neuen Aufgabe« (GS I/3, 1231). Vielleicht besteht die Aktualität Benjamins weniger darin, jede Gegenwart unausweichlich vor die Frage nach *seiner* als vielmehr nach *ihrer* Aktualität gestellt zu haben.

Literatur: Adorno 1970, 91-95; Garber 1987, 121-193; Garber 1992, 67-96; Isenberg 2001, 119-150; Kurz 1976, 161-190; Opitz 1999, 1277-1320; Schöttker 1992, 268-280; Schöttker 1997, 294-315; Schöttker 1999, 19-142; Tiedemann 1989.

Zeittafel

1892	15. Juli: Geburt von Walter (Benedix Schönflies) Benjamin als ältestes von drei Kindern der Eheleute Emil Benjamin (1856-1926) und seiner Frau Pauline (geb. Schoenflies) (1869-1930); Geschwister: Georg (1895-1942), Dora (1901-1946)
1902-1912	Besuch der Kaiser-Friedrich-Schule in Berlin-Charlottenburg
1905-1906	Besuch des Landerziehungsheims Haubinda in Thüringen; Umgang mit dem dort lehrenden Gustav Wyenken (1875-1964)
1912	Abitur
1912-1915	Studium der Philosophie in Freiburg i.Br. und Berlin; Engagement in der Freien Studentenschaft; Freundschaft mit Christoph Friedrich Heinle (1894-1914)
1914	Vorsitzender der Freien Studentenschaft in Berlin; Begegnung mit seiner späteren Frau Dora Sophie Pollak geb. Kellner (1890-1964); Ausbruch des Ersten Weltkriegs; gemeinsamer Freitod von C.F. Heinle und Friederike (Rika) Seligsohn (1891-1914)
1915	Bekanntschaft mit Gerhard (Gershom) Scholem (1897-1982)
1915-1917	Fortsetzung des Studiums in München; Bruch mit Wyneken (März 1915) und Rückzug aus der Freien Studentenschaft
1917	Heirat mit Dora Pollak
1917-1919	Studium an der Universität Bern (Schweiz)
1918	Geburt des Sohnes Stefan Rafael (1918-1972); Bekanntschaft mit Ernst Bloch (1885-1977)
1919	Promotion »summa cum laude« in Bern; Dissertation *Der Begriff der Kritik in der deutschen Romantik*
1920	Rückkehr nach Berlin; erste Begegnung mit Florens Christian Rang (1864-1924)
1921-1922	gescheitertes Zeitschriftenprojekt *Angelus Novus*; Entstehung des Aufsatzes über *Goethes Wahlverwandtschaften*
1923	Aufenthalt in Frankfurt am Main, Vereinbarung des Themas einer Habilitationsschrift; Bekanntschaft

mit Theodor Wiesengrund Adorno (1903-1969) und Siegfried Kracauer (1889-1966); Emigration Scholems nach Palästina

1924   Beginn des Briefwechsels mit Hugo von Hofmannsthal (1874-1929); der Aufsatz über die *Wahlverwandtschaften* erscheint in den *Neuen Deutschen Beiträgen*; Quellenstudien für die Habilitationsschrift in Berlin; Mai bis Oktober Niederschrift des Trauerspielbuches auf Capri; erste Begegnung mit Asja Lacis (1891-1979)

1925   im Oktober Rücknahme des Habilitationsgesuchs; erste Artikel für die *Frankfurter Zeitung* und Beginn der Mitarbeit an der *Literarischen Welt*

1926   März bis Oktober: Aufenthalt in Paris; Proust-Übersetzung gemeinsam mit Franz Hessel (1880-1941)

1926/1927   Dezember bis Januar: Moskau-Reise

1927   erster Auftritt im Rundfunk; erneuter Aufenthalt in Paris; Plan eines Essays über die Pariser Passagen, Drogenexperimente unter ärztlicher Aufsicht

1928   *Einbahnstraße* und *Ursprung des deutschen Trauerspiels* erscheinen im Rowohlt-Verlag; Plan einer Palästinareise

1929   vermittelt durch Ernst Schoen (1894-1960) regelmäßige Sendungen für den Südwestdeutschen Rundfunk und die Berliner Funkstunde; der *Sürrealismus*-Aufsatz erscheint; Begegnung mit Bertolt Brecht (1898-1956)

1930   Scheidung von Dora Benjamin; Zeitschriftenplan *Krisis und Kritik*; Vertrag mit Rowohlt über einen Essayband

1931   Publikation des Kraus-Essays und der *Kleinen Geschichte der Photographie;* Rundfunkvortrag über Kafka: *Beim Bau der Chinesischen Mauer*

1932   April bis Juli: erster Aufenthalt auf Ibiza; Arbeit an der *Berliner Chronik*; Suizidabsicht in Nizza; Testament

1933   im März: Abreise aus Berlin ins Exil nach Paris; April bis September auf Ibiza; Malaria-Infektion

1934   als erste Arbeit für die *Zeitschrift für Sozialforschung* erscheint *Zum gegenwärtigen gesellschaftlichen Standort des französischen Schriftstellers*; in der *Jüdischen Rundschau* erscheint der Kafka-Aufsatz; erster Besuch bei Brecht in Skovsbostrand (Dänemark)

1935   Exposé des *Passagen-Werks*
1936   Publikation der *Kunstwerk-Thesen* und des Essays
            über den *Erzähler*; in der Schweiz erscheint unter
            dem Pseudonym Detlef Holz die Briefsammlung
            Deutsche Menschen
1937   der Aufsatz *Eduard Fuchs, der Sammler und der Historiker* erscheint in der *ZfS*
1938   Juli-Oktober: letzter Besuch bei Brecht; Abschluß
            von *Das Second Empire bei Baudelaire*
1939   im Mai Aberkennung der deutschen Staatsbürgerschaft;
            bei Kriegsausbruch Internierung in einem Lager bei
            Nevers; Anfang November Rückkehr nach Paris;
            Fertigstellung des Aufsatzes *Über einige Motive bei
            Baudelaire*
1940   Niederschrift der Thesen *Über den Begriff der Geschichte*; im Juni Flucht mit der Schwester nach Lourdes; im
            September Versuch, von Marseille aus nach Portugal
            zu gelangen; Flucht zu Fuß über die Pyrenäen, wo
            sich Walter Benjamin in dem spanischen Grenzort
            Port Bou am 26. September das Leben nimmt

Auswahlbibliographie

1. Primärliteratur

1.1 Werke Benjamins (Siglen)

Walter Benjamin: *Gesammelte Schriften.* 7 Bde. und Suppl., unter Mitwirkung von Theodor W. Adorno und Gershom Scholem hg. von Rolf Tiedemann, Frankfurt am Main: Suhrkamp 1972-1999. **[GS]**

Walter Benjamin: *Gesammelte Briefe.* 6 Bde., hg. vom Theodor W. Adorno Archiv, Frankfurt am Main: Suhrkamp 1995-2000. **[GB]**

Theodor W. Adorno. Walter Benjamin: Briefwechsel 1928-1940, hg. von Henri Lonitz, Frankfurt am Main: Suhrkamp 1994. **[BwA]**

Walter Benjamin. Gershom Scholem: Briefwechsel 1933-1940, hg. von Gershom Scholem, Frankfurt am Main: Suhrkamp 1980. **[BwS]**

1.2 Werke anderer

Adorno, Theodor W.: *Gesammelte Schriften,* hg. von Rolf Tiedemann, Frankfurt am Main: Suhrkamp 1970 ff.

Aragon, Louis: *Pariser Landleben. Le paysan de Paris* (1926), München: Rogner & Bernhard (2. Aufl.) 1975.

Bachofen, Johann Jakob: *Der Mythus von Orient und Occident. Eine Metaphysik der Alten Welt. Aus den Werken von J.J. Bachofen,* mit einer Einleitung von Alfred Baeumler, hg. von Manfred Schroeter (1926), München: Beck (2. Aufl.) 1956.

Ball, Hugo: *Zur Kritik der deutschen Intelligenz,* Bern: Der Freie Verlag 1919.

Benda, Julien: *La trahison des clercs,* Paris: Grasset 1927.

Berl, Emmanuel: *Mort de la pensée bourgeoise,* Paris: Grasset 1929.

Bloch, Ernst: *Gesamtausgabe. 16 Bde. und ein Ergänzungsband,* Frankfurt am Main: Suhrkamp 1959-1978.

Bloßfeldt, Karl: *Urformen der Kunst* (1928), in: Hans Christian Adam (Hg.): *Karl Bloßfeldt 1865-1932,* Köln/London/Madrid: Taschen 1999, 66-195.

Brecht, Bertolt: *Gesammelte Werke in 20 Bänden,* hg. vom Suhrkamp-Verlag in Zusammenarbeit mit Elisabeth Hauptmann, Frankfurt am Main: Suhrkamp 1967.

Breton, André: *Nadja* (1928), Frankfurt am Main: Suhrkamp 2002.

Breton, André: *Die Manifeste des Surrealismus* (1924-1953), Reinbek: Rowohlt 1977.

Buber, Martin: *Drei Reden über das Judentum*, Frankfurt am Main: Rütten & Loening 1911.

Cohen, Hermann: *Kants Theorie der Erfahrung* (1. Aufl. 1871, 3. Aufl. 1918), Hildesheim/Zürich/New York: Olms 1987

Cohen, Hermann: *Religion der Vernunft aus den Quellen des Judentums. Eine jüdische Religionsphilosophie* (1919), Wiesbaden: Fourier 1978.

Freud, Sigmund: *Gesammelte Werke*, hg. von Anna Freud u.a., London: Imago/Frankfurt am Main: Fischer 1940-1968.

Friedlaender, Salomo: »Der Antichrist und Ernst Bloch«, in: *Das Ziel. Jahrbücher für geistige Politik* 4 (1920), 103-117.

Friedlaender, Salomo: *Schöpferische Indifferenz*. München: Georg Müller 1918.

Gundolf, Friedrich: *Goethe* (1916), Berlin: Bondi (12. Aufl.) 1925.

Haas, Willy: *Gestalten der Zeit*, Berlin: Kiepenheuer 1930.

Häberlin, Paul: *Der Leib und die Seele*, Basel: Kober 1923.

Hamann, Johann Georg: *Sämtliche Werke. Historisch-kritische Ausgabe*, hg. von Josef Nadler, 6 Bde., Wien: Herder 1949-1957.

Hamann, Johann Georg: *Briefwechsel*, hg. von Walther Ziesemer und Arthur Henkel, 7 Bde., Wiesbaden: Insel 1955-1979.

Hellingrath, Norbert von: *Pindarübertragungen von Hölderlin. Prolegomena zu einer Erstausgabe* (Phil. Diss. München 1910), in: Norbert von Hellingrath: *Hölderlin-Vermächtnis. Forschungen und Vorträge*, München: Bruckmann 1936.

Horkheimer, Max: »Vorwort« [zu Heft 1/2 des I. Jahrgangs der *Zeitschrift für Sozialforschung*], in: Max Horkheimer: *Gesammelte Schriften*, hg. von Alfred Schmidt und Guntzelin Schmid Noerr, Bd. III, Frankfurt am Main: Fischer 1985-1997, 36-39.

Hofmannsthal, Hugo von: *Gesammelte Werke in zehn Einzelbänden*, hg. von Herbert Steiner, Frankfurt am Main: Fischer 1979-1980.

Huch, Ricarda: *Blüthezeit der Romantik*, Leipzig: Haessel 1899.

Jamme, Christoph/Schneider, Helmut (Hg.): *Mythologie der Vernunft. Hegels »ältestes Systemprogramm« des deutschen Idealismus*, Frankfurt am Main: Suhrkamp 1984.

Kant, Immanuel: *Werkausgabe in 12 Bänden*, hg. von Wilhelm Weischedel, Frankfurt am Main: Suhrkamp 1977.

Korsch, Karl: *Karl Marx*, London: Chapman & Hall 1938.

Kracauer, Siegfried: *Die Angestellten. Aus dem neuesten Deutschland* (1930), Frankfurt am Main: Suhrkamp 1974.

Loos, Adolf: »Ornament und Verbrechen« (1908), in: Adolf Loos: *Sämtliche Schriften in 2 Bänden*, hg. von Franz Glück, München, Wien: Herold 1962, 276-288.

Lotze, Hermann: *Mikrokosmos. Ideen zur Naturgeschichte und Geschichte der Menschheit. Versuch einer Anthropologie*, 3 Bde., Leipzig: Hirzel (3. Aufl.) Bd. I: 1876, Bd. II: 1878, Bd. III: 1880.

Lublinski, Samuel: *Die Bilanz der Moderne* (1904), hg. von Gotthart Wunberg, Tübingen: Niemeyer 1974.

Lukács, Georg: *Die Seele und die Formen. Essays* (1911), Neuwied/Berlin: Luchterhand 1971.

Lukács, Georg: *Die Theorie des Romans. Ein geschichtsphilosophischer Versuch über die Formen der großen Epik* (1920), Neuwied/Berlin: Luchterhand (2. Aufl.) 1974.

Lukács, Georg: *Geschichte und Klassenbewußtsein. Studien über marxistische Dialektik* (1923), Darmstadt/Neuwied: Luchterhand 1970.

Mannheim, Karl: *Ideologie und Utopie*, Bonn: Cohen 1929.

Marx, Karl: *Randglossen zum Programm der Deutschen Arbeiterpartei*. Mit einer ausführlichen Einleitung und sechs Anhängen hg. von Karl Korsch, Berlin: Franke 1922.

Marx, Karl/Engels, Friedrich: *Werke*, 43 Bde., Berlin: Dietz 1959-1990.

Marx, Karl/Engels, Friedrich: *Manifest der Kommunistischen Partei*, Stuttgart: Reclam 1995.

Naville, Pierre: *La révolution et les intellectuels. Que peuvent faire les surréalistes?* Paris: Gallimard 1926.

Nietzsche, Friedrich: *Kritische Studienausgabe in 15 Einzelbänden*, hg. von Giorgio Colli und Mazzino Montinari, München/Berlin/New York: dtv/de Gruyter (2. Aufl.) 1988.

Novalis [Friedrich von Hardenberg]: *Werke, Tagebücher und Briefe*, hg. von Hans-Joachim Mähl und Richard Samuel, 2 Bde., München/Wien: Hanser 1978.

La révolution surréaliste 1-12 (1924-1929) [reprint], New York: Arno Press, o.J.

Proust, Marcel: *Tage des Lesens. Drei Essays* (1925), Frankfurt am Main: Suhrkamp 1987.

Proust, Marcel: *Auf der Suche nach der verlorenen Zeit* (1913-1927), deutsch von Eva Rechel Martens, 13 Bde., Frankfurt am Main: Suhrkamp 1976.

Rang, Florens Christian: *Deutsche Bauhütte. Ein Wort an uns Deutsche über mögliche Gerechtigkeit gegen Belgien und Frankreich und zur Philosophie der Politik*, Sannerz/Leipzig: Arnold 1924.

Rang, Florens Christian: *Historische Psychologie des Karnevals* (1927/28), hg. von Lorenz Jäger, Berlin: Brinkmann & Bose 1983.

Ranke, Leopold von: *Über die Epochen der neueren Geschichte. Vorträge dem Könige Maximilian II. von Bayern gehalten*, Darmstadt: Wissenschaftliche Buchgesellschaft 1954.

Riegl, Alois: *Die spätrömische Kunst-Industrie nach den Funden in Österreich-Ungarn*, Wien: Hof- und Staatsdruckerei 1901.

Rosenzweig, Franz: *Der Stern der Erlösung* (1921), In: Franz Rosenzweig: *Der Mensch und sein Werk. Gesammelte Schriften*, Bd. I/2, Den Haag: Nijhoff 1979.

Scheerbart, Paul: *Lesabéndio. Ein Asteroïdenroman* (1913), München: Spangenberg 1986.

Scheerbart, Paul: *Glasarchitektur* (1914), München: Rogner & Bernhard 1971.

Schmitt, Carl: *Politische Theologie. Vier Kapitel zur Lehre von der Souveränität* (1922), München: Duncker & Humblot 1934.

Schmitt, Carl: *Hamlet oder Hekuba. Der Einbruch der Zeit in das Spiel* (1956), Stuttgart: Klett-Cotta 1985.

Scholem, Gerhard: »Jüdische Jugendbewegung«, in : *Der Jude. Eine Mo-natsschrift* 1 (1916/17), Heft 12 (März 1917), 822-825.

Scholem, Gershom: »On Jonah and the Concept of Justice«, in: *Critical Inquiry* 25 (1999), 353-361.

Simmel, Georg: *Philosophische Kultur. Über das Abenteuer, die Geschlechter und die Krise der Moderne. Gesammelte Essais* (1911), Berlin: Wagen-bach 1983.

Simmel, Georg: *Goethe* (1911), Leipzig: Klinkhardt & Biermann (4. Aufl.) 1921.

Simmel, Georg: *Gesamtausgabe*, hg. von Otthein Rammstadt, Frankfurt am Main: Suhrkamp 1989 ff.

Georges Sorel: *Über die Gewalt* (1906), hg. von George Lichtheim, Frankfurt am Main: Suhrkamp 1981.

Tumarkin, Anna: *Die romantische Weltanschauung*, Bern: Haupt 1920.

Unger, Erich: *Gegen die Dichtung*, Leipzig: Meiner 1925.

Unger, Erich: *Politik und Metaphysik* (1921), hg. von Manfred Voigts, Würzburg: Königshausen & Neumann 1989.

Unger, Erich: *Vom Expressionismus zum Mythos des Hebräertums. Schriften 1909-1931*, hg. von Manfred Voigts, Würzburg: Königshausen & Neumann 1992.

Weber, Max: »Die protestantische Ethik und der Geist des Kapitalismus« (1920), in: Max Weber: *Gesammelte Aufsätze zur Religionssoziologie I*, Tübingen: Mohr (Paul Siebeck) (9. Aufl.) 1988, 17-206.

Weber, Max: »Wissenschaft als Beruf« (1919), in: Max Weber: *Gesammelte Aufsätze zur Wissenschaftslehre* (1922), hg. von Johannes Winckelmann, Tübingen: Mohr (Paul Siebeck) (7. Aufl.) 1988, 582-613.

Windelband, Wilhelm: *Die Geschichte der neueren Philosophie in ihrem Zusammenhange mit der allgemeinen Kultur und den besonderen Wissen-schaften*, 2 Bde., Leipzig: Breitkopf & Härtel 1919.

Wölfflin, Heinrich: *Kunstgeschichtliche Grundbegriffe. Das Problem der Stil-entwicklung in der neueren Kunst*, München: Bruckmann 1915.

Wyneken, Gustav: »Schöpferische Erziehung«, in: *Das Ziel. Aufrufe zu tätigem Geist*, hg. von Kurt Hiller, München/Berlin: Georg Müller 1916.

Wyneken, Gustav: *Der Gedanke der Freien Schulgemeinde*, Jena: Diederichs 1919.

Wyneken, Gustav: *Wickersdorf*, Lauenburg: Saal 1922.

2. Sekundärliteratur

2.1 Bibliographien

»Bibliographie zu Walter Benjamin (1993-1997), in: Klaus Garber/Ludger Rehm (Hg.): *global benjamin. Internationaler Walter-Benjamin-Kongreß 1992*, 3 Bde., München: Fink 1999.

Brodersen, Momme: *Walter Benjamin bibliographia critica generale* 1913-1983, [Palermo 1984].

Markner, Reinhold/Weber, Thomas (Hg.): *Literatur über Walter Benjamin. Kommentierte Bibliographie 1983-1992*, Hamburg: Argument 1993.

2.2 Biographien, Dokumente, Einführungen

Benjamin, Hilde: *Georg Benjamin. Eine Biographie*, Leipzig: Reclam 1977.

Bolz, Norbert/Reijen, Willem van: *Walter Benjamin*, Frankfurt am Main/New York: Campus 1991.

Brodersen, Momme: *Spinne im eigenen Netz. Walter Benjamin. Leben und Werk*, Bühl-Moos: Elster 1990.

Fittko, Lisa: *Mein Weg über die Pyrenäen. Erinnerungen 1949/41*, München/Wien: Hanser 1985, 129-144.

Fuld, Werner: *Walter Benjamin. Zwischen den Stühlen. Eine Biographie*, München/Wien: Hanser 1979.

Die Kinderbuchsammlung Walter Benjamin. Ausstellung des Instituts für Jugendbuchforschung der Johann Wolfgang Goethe-Universität und der Stadt- und Universitätsbibliothek Frankfurt am Main 1987.

Kramer, Sven: *Walter Benjamin zur Einführung*, Hamburg: Junius 2003.

Lacis, Asja: *Revolutionär im Beruf. Berichte über proletarisches Theater, über Meyerhold, Brecht, Benjamin und Piscator*, hg. von Hildegard Brenner, München: Rogner & Bernhard (2. Aufl.) 1976.

Luhr, Geret (Hg.): *»was noch begraben lag«. Zu Walter Benjamins Exil. Briefe und Dokumente*, Berlin: Bostelmann & Siebenhaar 2000.

Puttnies, Hans/Smith, Gary: *Benjamiana. Eine biographische Recherche*, Giessen: Anabas 1991.

Reijen, Willem van/Doorn, Herman van: *Aufenthalte und Passagen. Leben und Werk Walter Benjamins. Eine Chronik*, Frankfurt am Main: Suhrkamp 2001.

Scheuermann, Ingrid und Konrad (Hg.): *Für Walter Benjamin. Dokumente, Essays und ein Entwurf*, Frankfurt am Main: Suhrkamp 1992.

Scheuermann, Ingrid: *Neue Dokumente zum Tode Walter Benjamins*, hg. vom Arbeitskreis selbständiger Kultur-Institute und von der Gemeinde Portbou, Bonn 1992.

Scholem, Gershom: *Walter Benjamin. Die Geschichte einer Freundschaft*, Frankfurt am Main: Suhrkamp 1975.

Tiedemann, Rolf/Gödde, Christoph/Lonitz, Henri (Hg.): *Walter Benjamin 1892-1940. Eine Ausstellung des Theodor W. Adorno Archivs Frankfurt am Main in Verbindung mit dem Deutschen Literaturarchiv Marbach am Neckar* (= Marbacher Magazin 55) 1990.

Über Walter Benjamin. Mit Beiträgen von Theodor W. Adorno, Ernst Bloch, Max Rychner, Gershom Scholem, Jean Selz, Hans Heinz Holz und Ernst Fischer, Frankfurt am Main: Suhrkamp 1968.

Witte, Bernd: *Walter Benjamin mit Selbstzeugnissen und Bilddokumenten*, Reinbek: Rowohlt 1985.

2.3 Zum Werk und zu einzelnen Schriften Benjamins

Adorno, Theodor W.: *Über Walter Benjamin*, Frankfurt am Main: Suhr-kamp 1970.

Alt, Peter André: »Das Problem der inneren Form. Zur Hölderlin-Rezeption Benjamins und Adornos«, in: *Deutsche Vierteljahrsschrift für Literatur-wissenschaft und Geistesgeschichte* 61 (1987), 531-562.

Alt, Peter André: »Gegenspieler des Propheten. Walter Benjamin und Ste-fan George«, in: Klaus Garber/Ludger Rehm (Hg.): *global benjamin. Internationaler Walter-Benjamin-Kongreß 1992*, 3 Bde., München: Fink 1999, Bd. II, 891-906.

Asholt, Werner: »Benjamin und Fourier«, in: Klaus Garber/Ludger Rehm (Hg.): *global benjamin. Internationaler Walter-Benjamin-Kongreß 1992*, 3 Bde., München: Fink 1999, Bd. II, 1017-1031.

Baecker, Dirk (Hg.): *Kapitalismus als Religion*, Berlin: Kadmos 2003.

Benjamin, Andrew/Osborne, Peter (Hg.): *Walter Benjamin's Philosophy. De-struction and Experience* (1994), Manchester: Clinamen Press 2000.

Benjamin, Andrew: »The Absolute as Translatability: Working through Walter Benjamin on Language«, in: Beatrice Hanssen/Andrew Ben-jamin (Hg.): *Walter Benjamin and Romanticism*, New York/London: Continuum 2002, 139-162.

Bohrer, Karl Heinz: *Die Kritik der Romantik. Der Verdacht der Philosophie gegen die literarische Moderne*, Frankfurt am Main: Suhrkamp 1989.

Bolle, Willi: *Physiognomie der modernen Metropole*, Köln/Weimar/Wien: Böhlau 1994.

Bolz, Norbert: *Auszug aus der entzauberten Welt. Philosophischer Extremismus zwischen den Weltkriegen*, München: Fink 1989.

Bolz, Norbert: *Theorie der neuen Medien*, München: Raben 1990, 67-110.

Bolz, Norbert: »Walter Benjamins Ästhetik«, in: Uwe Steiner (Hg.): *Walter Benjamin 1892-1940. Zum 100. Geburtstag*, Bern: Peter Lang 1992, 11-32.

Bolz, Norbert (Hg.): *Goethes Wahlverwandtschaften. Kritische Modelle und Diskursanalysen zum Mythos Literatur*, Hildesheim: Olms 1981.

Bolz, Norbert/Faber, Richard (Hg.): *Walter Benjamin – Profane Erleuchtung und rettende Kritik* (1982), Würzburg: Königshausen und Neumann (2. Aufl.) 1985.

Bolz, Norbert/Faber, Richard (Hg.): *Antike und Moderne. Zu Walter Benjamins ›Passagen‹*, Würzburg: Königshausen und Neumann 1986.

Bolz, Norbert/Witte, Bernd (Hg.): *Passagen. Walter Benjamins Urgeschichte des XIX. Jahrhunderts*, München: Fink 1984.

Bredekamp, Horst: »From Walter Benjamin to Carl Schmitt, via Thomas Hobbes«, in: *Critical Inquiry* 25 (1999), 247-266.

Brodersen, Momme: »›Wenn Ihnen die Arbeit des Interesses wert erscheint‹. Walter Benjamin und das Warburg-Institut: einige Dokumente«, in: Bre-dekamp, Horst (Hg.): *Aby Warburg. Akten des Internationalen Symposions Hamburg 1990*, Weinheim: Acta Humaniora 1991, 87-93.

Bröcker, Michael: *Die Grundlosigkeit der Wahrheit. Zum Verhältnis von Sprache, Geschichte und Theologie bei Walter Benjamin*, Würzburg: Königshausen und Neumann 1993.

Bröcker, Michael: »Sprache«, in: Michael Opitz/Erdmut Wizisla (Hg.): *Benjamins Begriffe*, Frankfurt am Main: Suhrkamp 2000, 740-773.

Brüggemann, Heinz: »Walter Benjamin und Sigfried Giedion oder die Wege der Modernität«, in: *Deutsche Vierteljahrsschrift für Literaturwissenschaft und Geistesgeschichte* 70 (1996), 443-474.

Brüggemann, Heinz: »Passagen«, in: Michael Opitz/Erdmut Wizisla (Hg.): *Benjamins Begriffe*, 2 Bde., Frankfurt am Main: Suhrkamp 2000, Bd. II, 573-618.

Buck-Morss, Susan: *Dialektik des Sehens. Walter Benjamin und das Passagen-Werk* (1989), Frankfurt am Main: Suhrkamp 2000.

Bulthaupt, Peter (Hg.): *Materialien zu Benjamins Thesen ›Über den Begriff der Geschichte‹*, Frankfurt am Main: Suhrkamp 1975.

Caygill, Howard: *Walter Benjamin. The Colour of Experience*, London/New York: Routledge 1998.

De Man, Paul: »Conclusions. Walter Benjamin's ›The Task of the Translator‹«, in: Paul De Man: *The Resistance to Theory*, Minneapolis: University of Minnesota P 1986, 73-105.

Derrida, Jacques: *Gesetzeskraft. Der ›mystische Grund der Autorität‹*. Frankfurt am Main: Suhrkamp 1991.

Deuber-Mankowsky, Astrid: *Der frühe Walter Benjamin und Hermann Cohen. Jüdische Werte, kritische Philosophie und vergängliche Erfahrung*, Berlin: Vorwerk 1999.

Doderer, Klaus (Hg.): *Walter Benjamin und die Kinderliteratur. Aspekte der Kinderkultur in den zwanziger Jahren. Mit einem Katalog der Kinderbuchsammlung*, Weinheim/München: Juventa 1988.

Emden, Christian: »Walter Benjamins Ruinen der Geschichte«, in: Aleida Assmann/Monika Gomille/Gabriele Rippl (Hg.): *Ruinenbilder*, München: Fink 2002, 61-87.

Emden, Christian: »Kulturwissenschaften als Entzifferungsunternehmen. Hieroglyphik, Emblematik und historische Einbildungskraft bei Walter Benjamin«, in: Aleida Assmann/Jan Assmann (Hg.): *Hieroglyphen. Stationen einer anderen abendländischen Grammatologie. Archäologie der literarischen Kommunikation VIII*, München: Fink 2003, 297-326.

Espagne, Michel/Werner, Michael: »Vom Passagen-Projekt zum Baudelaire. Neue Handschriften zum Spätwerk Walter Benjamins«, in: *Deutsche Vierteljahrsschrift für Literaturwissenschaft und Geistesgeschichte* 58 (1984), 593-657.

Faber, Richard: *Der Collage-Essay. Eine wissenschaftliche Darstellungsform. Hommage à Walter Benjamin*, Hildesheim: Olms 1979.

Faber, Richard: *Sagen lassen sich die Menschen nichts, aber erzählen lassen sie sich alles. Über Grimm-Hebelsche Erzählkunst, Moral und Utopie in Benjaminscher Perspektive*, Würzburg: Königshausen und Neumann 2002.

Fenves, Peter: »The Genesis of Judgement: Spatiality, Analogy, and Metaphor in Benjamin's ›On Language as such and on Human Language‹«, in:

David S. Ferris (Hg.): *Walter Benjamin. Theoretical Questions*, Stanford: University of California P 1996, 75-93.

Ferris, David S. (Hg.): *Walter Benjamin. Theoretical Questions*, Stanford: University of California P 1996.

Fietkau, Wolfgang: *Schwanengesang auf 1848. Ein Rendezvous am Louvre. Baudelaire, Marx, Proudhon und Victor Hugo*, Reinbek: Rowohlt 1987.

Figal, Günter: »Recht und Moral bei Kant, Cohen und Benjamin«, in: *Zeitschrift für philosophische Forschung* 36 (1982), 361-377.

Figal, Günter: »Vom Sinn der Geschichte. Zur Erörterung der politischen Theologie bei Carl Schmitt und Walter Benjamin«, in: Emil Angehrn (Hg.): *Dialektischer Negativismus. Michael Theunissen zum 60. Geburtstag*, Frankfurt am Main: Suhrkamp 1992, 252-269.

Figal, Günther/Folkers, Horst: *Zur Theorie der Gewalt und Gewaltlosigkeit bei Walter Benjamin*, Texte und Materialien der Forschungsstätte der Evangelischen Studiengemeinschaft, [Heidelberg] 1979.

Fürnkäs, Josef: *Surrealismus als Erkenntnis. Walter Benjamin – Weimarer Einbahnstraße und Pariser Passagen*. Stuttgart: Metzler 1988.

Fürnkäs, Josef: »Aura«, in: Michael Opitz/Erdmut Wizisla (Hg.): *Benjamins Begriffe*, 2 Bde., Frankfurt am Main: Suhrkamp 2000, Bd. I, 95-146.

Fuld, Werner: »Die Aura. Zur Geschichte eines Begriffs bei Benjamin«, in: *Akzente* 26 (1979), 352-370.

Fuld, Werner: »Walter Benjamins Beziehung zu Ludwig Klages«, in: *Akzente* 28 (1981), 274-286.

Gagnebin, Jeanne Marie: *Geschichte und Erzählung bei Walter Benjamin* (1994), Würzburg: Königshausen und Neumann 2001.

Garber, Klaus: *Rezeption und Rettung. Drei Studien zu Walter Benjamin*, Tübingen: Niemeyer 1987.

Garber, Klaus: *Zum Bilde Walter Benjamins. Studien, Porträts, Kritiken*, München: Fink 1992.

Garber, Klaus/Rehm, Ludger (Hg.): *global benjamin. Internationaler Walter-Benjamin-Kongreß 1992*, 3 Bde., München: Fink 1999.

Gebhardt, Peter/Grzimek, Martin/Harth, Dietrich/Witte, Bernd (Hg.): *Walter Benjamin – Zeitgenosse der Moderne*, Königsberg/Ts: Scriptor 1976.

Geulen, Eva: *Das Ende der Kunst. Lesarten eines Gerüchts nach Hegel*, Frankfurt am Main: Suhrkamp 2002, 88-116.

Geyer-Ryan, Helga: *Perception and Experience in Modernity. International Walter Benjamin Congress 1997*, Amsterdam/New York: Rodopi 2002.

Gilloch, Graeme: *Walter Benjamin. Critical Constellations*, Cambridge: Polity 2002.

Gnam, Andrea: *Die Bewältigung der Geschwindigkeit. Robert Musils Roman ›Der Mann ohne Eigenschaften‹ und Walter Benjamins Spätwerk*, München: Fink 1999.

Goebel, Rolf, J.: *Benjamin heute. Großstadtdiskurs, Postkolonialität und Flanerie zwischen den Kulturen*, München: Iudicium 2001.

Groddeck, Wolfgang: »Ästhetischer Kommentar. Anmerkungen zu Walter Benjamins Hölderlinlektüre«, in: *Le pauvre Holterling. Blätter zur Frankfurter Ausgabe* 1 (1976), 17-21.

Grossheim, Michael: »Archaisches oder dialektisches Bild? Zum Kontext einer Debatte zwischen Adorno und Benjamin«, in: *Deutsche Vierteljahrsschrift für Literaturwissenschaft und Geistesgeschichte* 71 (1997), 494-517.

Habermas, Jürgen: »Walter Benjamin. Bewußtmachende oder rettende Kritik« (1972), in: Jürgen Habermas: *Philosophisch-politische Profile*, Frankfurt am Main: Suhrkamp (3. Aufl.) 1984, 336-376.

Hanssen, Beatrice: *Walter Benjamin's Other History. Of Stones, Animals, Human Beings, and Angels*, Berkley: University of California P 1998.

Hanssen, Beatrice/Benjamin, Andrew (Hg.): *Walter Benjamin and Romanticism*, New York/London: Continuum 2002.

Hanssen, Beatrice: »›Dichtermuth‹ and ›Blödigkeit‹. Two Poems of Friedrich Hölderlin. Interpreted by Walter Benjamin«, in: Beatrice Hanssen/Andrew Benjamin (Hg.): *Walter Benjamin and Romanticism*, New York/London: Continuum 2002, 139-162.

Hansen, Miriam: »Benjamin, Cinema and Experience. ›The Blue Flower in the Land of Technology‹«, in: *New German Critique* 40 (1987), 179-224.

Hansen, Miriam Bratu: »Benjamin and Cinema: Not a One-Way Street«, in: *Critical Inquiry* 25 (1999), 306-343.

Hart Nibbrig, Christiaan L. (Hg.): *Übersetzen: Walter Benjamin*, Frankfurt am Main: Suhrkamp 2001.

Hartung, Klaus: »Der Stratege im Literaturkampf«, in: Burkhardt Lindner (Hg.): »*Links hatte noch alles sich zu enträtseln...*«. *Walter Benjamin im Kontext*, Frankfurt am Main: Syndikat 1978, 15-29.

Haverkamp, Anselm (Hg.): *Gewalt und Gerechtigkeit. Derrida – Benjamin*, Frankfurt am Main: Suhrkamp 1994.

Heil, Susanne: *Gefährliche Beziehungen. Walter Benjamin und Carl Schmitt*, Stuttgart/Weimar: Metzler 1996.

Hillach, Ansgar: »›Ästhetisierung des politischen Lebens‹. Benjamins faschismustheoretischer Ansatz«, in: Burkhardt Lindner (Hg.): »*Links hatte noch alles sich zu enträtseln...*«. *Walter Benjamin im Kontext*, Frankfurt am Main: Syndikat 1978, 127-167.

Hillach, Ansgar: »Dialektisches Bild«, in: Michael Opitz/Erdmut Wizisla (Hg.): *Benjamins Begriffe*, 2 Bde., Frankfurt am Main: Suhrkamp 2000, Bd. I, 186-230.

Hörisch, Jochen: »Symbol, Allegorie, Fetisch – Marx mit Benjamin und Goethe«, in: Gérard Raulet/Uwe Steiner: *Walter Benjamin. Ästhetik und Geschichtsphilosophie/Esthétique et philosophie de l'histoire*, Bern: Lang 1998, 143-163.

Holz, Hans Heinz: »Idee«, in: Michael Opitz/Erdmut Wizisla (Hg.): *Benjamins Begriffe*, 2 Bde., Frankfurt am Main: Suhrkamp 2000, Bd. II, 445-479.

Honold, Alexander: *Der Leser Walter Benjamin. Bruchstücke einer deutschen Literaturgeschichte*, Berlin: Vorwerk 2000.

Isenberg, Noah: »The Work of Walter Benjamin in the Age of Information, in: *New German Critique* 83 (2001), 119-150.

Jäger, Lorenz/Regehly, Thomas (Hg.): ›*Was nie geschrieben wurde lesen‹. Frankfurter Benjamin-Vorträge*, Bielefeld: Aisthesis 1992.

Jäger, Lorenz: »>Primat des Gestus‹. Überlegungen zu Benjamins ›Kafka‹-Es-
say«, in: Lorenz Jäger/Thomas Regehly (Hg.): ›Was nie geschrieben wurde
lesen‹. Frankfurter Benjamin-Vorträge, Bielefeld: Aisthesis 1992, 96-111.

Jauß, Hans Robert: »Zu dem Kapitel ›Die Moderne‹ in Walter Benjamins
Baudelaire-Fragmenten«, in: Hans Robert Jauß: Literaturgeschichte als
Provokation, Frankfurt am Main: Suhrkamp 1970, 57-66.

Jauß, Hans Robert: »Spur und Aura. Bemerkungen zu Walter Benjamins
›Passagen-Werk‹«, in: Hans Robert Jauß: Studien zum Epochenwandel der
ästhetischen Moderne, Frankfurt am Main: Suhrkamp 1989, 189-215.

Jennings, Michael W.: Dialectical Images, Walter Benjamin's Theory of Literary
Criticism, Ithaka/London: Cornell UP 1987.

Jennings, Michael W.: »Trugbild der Stabilität. Weimarer Politik und Mon-
tage-Theorie in Benjamins ›Einbahnstraße'«, in: Klaus Garber /Ludger
Rehm (Hg.): global benjamin. Internationaler Walter-Benjamin-Kongreß
1992, 3 Bde., München: Fink 1999, Bd. I, 517-528.

Kahmen, Volker: »Walter Benjamin und Werner Kraft«, in: Ingrid und
Konrad Scheurmann (Hg.): Für Walter Benjamin. Dokumente, Essays
und ein Entwurf, Frankfurt am Main: Suhrkamp 1992, 34-55.

Kaiser, Gerhardt: Benjamin. Adorno. Zwei Studien, Frankfurt am Main:
Athenäum/Fischer 1974, 1-77.

Kambas, Chryssoula: »Walter Benjamins Verarbeitung der deutschen Frühromantik«, in: Gisela Dischner und Richard Faber (Hg.): Romantische Utopie
– utopische Romantik, Hildesheim: Gerstenberg 1979, 187-221.

Kambas, Chryssoula: »Walter Benjamin an Gottfried Salomon. Bericht über
eine unveröffentlichte Korrespondenz«, in: Deutsche Vierteljahrsschrift für
Literaturwissenschaft und Geistesgeschichte, 56 (1982), 601-621.

Kambas, Chryssoula: Walter Benjamin im Exil. Zum Verhältnis von Literaturpolitik und Ästhetik, Tübingen: Niemeyer 1983.

Kambas, Chryssoula: »Walter Benjamin liest Georges Sorel: Réflexions sur
la violence«, in: Michael Opitz/Erdmut Wizisla (Hg.): Aber ein Sturm
weht vom Paradiese her. Texte zu Walter Benjamin, Leipzig: Reclam
1992, 250-269.

Kambas, Chryssoula: »Ball, Bloch und Benjamin. Die Jahre bei der Freien
Zeitung«, in: Bernd Wacker (Hg.): Dionysius DADA Areopagita. Hugo
Ball und die Kritik der Moderne, Paderborn/München/Wien/Zürich:
Schöningh 1996, 69-91

Kany, Roland: Mnemosyne als Programm. Geschichte, Erinnerung und die
Andacht zum Unbedeutenden im Werk von Usener, Warburg und Benjamin,
Tübingen: Niemeyer 1987.

Kaufmann, David: »Beyond Use, Within Reason: Adorno, Benjamin and the
Question of Theology«, in: New German Critique 83 (2001), 151-173.

Kaulen, Heinrich: Rettung und Destruktion. Untersuchung zur Hermeneutik
Walter Benjamins, Tübingen: Niemeyer 1987.

Kaulen, Heinrich: »›Die Aufgabe des Kritikers‹. Walter Benjamins Reflexi-
onen zur Theorie der Literaturkritik 1929-1931«, in: Wilfried Barner
(Hg.): Literaturkritik. Anspruch und Wirklichkeit. DFG-Symposion 1989,
Stuttgart: Metzler 1990, 318-336.

Kaulen, Heinrich: »Walter Benjamin und Aja Lacis. Eine biographische Konstellation und ihre Folgen«, in: *Deutsche Vierteljahrsschrift für Literaturwissenschaft und Geistesgeschichte* 69 (1995), 92-122.

Kemp, Wolfgang: »Walter Benjamin und die Kunstwissenschaft, Teil 1: Benjamins Forschungen zur Wiener Schule«, in: *Kritische Berichte* 1 (1973), 30-52.

Kemp, Wolfgang: »Walter Benjamin und die Kunstwissenschaft, Teil 2: Walter Benjamin und Aby Warburg«, in: *Kritische Berichte* 3 (1975), 5-25.

Knoche, Stefan: *Benjamin – Heidegger. Über Gewalt. Die Politisierung der Kunst*, Wien: Turia und Kant 2000.

Kittsteiner, Heinz Dieter: »Walter Benjamins Historismus«, in: Norbert Bolz/Bernd Witte (Hg.): *Passagen. Walter Benjamins Urgeschichte des XIX. Jahrhunderts*, München: Fink 1984, 163-197.

Köhn, Eckhardt: *Straßenrausch – Flanerie und kleine Form. Versuch zur Literaturgeschichte des Flaneurs bis 1933*, Berlin: Das Arsenal 1989.

Koepnick, Lutz: *Walter Benjamin and the Aesthetics of Power*, Lincoln/London: University of Nebraska P 1999.

Konersmann, Ralf: *Erstarrte Unruhe. Walter Benjamins Begriff der Geschichte*, Frankfurt am Main: Fischer 1991.

Kracauer, Siegfried: »Zu den Schriften Walter Benjamins« (1928), in: Siegfried Kracauer: *Das Ornament der Masse. Essays*, Frankfurt am Main: Suhrkamp 1977, 249-255.

Kramer, Sven: *Rätselfragen und wolkige Stellen. Zu Benjamins Kafka-Essay*, Lüneburg: zu Klampen 1991.

Kurz, Gerhard: »Benjamin. Kritischer gelesen«, in: *Philosophische Rundschau* 23 (1976), 161-190.

Laermann, Klaus: »Der Skandal um den ›Anfang‹. Ein Versuch jugendlicher Gegenöffentlichkeit im Kaiserreich«, in: Thomas Koebner/Rolf-Peter Janz/Frank Trommler (Hg.): »*Mit uns zieht die neue Zeit*«. *Der Mythos Jugend*, Frankfurt am Main: Suhrkamp 1985, 360-381.

Lehning, Arthur: »Walter Benjamin und i10«, in: Ingrid und Konrad Scheuermann (Hg.): *Für Walter Benjamin. Dokumente, Essays und ein Entwurf*, Frankfurt am Main: Suhrkamp 1992, 56-67.

Lesley, Esther: *Walter Benjamin. Overpowering Conformism*, London: Pluto 2000.

Lienkamp, Christoph: »Griechisch-deutsche Sendung oder messianische Historie. Zur geschichtsphilosophischen Auseinandersetzung mit Nietzsche bei Walter Benjamin und Martin Heidegger«, in: *Allgemeine Zeitschrift für Philosophie* 21 (1996), 63-78.

Lindner, Burkhardt: »Brecht/Adorno/Benjamin – Über die Veränderungen der Kunstproduktion im wissenschaftlich-technischen Zeitalter«, in: *Text und Kritik, Sonderband Bertolt Brecht, Bd. I* (2. Aufl.) 1972, 14-36.

Lindner, Burkhardt (Hg.): »*Links hatte noch alles sich zu enträtseln...*«. *Walter Benjamin im Kontext*, Frankfurt am Main: Syndikat 1978 (2. Aufl.: *Walter Benjamin im Kontext*, Frankfurt am Main: Fischer 1985).

Lindner, Burkhardt: »Habilitationsakte Benjamin. Über ein ›akademisches Trauerspiel‹ und über ein Vorkapitel der »Frankfurter Schule« (Horkheimer, Adorno)«, in: *LiLi. Zeitschrift für Literaturwissenschaft und Linguistik* 14 (1984), 147-165.

Lindner, Burkhardt: »Benjamins ›Bucklichtes Männlein‹. Zu einem Prosastück der ›Berliner Kindheit um neunzehnhundert‹«, in: *Die neue Gesellschaft/Frankfurter Hefte* 36 (1989), 445-450.

Lindner, Burkhardt: »Derrida. Benjamin. Holocaust. Zur politischen Problematik der ›Kritik der Gewalt‹«, in: *Zeitschrift für Kritische Theorie* 3 (1997), 65-100.

Lindner, Burkhardt: »Der 11.9.2001 oder Kapitalismus als Religion«, in: Nikolaus Müller-Schöll (Hg.): *Ereignis eine fundamentale Kategorie der Zeiterfahrung. Anspruch und Aporien*, Bielefeld: Transscript 2003, 196-221

Long, Christopher P.: »Art's Fateful Hour: Benjamin, Heidegger, Art and Politics«, in: *New German Critique* 83 (2001), 89-115.

Lönker, Fred: »Benjamins Darstellungstheorie. Zur ›Erkenntnistheoretischen Vorrede‹ zum ›Ursprung des deutschen Trauerspiels‹«, in: Friedrich A. Kittler/Horst Turk (Hg.): *Urszenen. Literaturwissenschaft als Diskursanalyse und Diskurskritik*, Frankfurt am Main: Suhrkamp 1978, 293-322.

Löwy, Michael: »La philosophie de l'histoire de Walter Benjamin«, in: Gérard Raulet/Uwe Steiner: *Walter Benjamin. Ästhetik und Geschichtsphilosophie/ Esthétique et philosophie de l'histoire*, Bern: Lang 1998, 199-208.

Makropoulos, Michael: *Modernität als ontologischer Ausnahmezustand? Walter Benjamins Theorie der Moderne*, München: Fink 1989.

Markus, Gyorgy: »Walter Benjamin or the Commodity as Phantasmagoria«, in: *New German Critique* 83 (2001), 3-42.

Mattenklott, Gert: »Benjamin als Korrespondent, als Herausgeber von ›Deutsche Menschen‹ und als Theoretiker des Briefes«, in: Uwe Steiner (Hg.): *Walter Benjamin 1892-1940. Zum 100. Geburtstag*, Bern: Peter Lang 1992, 273-282.

McCole, John: *Walter Benjamin and the Antinomies of Tradition*, Ithaca/ London: Cornell UP 1993.

Menke, Bettine: *Sprachfiguren: Name, Allegorie, Bild nach Benjamin*, München: Fink 1991.

Menninghaus, Winfried: *Walter Benjamins Theorie der Sprachmagie*, Frankfurt am Main: Suhrkamp 1980.

Menninghaus, Winfried: »›Romeo und Julia auf dem Dorfe‹. Eine Interpretation im Anschluß an Walter Benjamin«, in: Winfried Menninghaus: *Artistische Schrift. Studien zur Kompositionskunst Gottfried Kellers*, Frankfurt am Main: Suhrkamp 1982, 91-158.

Menninghaus, Winfried: *Schwellenkunde. Walter Benjamins Passage des Mythos*, Frankfurt am Main: Suhrkamp 1986.

Menninghaus, Winfried: *Unendliche Verdopplung. Die frühromantische Grundlegung der Kunsttheorie im Begriff absoluter Selbstreflexion*, Frankfurt am Main: Suhrkamp 1987.

Menninghaus, Winfried: »Das Ausdruckslose. Walter Benjamins Kritik des Schönen durch das Erhabene«, in: Uwe Steiner (Hg.): *Walter Benjamin 1892-1940. Zum 100. Geburtstag*, Bern: Peter Lang 1992, 33-76.

Missac, Pierre: *Walter Benjamins Passage* (1987), Frankfurt am Main: Suhrkamp 1991.

Mosès, Stéphane: »Walter Benjamin und Franz Rosenzweig«, in: *Deutsche Vierteljahrsschrift für Literaturwissenschaft und Geistesgeschichte* 56 (1982), 622-640.

Mosès, Stéphane: »Brecht und Benjamin als Kafka-Interpreten«, in: Stéphane Mosès und Albrecht Schöne (Hg.): *Juden in der deutschen Literatur*, Frankfurt am Main: Suhrkamp 1986, 237-256.

Mosès, Stéphane: *Der Engel der Geschichte: Franz Rosenzweig, Walter Benjamin, Gershom Scholem*, Frankfurt am Main: Suhrkamp 1994.

Müller, Bernd: »*Denn es ist noch nichts geschehen« Walter Benjamins Kafka-Deutung*, Köln/Weimar/Wien: Böhlau 1996.

Müller, Inez: *Walter Benjamin und Bertolt Brecht. Ansätze zu einer dialektischen Ästhetik in den dreißiger Jahren*, St. Ingbert: Röhrig 1993.

Müller, Michael: »Architektur für das ›Schlechte Neue‹ – Zu Walter Benjamins Verarbeitung avantgardistischer Positionen in der Architektur«, in: Burkhardt Lindner (Hg.): »*Links hatte noch alles sich zu enträtseln...«. Walter Benjamin im Kontext*, Frankfurt am Main: Syndikat 1978, 278-323.

Nägele, Rainer (Hg.): *Benjamin's Ground. New Readings of Walter Benjamin*, Detroit: Wayne State UP 1988.

Nägele, Rainer: *Theater, Theory, Speculation. Walter Benjamin and the Scenes of Modernity*, Baltimore: Johns Hopkins UP 1991.

Opitz, Michael/Wizisla, Erdmut (Hg.): *Aber ein Sturm weht vom Paradies her. Texte zu Walter Benjamin*, Leipzig: Reclam 1992.

Opitz, Michael/Wizisla, Erdmut (Hg.): *Benjamins Begriffe*, 2 Bde., Frankfurt am Main: Suhrkamp 2000.

Opitz, Michael: »Zwischen Nähe und Distanz. zu Benjamins Rezeption in der DDR«, in: Klaus Garber/Ludger Rehm (Hg.): *global benjamin. Internationaler Walter-Benjamin-Kongreß 1992*, 3 Bde., München: Fink 1999, Bd. III, 1277-1320.

Pauen, Michael: »Eros der Ferne. Walter Benjamin und Ludwig Klages«, in: Klaus Garber/Ludger Rehm (Hg.): *global benjamin. Internationaler Walter-Benjamin-Kongreß 1992*, 3 Bde., München: Fink 1999, Bd. II, 693-716.

Pensky, Max: *Melancholy Dialectics. Walter Benjamin and the Play of Mourning* (1993), Amherst: University of Massachusetts P 2001.

Pfotenhauer, Helmut: *Erfahrung und gesellschaftliches System. Untersuchungen zum Spätwerk Walter Benjamins*, Stuttgart: Metzler 1975.

Pfotenhauer, Helmut: »Benjamin und Nietzsche«, in: Burkhardt Lindner (Hg.): »*Links hatte noch alles sich zu enträtseln...«. Walter Benjamin im Kontext*, Frankfurt am Main: Syndikat 1978, 100-126.

Primavesi, Patrick: *Kommentar, Übersetzung, Theater in Walter Benjamins frühen Schriften*, Frankfurt am Main: Stroemfeld/Nexus 1998.

Rabinbach, Anson: *In the Shadow of Catastrophe. German Intellectuals between Apocalypse and Enlightenment*, Berkeley: University of California P 1997, 27-65.

Raulet, Gérard: *Le caractère destructeur. Esthétique, théologie et politique chez Walter Benjamin*, Paris: Aubier 1997.

Raulet, Gérard/Steiner, Uwe (Hg.): *Walter Benjamin. Ästhetik und Geschichtsphilosophie/Esthétique et philosophie de l'histoire*, Bern: Lang 1998.

Raulet, Gérard: »Choc, mémoire involontaire et allégorie. La révision de l'expérience du choc dans les ›Thèmes baudelairiens‹«, in: Gérard Raulet/Uwe Steiner: *Walter Benjamin. Ästhetik und Geschichtsphilosophie/Esthétique et philosophie de l'histoire*, Bern: Lang 1998, 115-142.

Regehly, Thomas (Hg.): *Namen, Texte, Stimmen. Walter Benjamins Sprachphilosophie*, Stuttgart: Akademie der Diözese Rottenburg 1993.

Reijen, Willem van: *Der Schwarzwald und Paris. Heidegger und Benjamin*, München: Fink 1998.

Reschke, Renate: »Barbaren, Kult und Katastrophen. Unzusammenhängendes im Zusammenhang gelesen«, in: Michael Opitz/Erdmut Wizisla (Hg.): *Aber ein Sturm weht vom Paradies her. Texte zu Walter Benjamin*, Leipzig: Reclam 1992, 303-339.

Richter, Gerhard: *Walter Benjamin and the Corpus of Autobiography*, Detroit: Wayne State UP 2002.

Richter, Gerhard (Hg.): *Benjamin's Ghosts: Interventions in Contemporary Literary and Cultural Theory*, Stanford: Stanford UP 2002.

Rüffer, Ulrich: »Taktilität und Nähe«, in: Norbert Bolz/Richard Faber (Hg.): *Antike und Moderne. Zu Walter Benjamins ›Passagen‹*, Würzburg: Königshausen und Neumann 1986, 181-190.

Rüffer, Ulrich: »Anmerkungen zu Paul de Mans Benjamin-Lektüre«, in: Uwe Steiner (Hg.): *Walter Benjamin 1892-1940. Zum 100. Geburtstag*, Bern: Peter Lang 1992, 283-295.

Rumpf, Michael: *Spekulative Literaturtheorie. Zu Walter Benjamins Trauerspiel-Buch*, Königstein/Ts: Scriptor 1980.

Rumpf, Michael: »Walter Benjamin und Erich Unger«, in: *Deutsche Vierteljahrsschrift für Literaturwissenschaft und Geistesgeschichte* 71 (1997), 647-667.

Salzinger, Helmut: *Swinging Benjamin*, Frankfurt am Main: Fischer 1973.

Sauder, Gerhard: »Walter Benjamins Projekt einer neuen Kulturgeschichte im ›Passagen-Werk‹«, in: Renate Glaser/Matthias Luserke (Hg.): *Literaturwissenschaft – Kulturwissenschaft. Positionen, Themen, Perspektiven*, Opladen: Westdeutscher Verlag 1996, 129-146.

Schiller-Lerg, Sabine: *Walter Benjamin und der Rundfunk. Programmarbeit zwischen Theorie und Praxis*, München (u.a.): Saur 1984.

Schings, Hans-Jürgen: »Walter Benjamin, das barocke Trauerspiel und die Barockforschung«, in: Hans-Gert Roloff (Hg.): *Daß eine Nation die andere verstehen möge. Festschrift für Marian Szyrocki*, Amsterdam: Rodopi 1988, 663-676.

Schlaffer, Heinz: »Denkbilder: Eine kleine Prosaform zwischen Dichtung und Gesellschaftstheorie«, in: Wolfgang Kuttenkeuler (Hg.): *Poesie und Politik. Zur Situation der Literatur in Deutschland*, Stuttgart/Berlin/Köln/Mainz: Kohlhammer 1986, 137-154.

Schneider, Manfred: »Walter Benjamins ›Berliner Kindheit um Neunzehnhundert‹«, in: Manfred Schneider: *Die erkaltete Herzensschrift. Der autobiographische Text im 20. Jahrhundert*, München/Wien: Hanser 1986, 105-149.

Schöne, Albrecht: »›Diese nach jüdischem Vorbild erbaute Arche‹. Walter Benjamins ›Deutsche Menschen‹«, in: Stéphane Mosès und Albrecht Schöne (Hg.): *Juden in der deutschen Literatur*, Frankfurt am Main: Suhrkamp 1986, 350-356.

Schöttker, Detlev: »Walter Benjamin und seine Rezeption. Überlegungen zur Wirkungsgeschichte«, in: *Leviathan* 20 (1992), 268-280.

Schöttker, Detlev: »Edition und Werkkonstruktion. Zu den Ausgaben der Schriften Benjamins«, in: *Zeitschrift für deutsche Philologie* 116 (1997), 294-315.

Schöttker, Detlev: *Konstruktiver Fragmentarismus. Form und Rezeption der Schriften Walter Benjamins*, Frankfurt am Main: Suhrkamp 1999.

Schöttker, Detlev: »Fortschritt als ewige Wiederkehr des Neuen. Benjamins Überlegungen zu Ursprung und Folgen des Kapitalismus«, in: Harald Hillgärtner/Thomas Küpper (Hg.): *Medien und Ästhetik. Festschrift für Burkhardt Lindner*, Bielefeld: Transcript 2003, 103-118.

Scholem, Gershom: *Walter Benjamin und sein Engel. Vierzehn Aufsätze und kleine Beiträge*, hg. von Rolf Tiedemann, Frankfurt am Main: Suhrkamp 1983.

Schulte, Christoph: »Krieger! Denk mal! Walter Benjamins erster Versuch über Karl Kraus«, in: Klaus Garber/Ludger Rehm (Hg.): *global benjamin. Internationaler Walter-Benjamin-Kongreß 1992*, 3 Bde., München: Fink 1999, Bd. I, 529-540.

Schwarz Wentzer, Thomas: *Bewahrung der Geschichte. Die hermeneutische Philosophie Walter Benjamins*, Bodenheim: Philo 1998.

Schweppenhäuser, Hermann: *Ein Physiognom der Dingwelt: Aspekte des Benjaminschen Denkens*. Lüneburg: Klampen 1992.

Smith, Gary: »›Das Jüdische versteht sich von selbst‹. Walter Benjamins frühe Auseinandersetzung mit dem Judentum«, in: *Deutsche Vierteljahrsschrift für Literaturwissenschaft und Geistesgeschichte* 65 (1991), 318-334.

Sontag, Susan: »Im Zeichen des Saturn« (1978), in: Susan Sontag: *Im Zeichen des Saturn. Essays*, Frankfurt am Main: Fischer 1983, 126-147.

Speth, Rudolf: *Wahrheit und Ästhetik. Untersuchungen zum Frühwerk Walter Benjamins*, Würzburg: Königshausen und Neumann 1991.

Steiner, Uwe: »*Die Geburt der Kritik aus dem Geiste der Kunst*«. *Untersuchungen zum Begriff der Kritik in den frühen Schriften Walter Benjamins*, Würzburg: Königshausen und Neumann 1989.

Steiner, Uwe (Hg.): *Walter Benjamin 1892-1940. Zum 100. Geburtstag*, Bern: Peter Lang 1992.

Steiner, Uwe: »Allegorie und Allergie. Bemerkungen zur Diskussion um Benjamins Trauerspielbuch in der Barockforschung«, in: *Daphnis. Zeitschrift für Mittlere Deutsche Literatur* 18 (1989), 641-701.

Steiner, Uwe: »Traurige Spiele – Spiel vor Traurigen. Zu Walter Benjamins Theorie des barocken Trauerspiels«, in: Willem van Reijen (Hg.): *Allegorie und Melancholie*. Frankfurt am Main: Suhrkamp 1992, 32-63.

Steiner, Uwe: »Wahlverwandtschaft. Bemerkungen zu Benjamin und Heine«,
    in: *Archiv für das Studium der neueren Sprachen und Literaturen* 146
    (1994), 22-43 (»Elective Affinity. Notes on Benjamin and Heine«, in:
    New Comparison. A Journal of Comparative and General Literary Studies
    18 (1994), 57-75).
Steiner, Uwe: »›Kapitalismus als Religion‹. Anmerkungen zu einem Fragment
    Walter Benjamins«, in: *Deutsche Vierteljahrsschrift für Literaturwissenschaft
    und Geistesgeschichte* 72 (1998), 147-171.
Steiner, Uwe: »›Der wahre Politiker‹. Walter Benjamins Begriff des Politi-
    schen«, in: *Internationales Archiv für Sozialgeschichte der deutschen Literatur*
    25 (2000), 48-92 (»‚The True Politician‹. Walter Benjamin's Concept of
    the Political«, in: *New German Critique* 83 (2001), 43-88).
Steiner, Uwe: »Kritik«, in: Michael Opitz/Erdmut Wizisla (Hg.): *Begriffe
    Benjamins*, Frankfurt am Main: Suhrkamp 2000, Bd. II, 479-523.
Steiner, Uwe: »Von Bern nach Muri. Vier unveröffentlichte Briefe Walter
    Benjamins an Paul Häberlin im Kontext«, in: *Deutsche Vierteljahrsschrift
    für Literaturwissenschaft und Geistesgeschichte* 75 (2001), 463-490.
Steiner, Uwe: »›Urgeschichte der Moderne‹. Walter Benjamin und die
    Antike«, in: Bernd Seidensticker/Martin Vöhler (Hg.): *Urgeschichten
    der Moderne. Die Antike im 20. Jahrhundert*, Stuttgart/Weimar: Metzler
    2001, 66-82.
Steiner, Uwe: »›Das Höchste wäre: zu begreifen, daß alles Factische schon
    Theorie ist‹. Walter Benjamin liest Goethe«, in: *Zeitschrift für deutsche
    Philologie* 121 (2002), 265-284.
Steiner, Uwe: »Die Grenzen des Kapitalismus. Kapitalismus, Religion und
    Politik in Benjamins Fragment ›Kapitalismus als Religion‹«, in: Dirk Bae-
    cker (Hg.): *Kapitalismus als Religion*, Berlin: Kadmos 2003, 35-59.
Steinhagen, Harald: »Zu Walter Benjamins Begriff der Allegorie«, in: Walter
    Haug (Hg.): *Formen und Funktionen der Allegorie*, Stuttgart: Metzler
    1979, 666-685.
Stoessel, Marleen: *Aura. Das vergessene Menschliche. Zu Sprache und Erfahrung
    bei Walter Benjamin*, München/Wien: Hanser 1983.
Stüssi, Anna: *Erinnerungen an die Zukunft. Walter Benjamins ›Berliner Kindheit
    um Neunzehnhundert*, Göttingen: Vandenhoeck & Ruprecht 1977.
Szondi, Peter: »Hoffnung im Vergangenen. Über Walter Benjamin« (1961),
    in: Peter Szondi: *Schriften*, 2 Bde., Frankfurt am Main: Suhrkamp 1978,
    Bd. II, 275-294.
Szondi, Peter: »Benjamins Städtebilder« (1963), in: Peter Szondi: *Schriften*,
    2 Bde., Frankfurt am Main: Suhrkamp 1978, Bd. II, 295-309.
Teschke, Henning: *Proust und Benjamin. Unwillkürliche Erinnerung und
    dialektisches Bild*, Würzburg: Königshausen und Neumann 2000.
Tiedemann, Rolf: *Studien zur Philosophie Walter Benjamins*. Mit einer Vorrede
    von Theodor W. Adorno, Frankfurt am Main: Suhrkamp 1965.
Tiedemann, Rolf: *Dialektik im Stillstand. Versuche zum Spätwerk Walter
    Benjamins*, Frankfurt am Main: Suhrkamp 1983.
Tiedemann, Rolf: *Die Abrechnung. Walter Benjamin und sein Verleger*,
    Hamburg: Kellner 1989.

Unger, Peter: *Walter Benjamin als Rezensent. Die Reflexion eines Intellektuellen auf die zeitgeschichtliche Situation*, Frankfurt am Main (u.a.): Peter Lang 1978.

Unseld, Siegfried (Hg.): *Zur Aktualität Walter Benjamins. Aus Anlaß des 80. Geburtstages von Walter Benjamin*, Frankfurt am Main: Suhrkamp 1972.

Walter Benjamin. Text und Kritik, Heft 31/32, München 1971.

Weber, Samuel: »Taking Exception to Decision: Theatrical-theological Politics. Walter Benjamin and Carl Schmitt«, in: Uwe Steiner (Hg.): *Walter Benjamin 1892-1940. Zum 100. Geburtstag*, Bern: Peter Lang 1992, 123-138.

Weber, Thomas: »Erfahrung«, in: Michael Opitz /Erdmut Wizisla (Hg.): *Benjamins Begriffe*, 2 Bde., Frankfurt am Main: Suhrkamp 2000, Bd. I, 230-259.

Weidmann, Heiner: *Flanerie, Sammlung, Spiel. Die Erinnerung des 19. Jahrhunderts bei Walter Benjamin*, München: Fink 1992.

Weigel, Sigrid (Hg.): *Leib- und Bildraum. Lektüren nach Benjamin*, Köln/Weimar/Wien: Böhlau 1992.

Weigel, Sigrid: »Passagen und Spuren des ›Leib- und Bildraums‹ in Benjamins Schriften«, in: Sigrid Weigel (Hg.): *Leib- und Bildraum. Lektüren nach Benjamin*, Köln/Weimar/Wien: Böhlau 1992, 49-64.

Weigel, Sigrid: *Entstellte Ähnlichkeit. Walter Benjamins theoretische Schreibweise*, Frankfurt am Main: Fischer 1997.

Weigel, Sigrid: »The Artwork as Breach of a Beyond. On the Dialectic of Divine and Human Order in Walter Benjamin's ›Goethe's Elective Affinites‹«, in: Beatrice Hanssen/Andrew Benjamin (Hg.): *Walter Benjamin and Romanticism*, New York/London: Continuum 2002, 197-206.

Werckmeister, Otto Karl: »Walter Benjamin, Paul Klee und der ›Engel der Geschichte‹«, in: *Neue Rundschau* 87 (1976), 16-44.

Werckmeister, Otto Karl: »Walter Benjamins ›Engel der Geschichte‹ oder Die Läuterung des Revolutionärs zum Historiker. Das Bild des ›Angelus Novus‹«, in: Otto Karl Werckmeister: *Linke Ikonen. Benjamin, Eisenstein, Picasso – nach dem Fall des Kommunismus*, München/Wien: Hanser 1997, 19-57.

Wiesenthal, Liselotte: *Zur Wissenschaftstheorie Walter Benjamins*, Frankfurt am Main: Athenäum 1973.

Wissmann, Heinz (Hg.): *Walter Benjamin et Paris. Colloque internationale, 27-29 juin 1983*, Paris: Cerf 1986.

Witte, Bernd: *Walter Benjamin – Der Intellektuelle als Kritiker. Untersuchungen zu seinem Frühwerk*, Stuttgart: Metzler 1976.

Witte, Bernd: »Bemerkungen zu Benjamin und Kafka«, in: *Neue Rundschau* 84 (1973), 480-494.

Witte, Bernd: »Bilder der Endzeit. Zu einem authentischen Text der ›Berliner Kindheit‹«, in: *Deutsche Vierteljahrsschrift für Literaturwissenschaft und Geistesgeschichte* 58 (1985), 26-37.

Witte, Bernd: »Allegorien des Schreibens. Eine Lektüre von Benjamins Trauerspielbuch«, in: *Merkur* 46 (1992), 125-136.

Wizisla, Erdmut: »›Die Hochschule ist eben der Ort nicht, zu studieren‹.
Walter Benjamin in der freistudentischen Bewegung«, in: *Wissenschaftliche
Zeitschrift der Humboldt-Universität zu Berlin. Gesellschaftswissenschaft-
lichen Reihe* 36 (1987), 616-623.

Wizisla, Erdmut: »›Fritz Heinle war ein Dichter. Walter Benjamin und
sein Jugendfreund«, in: Lorenz Jäger/Thomas Regehly (Hg.): ›*Was
nie geschrieben wurde lesen*‹. *Frankfurter Benjamin-Vorträge*, Bielefeld:
Aisthesis 1992, 132-156.

Wizisla, Erdmut: »›Krise und Kritik‹ (1930/31). Walter Benjamin und das
Zeitschriften-Projekt«, in: Michael Opitz/Erdmut Wizisla (Hg.): *Aber
ein Sturm weht vom Paradies her. Texte zu Walter Benjamin*, Leipzig:
Reclam 1992, 270-302.

Wohlfarth, Irving: »No Man's Land. On Walter Benjamin's ›Destructive
Character‹«, in: *Diacritics* (1978), 47-65.

Wohlfarth, Irving: »Et cetera? Der Historiker als Lumpensammler«, in:
Norbert Bolz/Bernd Witte (Hg.): *Passagen. Walter Benjamins Urgeschichte
des XIX. Jahrhunderts*, München: Fink 1984, 70-95.

Wohlfarth, Irving: »›Immer radikal, niemals konsequent...‹. Zur theolo-
gisch-politischen Standortbestimmung Walter Benjamins«, in: Norbert
Bolz/Richard Faber (Hg.): *Antike und Moderne. Zu Walter Benjamins
›Passagen‹*, Würzburg: Königshausen und Neumann 1986, 116-173.

Wohlfarth, Irving: »Märchen für Dialektiker. Walter Benjamin und sein
›bucklicht Männlein‹«, in: Klaus Doderer (Hg.): *Walter Benjamin und
die Kinderliteratur. Aspekte der Kinderkultur in den zwanziger Jahren.
Mit einem Katalog der Kinderbuchsammlung*, Weinheim/München:
Juventa 1988, 121-176.

Wohlfarth, Irving: »Der Zauberlehrling oder: die Entfesselung der Produk-
tivkräfte. Zu einem Motiv bei Goethe, Marx und Benjamin«, in: Gérard
Raulet/Uwe Steiner: *Walter Benjamin. Ästhetik und Geschichtsphilosophie/
Esthétique et philosophie de l'histoire*, Bern: Lang 1998, 165-198.

Wohlfarth, Irving: »Das Medium der Übersetzung«, in: Christiaan L.
Hart Nibbrig (Hg.): *Übersetzen: Walter Benjamin*, Frankfurt am Main:
Suhrkamp 2001, 80-130.

Wolin, Richard: *Walter Benjamin. An Aesthetic of Redemption* (1982),
Berkeley: University of California 1994.

2.4 sonstige

Abbott, Berenice: *Eugène Atget*, Santa Fe: Arena 2002.

Alewyn, Richard: »Vorwort«, in: *Deutsche Barockforschung. Dokumentation
einer Epoche*, hg. von Richard Alewyn, Köln, Berlin: Kiepenheuer &
Witsch (2. Aufl.) 1966.

Binder, Hartmut (Hg.): *Kafka-Handbuch in zwei Bänden*, Bd. II, Stuttgart:
Kröner 1979.

Born, Jürgen (Hg.): *Franz Kafka. Kritik und Rezeption 1924-1928*, Frankfurt
am Main: Fischer 1983.

Gay, Peter: *Weimar Culture. The Outsider as Insider*, New York: Harper & Row 1970.

Hitzer, Hans: *Die Straße. Vom Trampelpfad zur Autobahn. Lebensadern von der Urzeit bis heute*, München: Callwey 1971.

Jäger, Lorenz: »Neue Quellen zur Münchner Rede und zu Hofmannsthals Freundschaft mit Florens Christian Rang«, in: *Hofmannsthal-Blätter* (1984), 3-29.

Jäger, Lorenz: *Messianische Kritik. Studien zu Leben und Werk von Florens Christian Rang*, Köln: Böhlau 1998.

Jaumann, Herbert: *Die deutsche Barockliteratur. Wertung – Umwertung. Eine wertungsgeschichtliche Studie in systematischer Absicht*, Bonn: Bouvier 1975.

Kaulen, Heinrich: »Der unbestechliche Philologe. Zum Gedächtnis Norbert von Hellingraths (1888-1916)«, in: *Hölderlin-Jahrbuch* 27 (1990/91), 182-209.

Kaulen, Heinrich: »Rationale Exegese und nationale Mythologie. Die Hölderlin-Rezeption zwischen 1870 und 1945«, in: *Zeitschrift für deutsche Philologie* 113 (1994), 554-577.

Köhnke, Klaus Christian: *Entstehung und Aufstieg des Neukantianismus. Die deutsche Universitätsphilosophie zwischen Idealismus und Positivismus*, Frankfurt am Main: Suhrkamp 1986.

Krischke, Roland: »Gesellschaft vom Dachboden. ›Der vortreffliche Richard Weißbach‹«, in: *Hirschstraße. Zeitschrift für Literatur* 9 (1977), 30-51.

Lethen, Helmut: *Verhaltenslehre der Kälte. Lebensversuche zwischen den Kriegen*, Frankfurt am Main: Suhrkamp 1994.

Niethammer, Lutz: *Posthistoire. Ist die Geschichte zu Ende?* Reinbek: Rowohlt 1989.

Peter, Klaus: »Einleitung«, in: Klaus Peter: *Romantikforschung seit 1945*, Königstein/Ts: Athenäum 1980, 1-39.

Schnädelbach, Herbert: *Philosophie in Deutschland 1831-1933*, Frankfurt am Main: Suhrkamp 1994.

Scholem, Gershom: *Die jüdische Mystik in ihren Hauptströmungen* (1957), Frankfurt am Main: Suhrkamp 1980.

Scholem, Gershom: *Von Berlin nach Jerusalem. Jugenderinnerungen*, Frankfurt am Main: Suhrkamp 1978.

Scholem, Gershom: *Judaica 1-5*, 5 Bde. Frankfurt am Main: Suhrkamp 1963-1992.

Standage, Tom: *The Turk. The Life and Times of the Famous Eighteenth-Century Chess-Playing Machine*, New York: Walker 2002.

Susman, Margarete: *Ich habe viele Leben gelebt. Erinnerungen*, Stuttgart: Deutsche Verlagsanstalt 1964.

Taubes, Jakob: *Vom Kult zur Kultur. Bausteine zu einer Kritik der historischen Vernunft. Gesammelte Aufsätze zur Religions- und Geistesgeschichte*, hg. von Aleida und Jan Assmann, Wolf Daniel Hartwich und Winfried Menghaus, München: Fink 1996.

Voigts, Manfred: *Oskar Goldberg: der mythische Experimentalwissenschaftler; ein verdrängtes Kapitel jüdischer Geschichte*, Berlin: Agora 1992.

Von der Leyen, Friedrich: »Norbert von Hellingrath«, in: *Hölderlin-Jahrbuch* 11 (1958/60), 1-16.

Weitz, Ulrich: *Salonkultur und Proletariat. Eduard Fuchs – Sammler, Sittengeschichtler, Sozialist*, Stuttgart: Stöffler und Schütz 1991.

Wiggershaus, Rolf: *Die Frankfurter Schule. Geschichte, theoretische Entwicklung, politische Bedeutung*, München/Wien: Hanser 1986.

Namenregister

Werkregister

Sammlung Metzler

Printed in the United States
By Bookmasters